醉里挑灯看民国

潘剑

当代世界出版社

图书在版编目(CIP)数据

醉里挑灯看民国/潘剑冰著．—北京：当代世界出版社，2015.2
ISBN 978-7-5090-1017-4

Ⅰ.①醉…　Ⅱ.①潘…　Ⅲ.①历史人物—生平事迹—中国—民国
Ⅳ.①K820.6

中国版本图书馆 CIP 数据核字(2014)第 310936 号

书　　名：醉里挑灯看民国
出版发行：当代世界出版社
地　　址：北京市复兴路 4 号(100860)
网　　址：http://www.worldpress.org.cn
编务电话：(010)83908456
发行电话：(010)83908409
　　　　　(010)83908455
　　　　　(010)83908377
　　　　　(010)83908423(邮购)
　　　　　(010)83908410(传真)
经　　销：全国新华书店
印　　刷：北京天正元印务有限公司
开　　本：710mm×1000mm　1/16
印　　张：17.5
字　　数：200 千字
版　　次：2015 年 9 月第 1 版
印　　次：2015 年 9 月第 1 次
书　　号：ISBN 978-7-5090-1017-4
定　　价：35.00 元

序　言

现代社会生活节奏变快,异彩纷呈的世界为我们提供了越来越多的选择性,也使人的心灵有些脆弱,以至于所谓的“心灵鸡汤”大行其道。然而,“鸡汤”喝太多了容易上火,而且买来的“鸡汤”还可能含有添加剂,甚至会食物中毒。如果非要用文字为心灵疗伤的话,我觉得读史是最佳的选择,因为在宏大的历史背景中,个人的那点沧桑简直微不足道。

读史可以让我们跳出狭隘的生命格局,在广阔的星空下自由地驰骋。罗曼·罗兰在《名人传》的卷首语中写道:“我们周围的空气多么重浊。古老的欧洲在沉重、污浊的氛围中已变得麻木迟钝。猥琐的物质主义压抑了思想,阻碍了政府和个人的行动。人们在卑劣的谨小慎微的自私自利中憋闷至死。人们已经呼吸困难。——打开窗子吧!让自由的空气重新进来!让我们呼吸英雄的气息!”这段话虽然写于20世纪初,至今已经过了百余年,但放在今天也不过时。依我看,“猥琐的物质主义”在今日仍然存在,而身处一个既要物质文明,又渴望英雄辈出的环境,我们也已经太久没有呼吸过“英雄的气息”了。

罗曼·罗兰把“英雄的气息”等同于“自由的空气”,而前苏联作家帕斯捷尔纳克在《日瓦戈医生》中则将人的个性与自由放在一起,他认为个性创造历史,只有个性是不朽的。所以,从另外一个角度来说,英雄的伟大就在于他的个性,以及这种个性所引发的创造历史的正能量。但在我们这个时代,个性越来越被共性所代替,模式化的生活正在使人们变得千篇一律。在世俗的生活中,读点历史,比如回到民国这个塑造大师的时代,获取一点想象力与创造力的感悟,或许是琐碎生活中一种有益身心的消遣。

本书写民国并不走大路,而是另辟溪经。因为所选的角度大都是一些被严肃史学家忽略的历史的"边角料"。但笔者觉得"熟悉的地方没有风景",既然大路已经被太多人走了,偶尔辟一条新径,说不定有更多的新奇与趣味在等着我们。现在的历史写作要么太正经,要么太不正经,本书介于这两者之间。笔者绝不板着面孔说教,也不弄一些野史花边来哗众取宠,假如能做到寓教于乐,那简直是对笔者最大的奖赏,如果没做到,就当给读者的平淡生活中奉献一种乐呵吧。

知道大家都很忙,要挤出一点儿时间来读书实在不容易,有些朋友可能为此还得忍住少打两圈麻将。本书想探索一下快节奏生活中的阅读模式,在形式上做了一点儿手脚。每个章节分成几个部分,每一部分控制在一定的字数内,读者在几分钟的时间内就可以读完。当然,这并不意味着书中内容流于肤浅,本书在写人写事上采取了"多重奏"的方式,通过不同角度来产生"共振"的效应,只有在读完全书后你才会有一个完整而深刻的印象。总之,本书追求的是浅阅读与深阅读合二为一的效果,由于缺乏经验,如有不足之处,还请海涵。

是为序。

目　　录

第一卷　大师当如此

第二卷　人生有姿态

第三卷 爱情真奇妙

第四卷 名人哈哈镜

第一卷

大师当如此

民国师生的十种气质（教师篇）

民国短短38年间，战乱频发，学潮涌动。对于学生们来说，风声雨声炮火声声声乱耳，家事国事天下事事事烦心，能够静下心来读书的好日子简直少得可怜。可就在这短短的时间内，诞生了多少大师，培养了多少精英，创造了多少成果，即使以今天的眼光来看，也是令人叹为观止的。而要解开民国教育成功之谜，不妨让我们先来看看民国师生的十种气质。

痴气

民国学人中大师辈出，但我们往往只注意到他们天才的一面，而忽略了他们好学的一面。其实，相比大师们的天才，他们的好学精神更值得我们钦佩，那种好学成痴的精神足以让今天这个躁动不安的社会安静下来。

即使很多大师已经功成名就，对学问的热爱还像小孩子依恋母亲一样，为此有些人不惜做出大掉身价的举动，让人觉得做学问的大师就像谈恋爱的情人一样，智商变低了。

陈寅恪由于连个像样的学位都没有，刚进入清华教书时并没有啥名气，他的迅速走红得感谢清华那帮好学的教授们。这些教授们早就知道陈寅恪学究天人，为了听他上课，不惜跑过来和学生抢座位。这下轰动了，连教授都要来听他的课，真是“教授中的教授”，从此陈寅恪在学术界如日中天。

其他教授虽然没有陈寅恪这样的叫座能力，但他们在各自领域也颇有建树，看家的课程常常能够引人慕名而来。据张中行回忆，刘文典讲课时，偶尔吴宓也会去听，坐在教室内最后一排。刘文典总是闭目讲，讲到自己独到的体会的时候，抬头张目向后排看，问道：“雨僧兄以为如何？”吴宓立即起立，恭恭敬敬，一面点头一面答：“高见甚是，高见甚是。”惹得全场为之窃笑。

季羡林留学归来后，成了北大历史上最年轻的教授，尽管少年得志，但他没有因此迷失自我。据其自述，自己当北大教授时去听汤用彤开的“魏晋玄学”课，“成了他班上的最忠诚的学生之一，一整年没有缺过一次课，而且每堂课都工整地做听课的笔记，巨细不遗”。

有些听课甚至发生在竞争对手之间。汤用彤和冯友兰同为哲学大师，研究领域多有碰撞，但汤用彤开课，冯友兰经常去旁听，有段时间更是风雨无阻。闻一多与沈有鼎曾一起在西南联大开设“易经”课，两人上课你来我往，互相当学生。听者不嫌自己掉价，被听者也不怕被人“窃取机密”，兼容并蓄。沈有鼎堪称老师中的“偷拳大王”，据时为联大学生的张世英回忆，联大文学院大多数教授的课沈都旁听过。大四时张世英到理学院进修微积分，发现沈有鼎竟也赫然在座。

由于大师们的精神都放在了学术上，学问的质量是上去了，生活的质量却下降了，为此常常闹出生活不能自理的笑话。

化学家曾昭抡乃名门之后，其曾祖父曾国潢就是曾国藩的亲弟弟。曾昭抡在民国的化学界堪称泰山北斗级的人物，曾任中央大学和北京大学化学系主任，中国化学学会会长。他也是出了名的学术“大痴”,一研究问题就进入庄子所谓的“呆若木鸡”的境界。有一次,曾昭抡站在北大沙滩红楼前对着电线杆讲得手舞足蹈,让过路人一个个侧目,以为哪个精神病人跑出来溜达。原来他在研究上有了新的发现,忘乎所以地把电线杆当成同事,正忙着跟对方报喜呢。有时天降大雨,曾昭抡拿着雨伞离开家,路上却想着化学方程式,结果雨伞也忘了打开,一边淋着雨一边往前走。在家里吃晚饭,他的头脑还是不休息,居然用铲煤的煤铲到锅里盛饭,后面老婆给他脑袋一锅盖才清醒过来。

英年早逝的天才史学家张荫麟留美归来后先后在清华、浙大、西南联大执教,他素来有一想到学问就忘掉一切的习惯,为此给自己取了个外号“素痴”,朋友们给他的外号是“张文昏公”。张荫麟喜欢深思,即使在大庭广众之下,一有会意,也立即像和尚入定似的,和他谈话,往往答非所问。由于读书近痴,闹的笑话也是一箩筐。他曾经觉得头戴呢帽很酷,花钱买了一顶,出门做客丢了,再买一顶,出去做客又丢了,一怒之下,发誓从此不戴帽子。结婚第二天,他出去拜客,回来时记错了家门,走到了邻居家里,看见主人还连声说“对不起,让您久候了”,把人家弄得莫名其妙。

关于大师生活中的痴气,本书《民国十大顽童》一章亦有述及,这里不再赘述。有意思的是,一些大师尽管在生活上浪漫糊涂,但是在对待学问上那真是一丝不苟。在民国,文绉绉的学者为了学问而老拳相向的事情屡见不鲜。但这仅限于探讨学问时,一旦回归生活他们又和好如初,这也算大师痴气的一个经典呈现吧。

儒学大师熊十力和作家废名都倾心于佛学研究,常在一起辩证讨论,但是两人观点迥异,经常发生激烈的争辩,到最后甚至扭打成一团,不欢而散。然而,等到第二天废名再来找熊十力时,两人又谈笑自如，好像什么事也没发生过。对此，废名的老师周作人在《怀废名》中有过记述。

1935年，诗人梁宗岱和古希腊研究学者罗念生在北京为新诗节奏的问题竟然老拳相向，向来勇武过人的梁宗岱这一次马失前蹄意外战败，这让他始终耿耿于怀。不过，这次打架并没有让两人产生隔阂，反而留下了深厚友谊。

雅气

教书和读书本是一件风雅事儿，但很多现在的人都以一种做买卖的心态来经营。相对于当今的老师，民国老师那种优雅的气质，脱俗的想象力与创造力真是让人怀念！

1941年，一个名叫谢邦敏的重庆南开中学学生参加了毕业会考。该生文采极好，可惜理科太弱，物理科更是交了白卷，他还捣蛋地在试卷上填了一首词，《鹧鸪天》："晓号悠扬枕上闻，余魂迷入考场门。平时放荡几折齿，几度迷茫欲断魂。题未算，意已昏，下周再把电磁温。今朝纵是交白卷，柳耆原非理组人。"给他评卷的是南开中学最好的物理老师魏荣爵，魏老师处理得非常艺术，他也在卷上赋打油诗一首："卷虽白卷，词却好词。人各有志，给分六十。"

按照当时南开的制度，学生主课一门不过关，就不能毕业，只能肄业。魏老师一生中唯一的一次为学生破例成全了谢邦敏，使得他能够顺利毕业，并最终考上了西南联大法学院。后来谢邦敏登上了北大讲坛，还在1949年当上北京第一刑庭庭长。

那个年代，老师们总是有一种先天的名士之气，举手投足间都散发着迷人的优雅气质。

闻一多在清华大学给学生开《楚辞》课，开讲就是那句来自于《世说新语》中的经典名言——“痛饮酒，熟读《离骚》，乃可以为名士。”在西南联大上过闻教授《楚辞》课的同学，至老仍然对其场景记忆犹新。当然酒在课上是不能喝的，但烟却是可以点的，闻一多不仅点燃了自己的烟斗，还让会抽烟的学生都把烟点着，台上台下师生相对吞云吐雾，一起沉浸在文学的意境中，逍遥自在。

林语堂在东吴大学法学院上英文课，第一堂课竟然是教学生们吃花生米。他上了讲台，把包往讲台上一倒，只见满满一堆带壳花生稀里哗啦全落在了台上。林语堂抓起一把花生，分给前面的学生，说：“花生米又叫长生果。诸君第一天上课，请吃我的长生果。祝诸君长生不老！以后我上课不点名，愿诸君吃了长生果，更有长性子，不要逃学，则幸甚幸甚，三生有幸。”学生们闻言哄堂大笑。林语堂趁机招呼学生：“请吃！请吃！”课堂里立即响起了一片剥花生壳的声音。等到花生吃完，林语堂随即宣布下课，夹起皮包，头也不回地走了。

刘文典在西南联大上《文选》中的《月赋》，不在教室里讲。十五月圆之夜，他把学生叫到校园里的一块空地上，在融融月光之下，刘文典用他那富有磁性的声音深情的朗诵起了《月赋》：“白露暖空，素月流天……引玄兔于帝台，集素娥于后庭……升清质之悠悠，降澄辉之蔼蔼……”刘文典边读边讲解，纵横古今，妙不可言。学生沉浸在这人月交融的环境之中，不知今夕何夕。后来一位学生回忆此情此景说：“那是距离人类登陆月球20多年前的事情，大家想象中的月宫是何等美丽，所以老先生当着一轮皓月大讲《月赋》，讲解的精辟和如此别开生面而风趣的讲学，此情此景在笔者一生中还是第一次经历到。”

名士风度有时并不需要太多的言语，不着一字也可以尽得风流。

闻一多曾经于学生时代在清华大学听梁启超讲授古乐府《公无渡河》一诗。只见梁启超把这首诗抄在黑板上，然后摇头晃脑地朗诵一句“公、无、渡、河”，接着大声喝彩，叫一声“好”！又重复一遍“公、无、渡、河”，再叹“好”！“公、竟——渡、河。”“好！”“渡河——而死——，当奈——公何！”“好，真好，实在是好！”他就这样自我陶醉地一唱三叹，一声比一声高，对诗句却无半点解释，朗诵赞叹过后，就高呼道：“思成，抹黑板，快抹黑板！”思成是梁启超之子，也在班上听讲。黑板擦过，这首古诗就算讲完了。

后来闻一多在清华上诗词课，经常是将诗词唱咏一番，大喊几声“好”，就算讲完了。偶尔他会绘声绘色地给自己的学生表演梁启超的授课情形，表演完两手一摊，说：“大师讲学，就是这样！”

汪曾祺的《唐立厂先生》回忆了国学大师唐兰在西南联大授课的情景。唐兰兴趣广泛，学识渊博。有一年教词选的教授休假，他自告奋勇，替人上阵，讲《花间集》。上课时，唐先生只是打起无锡腔，把一首词高声吟唱一遍，然后加一句“短到不能再短”的评语：“‘双鬓隔香红啊，玉钗头上风。’——好！真好！”

汪曾祺说：“这首词就算讲完了。学生听懂了没有？听懂了！从他的做梦一样的声音神情中，体会到了温飞卿此词之美了。讲是不讲，不讲是讲。”

牛气

民国虽然是个乱世，可对于老师这个职业来说却更像盛世，那时的老师似乎都是属牛的，个个牛气哄哄，真是羡煞今人。

民国老师的大牌以黄侃为代表。黄侃在国立中央大学执教时有个绰号“三不来教授”，原来，他与校方约法三章：下雨不来，降雪不来，刮风不来。有一次，上课时间已经过了很久，可学生还是见不到黄侃的影子，不由纳闷：今天天气很好啊，怎么黄教授还不来？是不是路上出了什么事了？不对劲儿。大家赶紧通知学校的教务处，教务处派人去找，发现黄侃正跷着二郎腿在教员休息室坐着，一点儿也没有去上课的意思。这人丈二和尚摸不着头脑，小心翼翼地提醒道：“黄教授，上课时间到了。”哪知黄侃怪眼一翻，道：“时间到了，钱还没到呢。”原来，这天是发放薪水的日子，黄侃没有及时见到钱，一怒之下“罢课”了。

黄侃的“耍大牌”最终导致他和中央大学分道扬镳，不过是他炒了学校的鱿鱼。原来，这天黄侃拎着自己的包去中央大学上课，学校新来的门卫不认识黄侃，看到此人穿着土里土气，还以为是哪个冒失的乡巴佬，便上前盘问，并要他把随身携带的包打开来检查。黄侃见状，一声不吭，拔腿便往回走，此后几天他再也没有回去上课。这事反映到中央大学校长那里，校长急了，一个名教授无故不来上课，这还得了？于是校长亲自登门，殷勤探问，黄侃这才说：“学校贵在尊师重道，连老师带的包也要检查，形同搜身，成何体统。是可忍，孰不可忍！”校长再三道歉，后又托众多名流去劝说，但也于事无补，黄侃就此与中央大学脱离了关系。

黄教授收入那么高，晚几天领工资也无关痛痒，但从另一个角度来说，工资事小，尊严事大，别说素有“疯子”之称的黄侃，就连文质彬彬的柳诒徵也曾为工资的事情大动肝火呢。国学大师柳诒徵早年在两江师范学堂（即中央大学前身）执教，当时学校为尊师起见，每月教师的工资由会计亲自送达，后来新换了一位会计，不懂得这个规矩，让教师自己去领。本来这也不是什么事儿，领工资那天是一个月中最快乐的日子，所以大家都不嫌麻烦。但柳诒徵却认为这有失师道尊严，拒绝亲自领钱，并且坚持了整整一学期——钱可以不要，尊严得要！放暑假的时候，柳诒徵提出辞职，校长李瑞清不舍，托同事陈善余询问原委，这才得知真相，当即斥责会计向柳老道歉，得以将之挽留。

有时候不领工资也是一种尊严。抗战时期，柳诒徵应浙大校长竺可桢之请赴贵州习教。他在课堂上讲南京大屠杀，过于激动，以至于突发中风昏倒在讲台。柳在校休养三个月后离校，竺可桢派秘书送舟资三百元，并派车送行，柳以因病讲课未成为由，两样都拒绝。这让我们不得不为他竖起大拇指。

话又说回来，尊严虽然在某种程度上体现于金钱上，可更多的老师还是把尊严定位在精神状态而非物质追求上。

钱穆早年在苏州中学执教的时候，因为军阀混战，政府经常发不出工资。那时老师们架子大，工资不来人就不来，只有钱穆照样上课，为此还被学生质疑：您这样也太掉身价了吧！但钱穆觉得金钱诚可贵，责任价更高，况且欠薪总是暂时的，因此他照来不误。但钱穆从一介中小学教师登上燕京大学的讲坛时，却因为学校一些不尊师的小事情和燕大分道扬镳。燕大是美国人创办的教会学校，学校也更多地把老师当成雇员，就连办公室要喝水都要自带水壶，老师上课即来，下课即走。钱穆每到学校上课，国文系办公室往往空无一人，这让钱穆感到很不适应，因为他不愿意仅仅把教书当成一个职业。

很快钱穆离开了燕京大学，之后他又去了另一所著名学府北京大学,虽然这里的待遇并不比燕大高,但是感觉却好多了。在北大,各系都有一休息室,系主任就在休息室办公,有一助教常驻这里。老师们上课前后就在室中休息,一进门,就有一校役捧上热毛巾让你擦脸,又为你泡热茶一杯。上课时,有人持粉笔盒送上讲堂,下课后,热毛巾热茶依旧。这种尊师重道的方式让钱穆有了家的感觉。安下心来的钱穆在北大和胡适一起成为最受学生欢迎的两位教授,并称"北胡南钱"。

冯友兰说师严才能道尊,诚不我欺也!

傲气

说完了民国老师的牛气,再来说说民国老师的傲气。牛气源于对自身地位的自信,而傲气则来自于对自身实力的自信。傲气能傲出佳话,除了性格特立独行,必定在某一方面还有他人难以企及的成就。

刘文典是当时国内研究《庄子》的权威,在他开设的"《庄子》研究"课堂上,常有一句经典的开场白:"《庄子》我是不太懂的!"那些初来乍到的同学一听,都会想这位老先生没传说中那么倨傲啊,这不是挺谦虚的吗。但刘文典接下来的话就让人大跌眼镜了:"那也没有人懂!"

在一次演讲中,刘文典又"大放厥词":"全世界真正懂《庄子》的人,总共两个半。一个就是庄子自己,中国的《庄子》学研究者加上外国所有的汉学家,唔,或许可以算半个。"虽然他没有明说另外一个真正懂《庄子》的人是谁,但所有人都知道就是指刘文典自己。

在学界曾流传着他的一则逸事,说是在一次跑警报时,刘文典和沈从文狭路相逢，刘文典本来就对白话文作家很有偏见，这时看到沈从文竟然跑得比自己还快，气不打一处来，怒道："陈(寅恪)先生跑是为了保存国粹，我跑是为了保存《庄子》，学生跑是为了保存下一代的希望。可是该死的，你什么用都没有，跑什么跑啊？"

刘文典一生引以为豪的学问并不止《庄子》研究一门。在西南联大时，他还讲过元好问、吴梅村诗，并且放出大话："这两位诗人，尤其是梅村的诗，比我高不了几分。"他还公然对学生说："别人不识的字，我识，别人不懂的篇章，我懂。你们不论来问什么问题，我都会予以解答。"

当然，刘文典最当仁不让的是他在校勘学方面的成就，他对其子刘平章说："我的名呢，就是在校勘学方面可以留名五百年，五百年之内可能没有人超过我。"代表刘文典校勘最高成就的《淮南鸿烈集解》和《庄子补正》，至今仍然是研究《淮南子》和《庄子》最重要的参考书之一。

熊十力的狂傲劲儿一点儿都不在刘文典之下，友辈中有人把自己的文章拿给熊十力看，结果被抢白一通："你拿书给我看干什么？你应该看我的书，就是不看我的，也应看圣贤的书，你的狗屁东西算什么作品呢？"

熊门一号弟子牟宗三第一次见到老师是在北大读书时。有次他和林宰平、汤用彤、邓高镜等诸位先生在中央公园的来今雨轩一起吃茶，不一会儿熊十力走进来，"胡须飘飘，面带病容，头戴瓜皮帽，好像一位走方郎中，在寒风瑟宿中，刚解完小手走进来，那便是熊先生"。熊十力进来后和林宰平等人闲谈，牟宗三则在一旁自顾自地吃瓜子，突然间，他猛听得有人把桌子一拍，叫道："当今之世，讲晚周诸子，只有我熊某能讲，其余都是混扯。"

在座诸公听得熊十力这一番“疯言疯语”，都不由得笑了起来。但是牟宗三却心头一震，想到：“这先生的是不凡，直恁地不客气，凶猛得很”，他回头一看熊十力，只见他“眼睛也瞪起来了，目光清而且锐，前额饱满，口方大，颧骨端正，笑声震屋宇，直从丹田发。清气、奇气、秀气、逸气，爽朗坦白”。牟宗三感叹：“我在这里始见了一个真人，始嗅到了学问与生命的意味。反观平日心思所存只是些浮薄杂乱矜夸邀誉之知解，全说不上是学问。真性情，真生命，都还没有透出来，只是在昏沉的习气中滚。”此后，牟宗三便常常去熊家向其请教，投入熊门，终成为新儒学大师。

据说章太炎临终时有言：“我死后，华夏文化亡矣！”如果是一般人说这样的话，只能给人留下戏谑的话柄，而从章太炎嘴里说出来却让人感觉有点悲怆，一位大师远去留下的空白注定是无法填补的。他们狂傲的背后正是对于文化存亡断续的一种深层次的忧虑，一种敢于担当的精神，少了这一点，为狂而狂不过是个笑话。

硬气

季羡林说，一个传统的知识分子必须具备两点：爱国、骨头硬。其中，以第二点最为难得。相对于牛气、傲气而言，硬气更能体现出民国老师的精神水准。

1903年诞生的长沙市明德中学是湖南最早创办的新式学堂，有着辉煌的办学历史，许多名师都在这里留下了他们的足迹。1942年，明德学校一位高二学生在学年度的考试中物理考了59.5分。按学校规定，考试不及格必须留级，即使是0.5分也不能通融。如果是常人也就罢了，可这位学生的家长来头吓人，既是明德中学董事会的董事，又是湖南省的高官，他找了自己孩子的任课老师，希望老师高抬贵手给加 0.5 分，免去留级的处罚。让我们看看那个时代的老师有多硬气，他居然没有任何的犹豫就拒绝了这个芝麻绿豆般的小请求。

该董事一怒之下，直接找到学校领导，要求马上解决这个问题。没想到小小 0.5 分竟然在校园内引起了蝴蝶效应，首先是学生们为了支持老师纷纷罢课。紧接着，一批有良知的老师也提出辞职以示声援。最后这件事惊动了时任江苏财政厅厅长的胡迈，他赶到学校，硬是将这名成绩差 0.5 分的官二代留级，才平息了众怒。

说到民国老师的骨头硬，最令人佩服的是那些信奉“独立之精神，自由之思想”的教授们，他们不畏强权，不屈威武，敢于当众披露政府的黑暗，大有古人批龙鳞的劲头，勇猛精进，其风骨让人高山仰止。

逻辑本是一门很枯燥的学问，但在 20 世纪 30 年代的清华，张申府的逻辑课却是很叫座的课程之一。这位张教授是中国研究罗素的权威，在清华时与金岳霖、冯友兰、邓以蛰并称哲学系“四大金刚”，但他的逻辑课却很少讲逻辑，时间都用在谈论政治上面了。赵俪生作为张申府的学生，在自传中说张的课变成了“热门的政治论坛”，拥护的人也来听，反对的人也来听，堪称当年清华一大怪象。

张奚若的课上没有像张申府这么多“题外话”，不过他曾当面顶撞过蒋介石。其在西南联大任政治学教授时，以无党派知名人士的身份被聘为国民党参政议员。在一次国民参政会上，他当着蒋介石之面批评国民党政府的腐败和独裁，蒋介石粗暴地打断了他的话：“欢迎提意见，但别太刻薄！”张奚若一怒之下拂袖而去，从此不再出席参政会。等到下一次参政会开会,政府寄来开会路费和通知,张奚若当即回电一封:“无政可参,路费退回。”

千夫之诺诺,不如一士之谔谔,而想要成为一个真正的“士”,就得有“孔曰成仁,孟曰取义”的无畏精神。

马寅初讲课以激情澎湃著称,他向来很少翻讲义,讲到激动处,喜欢走下讲台,挥动胳膊,言词密集,如同阵雨。一些坐在前排的学生说:“听马先生上课,须撑雨伞。”马先生对于国事的激情不亚于讲课。抗日战争爆发后,全国人民浴血奋战,很多有志之士毁家纾难,但以“四大家族”为首的权贵阶层却趁机大发国难财。面对强权,大多数人敢怒而不敢言,时任重庆大学经济学教授的马寅初却毫不畏惧,他在课堂上高呼:“杀孔宋以谢国人!”1940 年夏,马寅初在重庆向国民党 100 多名将官发表演说,他当场大骂某些“党国”高官是“猪狗不如的上上等人”,指责他们利用手中权力投机倒把专发国难财。马先生性情刚烈,他直接就炮弹上膛,指名道姓地炮轰:“这种上上等人,就是宋子文和孔祥熙。对他们,不但要征重税,而且要撤职!要求蒋委员长大义灭亲!”

马寅初如此肆无忌惮,把重庆大学校长叶元龙吓坏了,他问马寅初:“委员长对您是很尊重的,您的演讲是不利于蒋委员长的,他并没有得罪您啊?”马寅初答:“不错,他没得罪我,但他得罪了全国人民。”1940 年 12 月,被激怒的蒋介石让人秘密关押了马寅初。在随时都可能“被自杀”的情况下,马寅初仍然用舌头战斗到底,他向看守他的特务、宪兵讲战时经济,讲四大家族的腐败。渐渐地,特务、看守们都成了他忠实的听众。有位名叫陈风超的副官听了马寅初的“演讲”后非常感动,决定改邪归正,放弃了特务这个很有“前途”的职业,跑回浙江老家务农去了。

马先生最终虎口脱险，胜利归来，但并不是每一个硬汉都能得到幸运女神的眷顾。冯友兰《三松堂自序》中回忆了闻一多先生的一件往事。1946 年 5 月 4 日，也就是西南联大吃散伙饭的那一天，上午全体师生集合为纪念碑揭幕，下午三校各自开会，算是分家。在清华大学的会上，闻一多说道："我向青年学习，学会了一件事，那就是心里想说什么，就说什么。比如我现在想说蒋介石是个混账王八蛋，我就说蒋介石是个混账王八蛋，他就是个混账王八蛋！"他连用 3 个"混账王八蛋"，惊世骇俗！

两个多月后闻一多遇刺身亡。如今先生遇难 60 多年了，世人仍在感怀闻一多。

民国师生的十种气质(学生篇)

静气

民国是个乱世,“现世安稳、岁月静好”大多数时间存在于幻想当中,因此想读书的人,个个练就了“八风吹不动”的应对功夫。

毕业于20世纪20年代清华国学院的姜亮夫先生说:“在清华这个环境当中,你要讲不正当的话,找一个人讲脏话是不可能的。”原因是大家一见面谈的全是学问,心无杂念,六根清净。清华国学研究院4届学生72弟子竟有4人因用功过度而死亡,其中有些人毕业后为了求知还自愿留下来继续再读一年,这样的好学精神真让人顶礼膜拜。

相对于清华国学院的苦行僧精神,我更佩服那些在极端恶劣的环境下仍然弦歌不绝的民国学子们。正如孔子所言:“造次必于是,颠沛必于是。”林语堂说牛津剑桥的学生所以好,是跟导师喝下午茶时,“导师坐在那里喷烟,喷得你天才冒火”。而西南联大的学生们则是在防空洞里,让敌人用冒火的硝烟喷出的天才。

1938年2月,一支独特的长征队伍从湖南长沙出发,前往云南昆明,这就是长沙临时大学(即西南联大前身)200多名师生组成的“湘黔滇旅行团”。旅行团于1938年2月20日出发,4月28日到达昆明集合点,历时68天,经过湘黔滇3省,行程3000多里。后来当时就读于清华大学外文系的著名的诗人穆旦(原名查良铮),也放弃了舟船,参加了步行团。在团中,穆旦有两个引人注目的行为,一是开饭的时候经常迟到,二是背诵英汉辞典。据在台湾的当年长沙临时大学经济学学生蔡孝敏在《旧来行处好追寻》中回忆:"十一级查良铮兄,系教育家查良钊十七老校友之昆仲,于参加旅行团之前,购买英文小词典一册,步行途中,边走边读,背熟后陆续撕去,抵达昆明,字典已全部撕光。"

汪曾祺回忆西南联大生活,写有一篇《跑警报》。据说联大历史系著名的雷海宗教授开过一门课,因为讲授多年,讲义几乎背得滚瓜烂熟,上课无需准备,下课时讲到哪儿算到哪儿,他自己也从来不记。每回上课,就先问学生:"我上次讲到哪里了?"然后滔滔不绝地接着讲下去。班上有个女同学,笔记记得最详细,一句话不落,成了雷教授值得信赖的"女秘书"。雷海宗有一次问她:"我上一课最后说的是什么?"这位女同学打开笔记来看了看,出乎意料,她的回答比雷教授的提问还"雷人":"您上次最后说'现在已经有空袭警报,我们下课'。"

汪曾祺的本意是用这个故事说明当时"昆明警报之多",但更让我吃惊的是故事中这位女同学。她表面上看似木讷,实际上则是一种完全沉浸在学问当中的大沉静、大从容,求知达到泰山崩于前而不变色的境界,这样的境界真令我们望尘莫及。

民国的学生为了追求学问不顾一切的精神,最经典的表现莫过于许多人只要学问不要学位的做法。

1919年五四运动爆发时,朱谦之这位未来的北大教授还是一名年轻的北大学子,他在北大第一次贴出大字报,要求废除考试制度。朱谦之认为,读书是为了求学问,不是为了文凭,为此,他连毕业考试都不参加。而朱谦之在北大的学长张申府做得更彻底,他在毕业前一年曾经发动了一个“不考运动”,号召只读书,不考试,不要文凭,结果张申府只能从北大肄业,而不能毕业。张申府不仅不要大学文凭,他甚至从小到大都没有毕业文凭。“初小、高小、中学、大学预科、大学本科,我都上了,但都是跳跃的,没有一个毕过业。”(《所忆:张申府回忆录》)

闻一多在清华学堂毕业后赴美留学,在美国读了三所大学,成绩都很出色,最终却连一张文凭、一个学位都没有拿到。以在科罗拉多大学为例,他因不愿意补修数学等理工科目而不能毕业,只能结业。其实,对于艺术生来说,这样的理工科目考试不过是走过场而已,然而倔强的闻一多却连举手之劳的过场都不愿意走。

同样的经历在陈寅恪、傅斯年、华罗庚等大师身上都有过。陈寅恪的侄子陈封雄曾问他:“您在国外留学十几年,为什么没有得个博士学位?”陈寅恪答道:“考博士并不难,但两三年内被一专题束缚住,就没有时间学其他知识了。只要能学到知识,有无学位并不重要。”

想想我们这个时代不知道有多少人为了学位而读书,更有甚者通过不光彩的方式弄到了学位,真是无颜以对前贤。

意气

毛泽东的诗《沁园春·雪》中有“书生意气,挥斥方遒”之句,用来形容民国学生真是说到点子上了。1926 年夏天,日后成为著名哲学家的张岱年从北京师范大学附中初中毕业,班主任让每个学生写终生志愿,小张挥笔道:“强中国,改造社会;成或败,退隐山林。”这个感性至极的志愿可一点儿都不“哲学”，以至于老张回忆往事时，提起这段经历都有点儿害羞：“今日看来很可笑，表现了当时的狂放和幼稚。”其实，张岱年所谓的“狂放和幼稚”正是民国学子们意气风发最好的体现。

那年头的青年学子们血气方刚，豪气干云，冲动起来绝对是势不可挡，狼性十足。

意气风发的青年学子们不仅在态度上做到了“粪土当年万户侯”，而且对于违法不端的权贵们也该出手时就出手，绝不含糊。

1945 年，甘肃永登县中学的几位老师听说县长赵文清贪污他们的平价布，且答应增加的工资一直未兑现，便联合附近龙岗小学的老师们一起发动了罢课。学生们知道实情，并不责怪老师，冤有头债有主，他们集合人马直奔县衙，将县长逮住群殴。卫兵马得祥为了救主，先向天鸣枪，又向地面打了第二枪，打伤一位同学的腿部后，拉着县长抱头鼠窜。愤怒的学生们在后面穷追不舍，卫兵又开两枪，其中一枪划破一学生头皮。接着，主仆两人分头而逃。赵文清从一家陶瓷铺里翻墙躲进隔壁的尼姑庵，藏在草堆下。学生们把尼姑庵围得水泄不通，有人夺了城门口岗哨的枪，朝天放枪，高喊：“我们也有枪了，贪官藏在那里，还不快出来！”赵文清走投无路，哆哆嗦嗦地从草堆中爬出来，连连磕头求饶，幸亏当地驻军及时赶来，才救了赵县长一命。

这件事的处理结果是：县长退赔平价布，补发工资；县中校长记大过，龙岗校长撤职，3 名教师解聘，两名学生开除学籍。赵县长吃了这一亏，以后做人安分守己多了。

五四运动以后的学生更加不好欺负，因此有人专门给他们发明了个代号“丘九”。上海春明出版社出版的《新名词辞典》中，就将“丘九”收入其中,定义为:“五四运动后,学生积极参加社会斗争,多有鲁莽过激的行为,因此一般人认为,他们绝对不亚于那些军士,故称之为丘九,盖喻其堪与丘八相伯仲也。”“丘九”来源于“丘八”,乱世时兵匪一家,当兵的被人骂为“丘八”,而学生被称为“丘九”,也是让人头疼的对象。但胡适却对学生们的这种“丘九”精神很是欣赏。在中国公学举行的军训典礼上,他曾公开发表演说:“大家都知道,当兵的‘丘八’最狠,因为他们有武器;但学生更狠,因为他们有头脑,有学问,所以人称‘丘九’。今天学生们组成了学生军,就变成了‘丘十七’,而将来救国救民的责任,就全托付在你们这帮‘丘十七’身上。”

民国时,弄枪的“丘八”常常干不过弄笔的“丘九”,这绝非谎言。

据曾任中共中央西南局书记的任白戈回忆,1942 年,四川南充中学的学生替百姓出头,反对当地驻军第五师师长何光烈收佃当税,将何派来收捐的两个专员活生生地打死了。何光烈说打死人要偿命,找校长张澜交涉。张澜一心维护学生,最后什么也查不出来。张澜是个老革命,又是社会知名人士,何光烈不能不给他面子,事情只好不了了之。后来何光烈规定部队放假都不在星期天,要和学生假日错开,以免再和学生干架吃亏——咱惹不起还躲不起!当地人笑称“丘八怕丘九”,“秀才遇着兵,有理说不清”在民国被颠覆了。

如果说何光烈的士兵是杂牌军,战斗力不强,那么我们看看学生们面对兵强马壮的嫡系中央军——老蒋爱将胡宗南手下的阿兵哥之表现。

1946 年秋,国立第二十二中两名学生在汉阴涧池铺为被国军虐待的壮丁打抱不平，结果遭到当兵的追打。俩人逃回学校后纠集了500多人，浩浩荡荡冲军营而来，与国军展开“巷战”。双方形成拉锯，一直混战到大半夜。大头兵们不敢对着学生开枪，最多鸣枪驱赶，学生们头脑灵活，拿着大喇叭高喊“当兵的打死人了！”“出人命了！”这下阿兵哥个个傻眼。最后，乡公所出面，为双方调停，建议军队道歉，交出被捕同学和鸣枪士兵。但学生不依不饶，一定要对方交出“杀人凶手”，问题是根本没人阵亡。咋办？部队长官怕上级怪罪，赔礼时态度相当诚恳，一边痛哭流涕，一边用棍棒打自己。学生们这才放他一马，并限定军队天亮之前撤离涧池铺。

有人认为，当兵的之所以干不过学生，主要出自两个原因：一是民国的社会仍然保留了科举时代的崇文风气，“万般皆下品，唯有读书高”，再加上“好男不当兵”，让阿兵哥们面对这些天之骄子们自卑得难以挺直腰杆；二是青年学生以爱国无罪为护身符，致使当权者投鼠忌器，除非万不得已，不敢轻易采取暴力手段。当然，这两个原因都要建立在青年学子坚守正义的“狼性”基础上，绵羊是不懂得反抗、也不会反抗的。

意气是一把双刃剑，冲动的学生们容易不分是非，被人利用。尽管如此，也不能让学生们都变成“沉默的羔羊”，毕竟，年轻人才是时代前进的主要推动力。

犟气

年轻人或多或少都会有一些犟脾气，不过犟未必是坏事，倔强代表着有主见，有毅力。我们甚至可以断言，那些在学业上和事业上有大成就的人或多或少都有些偏执症。

1923年,后来成为著名历史学家的郭廷以以首名从南高附中毕业,附中成绩好的可以直接保送东南大学。然而,由于郭廷以是从别的学校转学过来的,并且直接插班到二年级,学校平衡了一下,保送还是保送,但是降低了名次,以第三名保送。其实,这也无关大雅,不过就是形式问题,实质根本没有差别。但郭廷以不干了,宁愿考别的学校也不接受这样窝囊的保送。学校爱惜人才,校长亲自出面,动员他读东南大学,并将他的保送名次从第三名提升到第二名,但郭廷以还是死活不肯——咱就是保送也不能输给别人!

此为民国学子倔强与不服输精神的一个典型例子,这样的精神常被发扬在学业中,进而碰撞出耀眼的火花。

杨振宁在西南联大读研期间,与研究院的同学黄昆和张守廉同住一个寝室。三人都有着异乎常人的较真儿劲头,经常为了一个问题展开激烈的辩论,人称联大物理系"三剑客"。"三剑客"针锋相对、互不相让,常常吵得面红耳赤,他们的天赋和学养在同辈中都出类拔萃,水平也各有千秋,为了说服对方不得不施展十成功力,不知不觉就把自身的潜力激发了出来。难怪他们后来都能成为国际上赫赫有名的科学家。

对此,杨振宁在《读书教学四十年》中是这样回忆的:

> 我们无休止地辩论着物理里面的种种题目。记得有一次,我们所争论的题目是关于量子力学中"测量"的准确意义,这是哥本哈根学派的一个重大而微妙的贡献。那天,从开始喝茶辩论到晚上回到昆华中学。关了电灯,上了床以后,辩论仍然没有停止。我现在已经记不得那天晚上争论的确切细节了,也不记得谁持什么观点,但我

清楚地记得我们三人最后都从床上爬起来点亮了蜡烛，翻着海森伯的《量子理论的物理原理》来调解我们的辩论。

这样的争论甚至常常发生在学生与老师之间，各不相让，真正体现了"吾爱吾师，吾更爱真理"的精神。

翻译家赵瑞蕻1940年毕业于西南联大外文系。1939年秋的一天，赵瑞蕻正在联大租借的农校二楼一间教室里静静地看书，忽然几个人推门进来，来者是算学系教授华罗庚先生和几位年轻的助教和学生。他们在黑板前的几把椅子上坐下来，一个人拿起粉笔就在黑板上演算起来，写了许多赵瑞蕻根本看不懂的方程式，边写还边说："你们看，是不是这样？……"另一人站起来大叫："你错了！听我的！……"他也上去边讲边在黑板上飞快地写算式。跟着，华罗庚拄着拐杖一瘸一瘸地走过去说："诸位，这不行，不是这样的！……"几个人越吵越有劲，赵瑞蕻虽然不懂他们吵什么，但是外行看热闹还是觉得很有趣。晚年他回忆这件事时说："这事儿足可以说明当年西南联大的校风学风。"

一些犟过头的学生可能出现典型的偏执症症状。何兆武《上学记》中谈到西南联大理学院有个姓熊的学生，他对所有物理学家的理论都不赞成，怀疑一切，打倒一切。那时他的力学老师是周培源，这位熊同学每次一下课就要跑来跟周培源辩论，周先生说："你根本就没懂！你连基本概念都没弄通！"可是这位同学总是不依不饶，周培源也真有耐心，明知道对方不讲理，但没有一次拒战，"每次路过理学院都看见他们站在院子里辩，都变成南区教室的一景了"。何兆武感慨地说："我觉得这样挺好，有个学术气氛，可以充分发挥自己的思想，如果什么都得听老师的，老师的话跟训令一样,那就不是学术了。”

日后成为世界级数理逻辑学家的王浩对他在西南联大度过的那段时光始终难以忘怀,他在《谁也不怕谁的日子》中写道:

> 教师之间,学生之间,师生之间,不论年资和地位,可以说谁也不怕谁。当然因为每个人品格和常识不等,相互间会有些不快,但大体上开诚布公多于阴谋诡计,做人和做学问的风气是好的。例如在课堂上,有些学生直言指出教师的错误,而教师因此对这些学生更欣赏。有两次教师发现讲授有严重错误,遂当堂宣布:近几个星期以来讲得都不对,以后重讲。教师与学生相处,亲如朋友,有时师生一起学习新材料。同学之间的竞争一般也光明正大,不伤感情,而且往往彼此讨论,以增进对所学知识的了解。离开昆明后,我也交过一些朋友,但总感到大多不及联大的一些老师和同学亲近。这大概和交识时的年龄有关,但我觉得当时联大有相当的人在为人处事上兼备了中西文化的优点,彼此有一种暗合的视为当然的价值标准。

不过,乱世中的学生珍惜学习机会,读书很刻苦,但却很少有纯粹的书呆子,他们的倔强往往带有很深的家国情怀。

1921年6月,闻一多、罗隆基等清华学堂辛酉级29名学生因为声援“六三”惨案中遭到北洋当局毒打的师生们罢课乃至罢考,结果被清华以“自动退学”之名开除。

后来学校在社会各界的压力下,态度有所软化,表示29人只要认错写悔过书,就可以回到清华。但是29位清华学子认为自己乃求仁得仁,无过可改、无悔可忏。按照规定,当时清华的学生一毕业即可公费留学，他们宁愿放弃唾手可得的大好前程，也不愿向野蛮低头。最终学校无可奈何，彻底服了，29 人终以胜利者的姿态回到清华，并在推迟一年后全部登船赴美。

狂气

年少总是伴随着轻狂和不羁，只有老年人才暮气沉沉、一板一眼。民国是年轻人的时代，以青年学子为代表的年轻人朝气蓬勃，如红日初升、乳虎啸谷。

1933 年钱锺书从清华外文系毕业，获得文学学士学位。清华校方希望他继续留在清华，进研究院研读英国文学硕士，为新成立的西洋文学研究所添光增彩。为此，陈福田、吴宓等大教授都去做他的工作，连校长都亲自出动了，可钱锺书却一口拒绝：整个清华没有一个教授有资格充当钱某人的导师。

钱锺书说“一个人二十不狂没志气”，民国的学生的确多了几分狂气与野性，而这样的狂气与野性也成就了他们的生命力与创造力。

1937 年，15 岁的杨振宁正式向时任西南联大数学系教授的父亲杨武之提出来自己准备攻取诺贝尔奖，这从其弟杨振平的回忆中可以看出来：“父亲当时觉得这是孩子的无知妄语。岂知廿年之后，从前戏言竟成事实。”(《父亲与大哥》)杨武之当时觉得这孩子不知天高地厚，因为他十分清楚诺贝尔奖的分量和获奖的难度。第二年，杨振宁参加西南联大全国招考，在两万多考生中，名列榜上第二名，他没有选择父亲所在的数学系，据说是因为数学没有诺贝尔奖！

在西南联大,泡茶馆是每个学生的“必修课”。两三年后,正在联大外文系就读的何兆武在茶馆里听见物理系的两位才子——杨振宁和黄昆正在高谈阔论,黄昆问:“最近爱因斯坦又发表了一篇文章,你看过了没有?”杨振宁说看过了,黄昆又问他如何,杨把手一摆,很不屑地说:“毫无 originality(创新),是老糊涂了吧?”何兆武听后,第一感觉是:“年纪轻轻怎么能这么狂妄?居然敢骂当代物理学界的大宗师,还骂得一文不值?!用这么大不敬的语气,真是太出格了。”

不过若干年后杨振宁和李政道一起成为第一对华裔诺贝尔奖获得者,同时成了名震世界的大科学家;而黄昆也当选中国科学院最年轻的学部委员,成为中国固体物理学先驱和中国半导体技术奠基人。这时何兆武说他终于想通了:

> 年轻人大概需要这种气魄才能超越前人,正好像拿世界冠军一样,下运动场的时候必定想着:“我一定能超过他,我一定能打赢他。”如果一上来先自己泄了气,“哎呀,我不行,我不行”,那还怎么能打败别人?……尤其对于那些有才华的人,他的眼界应该比前人更高,假如只能亦步亦趋地跟在老师身后,那是没出息的表现。(《上学记》)

那时的联大学子中狂客比比皆是,绝不止杨振宁和黄昆两个人。举一个有趣的例子,哲学本应是最讲理性的学科,可在联大,连学哲学的都那么感性。与何兆武同辈的学友中出了两个赫赫有名的哲学家,一个是世界顶尖的数理逻辑学家王浩,一个是在台湾与胡适齐名的“自由主义”大师殷海光。何兆武提到当时自己跟王浩聊天,说到别的问题,王浩总是语气谦虚,这个不懂那个不懂,但是一谈到哲学他的口气就不一样了，何说自己谈到某个哲学家在某个问题没有说清楚，王浩马上来了这么一句："哲学总有讲不通的地方，他也就只能那么讲了。"言下之意，这位哲学家的水平到此为止。而殷海光当年竟然公开批评胡适不懂哲学！

联大学子狂徒辈出，但也大师辈出，看来人家的狂是建立在自身实力的基础上的，我们现在有些青年学子脾气也很大，可惜外在的狂掩盖不了内在的虚无，最终只能落了个笑柄。那个年代的学子们更重视的是成绩而非家世，"我爸是李刚"在当时的大学中并不是很有市场。何兆武先生总结当年校友们的狂事，说："要想超越前人，必须看出前人的不足，要是拜倒在前人的脚下，那就永远也超不过他。"但他同时也讲到一件事：刘峙是蒋介石爱将，位居"五虎将"之首，可是他的儿子读西南联大时却因成绩太差在众人面前抬不起头。

当然，民国学生的狂绝不是起于西南联大，这是一个由来已久的传统。著名学者张中行先生是20世纪30年代初的北大学生，他回忆自己当年刚入北大时的上课情形："首先感到奇怪的是同学间的隔膜。同坐一堂，摩肩碰肘，却很少交谈，甚至相视而笑的情况也很少。这由心理方面说恐怕是，都自以为有一套，因而目中无人。"(《负暄琐话》)

老北大和西南联大的学子或许最能代表民国学子之狂，但这种由内而外自然生发的狂是一种时代特征，而非学校特征，当年过来的学子中，类似的记忆俯拾皆是。

野气

画家陈丹青有一个精辟的比喻，他说现在中国的大部分大学生就像被“圈养”的家鸡、家犬。从这个角度对比一下,那民国的学生就胜在是被“放养”的,野性未泯,与我们现在这些流水线上生产出来的学生相比,显然要更富活力,也更具生机。

野性与自由是一对孪生兄弟,民国学生的自由精神或多或少得益于宽松的学习氛围。那时很多学校都有提倡自学的优良传统,甚至包括语言学家周有光曾就读的教会大学。周有光的大学时代是在上海圣约翰大学度过的,他在《周有光百岁口述》中回忆说:“那时候鼓励学生自学,上课的时间并不多。有的时候,老师的几句话,会给学生一生影响很大。那时候的教育跟建国后的苏联教育不一样,苏联教育是强迫性的‘填鸭式’教育,效果不好。”

周有光认为,学会了自学,就学会了独立思考。而独立思考的养成,反过来促进学生独立人格的形成。

学者陈平原说老北大的成功很大程度上在于充分尊重与发挥学生们那种追求“自由”与“独立”的天性,这里面有很多当事人的回忆可以佐证。田炯锦是 20 世纪 20 年代初的北大学生,他称北大“同一宿舍同一排房间住的人,终年少有往来,且相遇时亦少彼此招呼”。(《北大六年琐忆》)

这样的北大到了 10 年后千家驹就读时还一点儿都没有变:“西斋有些房间,开前后门,用书架和帐子把一间房隔而为二,各人走各人的门。同房之间,说话之声相闻,至老死不相往来者有之。”(《我在北大》)

朱海涛上北大的时间比千家驹略晚一点儿:“正统典型的北大宿舍却不是三院,而是东西斋。东斋的院子不大,房舍较小,格式很简单,一排排或朝南,或朝北,都是一房间住两个人。位置在一院西墙外,大门也是向西开的。房间比较小,两个人住勉强的还算舒适。但常常仍是白被单中悬，隔成两个转不过身来的狭窄长间，但房主人却以此为快。据说有同屋四年，见面只点点头儿，一句话没说过的。"(《北大与北大人》)为此，他还下了结论：北大人一入校就染上了个别发展的气味了。

老北大的学子们真是颇具侠客的风范，特立独行，我行我素，拒绝复制别人，也拒绝被人复制，一个个都是那么卓尔不凡、鹤立鸡群。如今的北大也不再有当年的气象了，为了争夺几个所谓的"状元"与清华争得头破血流，难免有功利主义倾向了。

面对这群才华横溢而又桀骜不驯的学生，民国的老师们为了"制服"他们不得不使出浑身解数，这也反过来促进了他们学术水平的提升。所以说，民国出大师，很大程度上是被学生逼出来的，名师出高徒，反过来，高徒也可以出名师。

胡适以哥伦比亚大学博士的身份到北大任教，学校把他当成宝贝，可学生却不买账。胡博士第一堂课时，大家推出公认的意见领袖傅斯年去试探一下这位胡博士，看看他的成色几何，以决定要不要继续让他教下去。据说在第一次听课时，傅斯年把胡适问得直冒冷汗，还好胡博士毕竟有两把刷子，很快镇住了场面。几节课的交锋下来，傅斯年缴械投降，回头对那些让他试探胡适的同学们说："这个人书虽然读得不多，但他走的这一条路是对的。你们不能闹。"傅老大这一表态，那些"造反派"们才偃旗息鼓。胡适后来坦白交代说，他当时就发现了像傅斯年这样的学生国学根底比他还好，所以自己压力山大，提心吊胆，常常提醒自己要加倍用功。

但并不是每个老师都会以喜剧收场。后来深受胡适赏识的经济学家千家驹当年在北大读书时可是个不折不扣的"刺头"，他曾屡次批评授课教师的水平。其中有一次是炮轰经济系某位开设"《资本论》研究"选修的老师对马克思一窍不通，不仅当堂把这位老师质问得面红耳赤,下课后他还专门写信给对方,要求对方把这门课停了,以免误人子弟。这位老师也很难得,在收到信后,二话不说,真的就没有再上这门课了。

民国学子之野性在利害攸关的时候更别具一番风味。

马非百正好于五四运动这一年(1919 年)进入北大就读。据其回忆,当时按照规定想进北大读书,需要有一京官在入学保证书上签名盖章。马非百来自湖南农村,在北京举目无亲,更别提认识哪个京官了,遂致书北大校长蔡元培,言此制度有违民主精神,如非此不可,自己宁愿退学,也不低头求人。蔡元培不以为忤,居然很恳切地回信,称刚入学的马非百为“元材先生”,署名“弟元培谨启”。“信中说,查法国各大学,并无此制,不过本校系教授治校,事关制度,必须教授会议讨论通过才可决定。如先生不以我为不合格,就请到校长办公室,找徐宝璜秘书长代我签名盖章云云。”(《马非百自述》)

日后官居国民政府教育部长的杭立武 1925 年参加安徽省公费留学考试,初试他获得第一,随后到北平参加教育部的复试。复试时,杭立武发现英文科的试题分为文法、时评、作文三大块,可他从小到大学英文素未习文法,想来想去,索性在试卷上写道:“文法属于中学生的课业,留学考试出这种题目实在不适当,您应该以我的文章来评定程度的高低。”发榜后,主试官不仅没有为难杭立武,还给了他 94 分这样的绝对高分。

千山我独行,逍遥任来去。这两件事都发生在事关一生命运的时刻,足以见证当年青年学生无所顾忌的“撒野”精神。他们的有惊无险正好也表现出当时教师的宽容与爱才之风,这种风气正与学子们的昂首天外、挥斥八极的野性精神相得益彰。

“精神分裂”的大师们(上)

“疯子”与“天才”看似遥远，实则一步之遥而已，章太炎曾经公开承认自己是个“神经病”。而从另外一个角度来说，我们每个人或多或少都有一些“精神分裂”，大师们往往更加突出。哲学上讲矛盾就是对立统一，从这个层面讲，每个人都是矛盾的，既对立又统一。矛盾的反义词是和谐，社会应该追求和谐，作为个人却未必如此，因为矛盾的人才是最真实的。一个人如果刻意追求和谐，就容易变得虚伪，也容易变得乏味。因此我认为，民国的大师们最可爱的一面也就是他们最矛盾的一面。

王闿运　济世与玩世

王闿运是一代大儒，也是一代宗师，他桃李遍天下，弟子众多，其中不乏杨度、齐白石、夏寿田、廖平、杨锐、刘光第这样重量级的人物。但这样的成就仍不能令王闿运满足，他临死前留下自挽联：“春秋表未成，幸有传儿述诗礼；纵横计不就，空余高咏满江山。”从这副对联来看，王氏颇以自己的学术诗文成就为豪，但这却不能掩盖“纵横计不就”留下的巨大遗憾。

虽然一生中最高的学历不过举人，但这并不妨碍王闿运做“中国梦”。他有着澄清天下的远大理想，为此将自己的字“壬父”刻成篆文小印，颠倒观之很像“文王”。王闿运自己当不了皇帝，只好退而求其次,一心想成为“帝王师”。

王闿运曾经很接近自己的理想。他 24 岁中举后,经老同学龙汝霖引荐,结识了当朝第一权臣肃顺。肃顺对这位来自湖南的年轻人非常器重,两人朝夕过从。王闿运的很多点子也借助肃顺的力量得以实施,甚至引起了咸丰皇帝的注意,肃顺成了他撬动地球的那根杠杆。按照这个趋势发展下去,王闿运想当“帝王师”只不过是时间问题。

遗憾的是,计划总是赶不上变化。1861 年,年仅 30 岁的咸丰皇帝翘了辫子,肃顺失去了靠山,叶赫那拉氏(即慈禧)联合恭亲王发动政变。肃顺这位先皇钦点的顾命大臣竟然连自己的命都顾不上,迅速被送上了断头台。王闿运不在京师,躲过了一劫,还好这只是一次斩“首”行动,并没有扩大化。命虽保住了,前途却丢了,由于头上顶着“肃党”的帽子,慈禧活着的时候他是绝没有机会进朝廷做事了。

其实早在肃顺手下当高参的时候,王闿运就看清肃顺不足以成大事,他最为看重的人物是曾国藩。1860 年,在太平天国已经走向日暮途穷之际,王闿运曾不远千里赶到驻扎在安徽祁门的湘军大本营,私下向曾国藩进言,让他取满人江山而代之,成就帝王之业。然而,尽管他说得唾沫乱飞,曾国藩却一言不发,只是用笔在纸上不停地写着。中途,曾国藩借故出去,刚才写的东西就撂在桌上。王闿运起了好奇心,走到案桌前,看曾到底写些什么,结果看到了满纸的“妄”字和“谬”字。曾国藩回来后,王闿运谈笑如故,但他心里头明白,自己的天下大计已经泡汤了。按照曾国藩日记的记载,这天晚上他失眠了,看来王闿运的话还是在他心里掀起了波澜。

时运不济，命途多舛，王闿运自认是500年一出的王佐之才，可最终还是在一事无成中老去。他的帝王学传给了弟子杨度，可惜杨度不会把握度，闹了个袁世凯复辟，害人害己。

王闿运济世不成，索性玩世，这也算一条不错的路子，既然不能有为，那咱就变得有趣。与王闿运并世的很多大人物都被他"玩"过，其中不乏像端方、陈宝箴这样的封疆大吏。

端方是有名的收藏大家。他当湖南巡抚时，曾拿出一只珍藏多年的异形古瓷器，请王闿运鉴赏。王闿运把玩一番后，道："这古瓶的确年深月久，已见过不少世面，可它的形状既不端又不方，真叫人拿它没办法！"把端方气得吹胡子瞪眼。陈宝箴同样是在湖南巡抚任上与王闿运有过交集，两人曾把酒言欢，谈及唯楚有才，陈宝箴再三表示钦羡。王闿运环顾四周，神秘兮兮地说："别看这些下人现在卑贱，穿布衣，干粗活，一旦行时走运，也可以做总督当巡抚的。"陈宝箴知道他在讽刺自己，不由得脸红耳赤。

由于王闿运名满天下，几任湖南巡抚上任后总要来拜访他一下。王在船山书院主讲时，有一次，湖南巡抚陆春江来见他，他收下拜帖，却拒而不见。陆春江走了大半天后，他又买船追到百里以外去回拜。有人问他，你这不是脱裤子放屁——多此一举吗？他回答说："前之不纳，示不敢当；后之远追，又示以敬。"

这个故事使我想起《论语》中记述孔子的一件事。鲁国大臣阳货送给孔子一只烤乳猪，孔子很讨厌这个人，但来而不往非礼也，于是趁阳货不在家去回拜答谢。如此对应，我们可以这样分析，也许王闿运很讨厌陆春江，于是闭门不见，但是不见又"非礼"，所以等他走了又回追。虽然麻烦，但好歹把主动权掌握在自己手上——看,堂堂一省之长,亦被玩弄于股掌之间!

王闿运越老越鬼精,嬉笑怒骂皆成文章,代表作是晚年贴在国史馆门前的那副对联:“民犹是也,国犹是也,何分南北;总而言之,统而言之,不是东西。”横批是“旁观者清”。此联是一对巧妙的嵌字联:民国南北分裂,总统(袁世凯)不是东西!王闿运觉得自己出任国史馆馆长是被袁世凯玩儿了,所以他反过来玩儿袁世凯一把,年过八旬的王闿运尚有如此机锋,实在让人佩服。

王闿运玩世不恭的杰作颇多,其中他和周妈之间的奇情怪恋堪称神来之笔。周妈其实就是服侍王闿运的一老妈子,可是王大师不知道哪根神经短路了,居然就跟周妈好上了。周妈除了负责王闿运的饮食起居外,还要三陪——陪游、陪吃、陪睡。两人就像初恋的恋人一样,形影不离、如胶似漆,凡是请王赴宴者必须再给周妈发一张请帖,否则他就不去。王闿运每到一处,周妈总是提一水烟袋跟随左右,有时还为王闿运选菜,就像照料孩子似的。晚年王闿运答应袁世凯邀请出任国史馆馆长时,也没忘了带着周妈一路向北。到京后,两人照样一起携手在大街上招摇过市,任凭众人围观,我自岿然。

他人笑我太疯癫,我笑他人太正经。王闿运的不正经正如一面“照妖镜”,照出了世人的太正经和假正经,那些嘲笑王闿运的人反过来其实都是王闿运嘲笑的对象,只有玩世玩到炉火纯青的人才能这样挥洒自如。

可惜玩世终究无法让王闿运解脱无法济世的遗憾,他死得很沉重。

严复 现代与传统

所谓“时势造英雄,英雄亦造时势”,同样是英雄,境界却有大小之分。所有的英雄都是应时而生,但并不是每一个英雄都能够影响时势,不过严复的孙女严停云坚定地认为自己的祖父属于后者,“是无可疑议的”。

严复曾经自信地说:“有数部书,非仆为之,可决三十年中无人为此者。”这里所说的数部书指的是他翻译的几部西方巨著,包括赫胥黎之《天演论》,亚当·斯密之《原富》,斯宾塞之《群学肄言》等。这些书尤其是《天演论》的翻译出版在国内带来的影响是海啸狂飙般的,所以胡适称赞严复是“介绍近世思想的第一人”。作为一个思想领域的“盗火者”,严复的超前意识是石破天惊的,他引进的进化论、自由平等、民主宪政等概念,在当时帝国的天空无异于惊雷巨响,振聋发聩。

严停云说,一个世纪以来,除了毛泽东曾令人以白话文翻译了赫胥黎的《进化论与伦理学》(即《天演论》的原名),又有人从《原富》的译文译成白话文的《国富论》,其他可以与严复几部大作比肩的成果还没有出现。“据说因为深奥难译,可知思想上的问题远比文字上的困难。祖父所说的话并不夸大,事实上,他对历史进程的影响何止三十年?!”(《吾祖严复的一生》)

“赫胥黎独处一室之中,在英伦之南,背山而面野,槛外诸境,历历如在机下。乃悬想二千年前,当罗马大将凯撒未到时,此间有何景物?计惟有天造草昧……”这文字实在太劲道了,乃至于青年鲁迅第一次读到《天演论》开头这几句话后竟欲罢不能,“一有闲空，就照例地吃侉饼、花生米、辣椒，看《天演论》”。(《朝花夕拾》)吃辣椒，看《天演论》，从外辣到内，味道好极了！

在中国的思想史上，严复不仅是启蒙大师，也是自由主义的前驱。他在引进西方思想中，对于自由及其限度、民主与法治的思考颇具深度，被誉为“中国自由主义之父”。1903 年严复出版的《群己权界论》是近代中国第一部宣扬个人自由的翻译作品，他也成了把西方个人观念引入中国的第一人。

在思想领域，严复已经站在了时代的崖顶，让国人高山仰止，再往上就可以天马行空，睥睨一世。遗憾的是，严复却选择了从悬崖跳下，并一举贯穿地平线，最终沉入无边的苦海。

严复有一个著名的“三民主张”：是以今日要政统于三端：一曰鼓民力，二曰开民智，三曰新民德。所谓鼓民力，就是全国人民要有健康的体魄，要禁绝鸦片和禁止缠足恶习；所谓开民智，主要是以西学代替科举；所谓新民德，主要是废除专制统治，实行君主立宪，倡导“尊民”。从严复的后半生来看，他非常有说服力地背叛了这一主张。

先说“鼓民力”。严复提倡禁绝鸦片以强国强种，但他自己却是个十足的瘾君子，而且很早就病入“膏”肓，烟膏要好，剂量还大，他的书信中就有许多嘱其妻从上海购买烟膏的记录。严复的鸦片史长达 30 年，事实上他那些振奋人心的翻译大作都是用鸦片熏出来的，多么讽刺！而“禁止缠足恶习”从更深层次上讲是一种妇女解放运动，严复提倡一夫一妻制，批判多妻制：“盖匹合之后，寡女必多”，而他自己却公然享齐人之福，当了负面教材。

二说“开民智”。严复深谙八股祸国殃民，呼吁变法必从废科举开始。然而，他自己从英国留学回来后却曾 4 次在老家福建参加乡试，只可惜运气不佳，连续名落孙山。1910 年，已经日落西山的清廷为严复和詹天佑等 19 名留学归国的人才特赐“文科进士出身”。实际上这种“进士出身”颇具野狐禅的味道，跟正统出身的根本不能相提并论，但严复还是激动地赋诗纪念，据说他还立即重新印制了名片，新增了“文科进士”一项！

再说“新民德”。严复原本是反专制的代言人，谁知道等到辛亥革命真的推翻清朝建立了共和制度，他开起了倒车，扬言“天下仍须定于专制”。不知道是不是天天唱反调唱成条件反射了，有皇帝的时候觉得皇帝百般不好，皇帝走了反而不习惯。

最荒唐的是，这位向国人宣传西方科学文化的大师自己却是迷信得一塌糊涂。1917 年，严复参与灵学会，并公开为这些迷信活动辩护，说什么“此于教化，岂曰小补”！1918 年北方春旱，严复率全家人吃素求雨，发愿三日，凑巧下了点小雨，他认为是自己的“虔诚”感动了上苍，饮酒赋诗表示庆祝：“微意乃为神所勤，晓凉记酒气氤氲。”严复对宗教鬼神的信仰在晚年变得尤为强烈，包括修祖庙，为亡妻手抄《金刚经》，以易经八卦来算命，等等。

其实，严复晚年所展现的更像是一个爱美之人整容失败后所表现的面貌。他这个时代的知识分子，受传统的浸濡极深。表面上看，他是一个极端的人，实际上骨子里遵循的还是儒家的中庸之道。他从一个极端走向另外一个极端，采取的是“矫枉过正”的办法。严复有着鹰一样锐利的眼光，却没有狮子一样强大的心脏。他最初吸食鸦片正是为了抵抗理想受挫的痛苦，晚年回归宗教也有他在迷茫中寻找信仰的希冀，这有点类似于牛顿最后回到上帝的怀抱。因为他是天才，比常人看得更深更透彻，所以承受的痛苦也远远过于常人，传统与现代天人交战的苦痛不仅发生在严复身上，也是近现代中国知识分子所普遍经历的。

齐白石　吝啬与慷慨

齐白石是很会过日子的人，俭而近乎吝，给后人留下了许多趣味横生的话柄。

汪曾祺在《老舍先生》中提到了齐白石的一些逸事：

> 有一次要拍齐白石的画的电影，想要他拿出几张得意的画来，老人说："没有！"后来由他的学生再三说服动员，他才从画案的隙缝中取出一卷（他是木匠出身，他的画案有他自制的"消息"），外面裹着好几层报纸，写着四个大字："此是废纸。"打开一看，都是惊人的杰作——就是后来纪录片里所拍摄的。白石老人家里人口很多，每天煮饭的米都是老人亲自量，用一个香烟罐头。"一下、两下、三下……行了！"——"再添一点，再添一点！"——"吃那么多呀！"

这简直有点漫画的色彩了。很多人认为齐白石这么大岁数了，不应该再操心这样的家庭琐事。倒是老舍不愧为齐白石的知音，说："他这么着惯了，不叫他干这些，他就活不成了。"白石老人忙的还远不止量米这事儿。齐家的访客络绎不绝，有的客人带了卤肉来，卤肉外面包着大白菜的叶子。老头子不舍得扔掉这些白菜叶，把它们抖干净，吩咐家里人将它们切好后码上盐，加点秋油，中午他要吃。

齐白石自己打造了一个大柜子，吃的用的全都锁在里面，钥匙随身而带。黄永玉在《比我老的老头》里，谈到自己经李可染引荐、第一次拜见齐白石的情景：

> 老人见到生客，照例亲自开了柜门的锁，取出两碟待客的点心，一碟月饼，一碟带壳的花生。路上，可染已关照过我，老人将有两碟这样的东西搬出来。月饼剩下四分之三，花生是浅浅的一碟，"都是坏了的，吃不得！"寒暄就座之后我远远注视这久已闻名的点心，发现剖开的月饼内有细微的小东西在活动；剥开的花生也隐约见到闪动着的蛛网。

黄永玉很厚道，认为"这是老人的规矩，礼数上的过程，倒并不希望冒失的客人真正动起手来"。不过，很多人未必像黄永玉这样了解老人的心思。他们初来乍到，或许觉得却之不恭，只好勉为其难尝一尝。张大千就说过包括他自己在内不少人在齐家吃到过"发霉的点心"，徐悲鸿夫人廖静文也咀嚼过一块，感叹其历史之悠久！只有新凤霞宅心仁厚，一边吃还一边想："显然这些吃的东西他是轻易不给人吃的。"

最令人称叹的是，齐白石就连作画时的每一笔墨都要用到淋漓尽致，真是惜墨如金。据老舍之子舒乙现场观察，白石老人非常注重墨色的运用。"他用墨非常精细，总是把每一笔的墨全部用光，才会去洗笔。当画完一幅画的时候，他笔洗里的水还是清澈的。能够把墨用得如此巧妙、精致、节约，真是太神奇了！"

舒乙的话并非夸张，齐白石一幅画完成之后，旁边洗笔的水依然清澈见底，这不仅来自于舒乙的回忆，在齐白石许多友人与学生的回忆中都可以见到。

如果你看了上面的故事,就武断地认为齐白石是一个锱铢必较、抠门透顶的人,那么下面的事实却又告诉我们一个截然相反的齐白石。

20 世纪 50 年代初,黄苗子第一次跟着李可染去见齐白石,临别时白石老人颤抖地从口袋里掏出两元人民币,一人一元。黄苗子正要推辞,李可染悄悄地对他说:"这是老师的规矩,如果不要,他会生气的。"黄苗子只好恭敬不如从命,此后他去齐家经常获赠车钱。当年的一元人民币可不比当今,那时国内一克黄金的收购价也不过三四元钱,仅是现在的百分之一左右。

齐白石偶尔也会到学生的家中去走走。据他的关门弟子许麟庐回忆,有一次老师到他家了,那天正好他的妻子生下了儿子小九,老人知道了很开心,马上拿出十块钱给刚出生的小孩子当见面礼,另外还拿出五块钱给保姆。许麟庐感叹:"那时候十块可不得了啊。"

老头子尽管卖画的时候很精明,但是他对于自己的学生和朋友却从来不吝惜自己的画,常常慨然相送。1935 年,日本发动华北事变,齐白石所任教的国立北平艺术专科学校被迫于 5 月停办。临别时齐白石让弟子们各自说出所喜爱的花鸟虫鱼,赠每人一幅画作纪念。胡翘然喜欢荷花,白石老人立即很高兴地为他画了一幅中堂荷花,画面题"出淤泥而不染",上款书"翘然弟子嘱",下款具名后加盖了双章——"白石"、"齐璜"。几十年之后,胡翘然回忆起当年的场景,仍然激动不已。

对于自己的朋友和学生,老人不仅不吝惜自己的画,也从来不遮掩自己的"看家本领"。张大千的老师曾熙平时写字都躲到楼上去,非得意门生不准随侍旁观,因此即使是他的学生也没有几个能够得其真传。而白石老人作画却从不避人，对于求学的后进更是倾囊相授，毫无保留。如果说画技是齐白石最值钱的东西，那么他对于这最值钱的东西恰恰是最慷慨的。

据自己开店卖画的许麟庐说，白石老人一幅上好的“虾”当时也不过卖十来块钱，也就是工薪阶层半个月的工资。如果放在现在，恐怕大多数人一辈子的收入也是买不起的。新中国成立后，齐白石是国宝级的人物，他完全可以将自己的画作待价而沽，他却没有。对于大多数真正热爱艺术、热爱白石之画的人，老人还是愿意降低门槛，给他们一个接近自己的机会的。

白石老人是真正穷过苦过的人，“穷”字也是他在自述中反复提到的字眼，他也是真正懂得“一粥一饭来之不易、一丝一缕物力维艰”道理的人。我想任何一个有过类似经历的人不仅不会对老人的“吝啬”嗤之以鼻，反而会肃然起敬。难得的是，白石老人日后成为享誉世界的大画家，却能“得志”而不“忘形”，永远保持农家子纯朴与节俭的本色，光这一点就没有几个人可及了。而他假吝啬之外的真慷慨，仿佛让我们透过狭小的洞口看到了无边的海天。

蔡元培　温和与刚烈

一般来说，一个人的脾气常跟地位成正比。但这条定律在蔡元培先生身上并不成立。无论他是德高望重的北大校长，还是位高权重的国民政府高官，待人接物始终保持温和的性情，从无疾言厉色，凡与蔡先生接触过的人，无不如沐春风、如饮醇酒。

据教育家马相伯回忆，1901 年蔡元培担任南洋公学特班总教习期间，曾与张元济、汪康年一道拜马为师学习拉丁文。每天早晨,蔡元培从徐家汇步行四五里路到土山湾马家上课。据说头一次,求学心切的蔡元培还去得太早了,5 点多钟,就在楼下敲门呼唤“相伯,相伯”,马相伯一场清梦被吵醒,睡眼惺忪地开窗下望,看到是蔡元培。马名士派头足,急忙摇手,对蔡说:“太早了,太早了,八九点钟再来吧!”虽然有点败兴,蔡元培并没有懊恼,三个钟头后,他又回来了。

这件事固然说明蔡元培的好学,但他的脾气之好却也一览无遗。想当年蔡元培已经当了多年的翰林公了,翰林在科举时代代表着至高无上的荣誉,那可是全天下的读书人都顶礼膜拜的。看看《二十年目睹之怪现状》中那帮翰林先生是如何趾高气扬、狂到天上的,相比之下,我们就可以发现蔡先生是多么可爱了!

早年的北大就像一个衙门一样,教师很多都是官僚出身,学问不大,架子不小,更别提校长了。而蔡元培一进北大校门就让人刮目相看。蔡氏到校第一天,校役们在校门口排队迎接,他到来后,众校役恭恭敬敬地向他行礼。蔡元培见了居然也脱下礼帽,规规矩矩地向校役们鞠了一躬。这个举动出乎所有人的意料,因为历任校长从来没人正眼瞧过校役。此后,蔡元培每天经过校门,校役向他行礼,他都脱帽鞠躬还礼。

进了政府部门任职后,蔡先生这样谦虚的脾气也一点儿没变。据任鸿隽回忆,蔡元培执掌中央研究院的时候,常住在南京成贤街中研院办公处,其房间外间适为某君所住,而蔡先生的房间却必须通过外间才能通到外面。蔡元培习惯早起,有一天他起床后外间的那位还在酣睡,蔡先生担心惊动了他,竟一声不吭地在自己的房间里看书,直到那人起身以后,才准备盥洗。

蔡“好好先生”还是一个出了名“有求必应”。谁写了一本书,求他作序或题签，他没有不答应的。他一辈子都在不停地替人写介绍信。据许寿裳回忆“多者一天可以有三四十封，少者也有十余封”，这其中有学生、亲戚，也有贩夫走卒，甚至有些人他根本不认识。刘海粟在上海美专当校长时就接到他的信，托刘为一个失业工人找工作，后来这个人在美专当了校役。

然而，蔡元培先生也不是一味“菩萨低眉”，他也有“金刚怒目”的时候。

1922年，北大发生了一次“讲义风潮”。当时北大常被政府拖欠办学经费，捉襟见肘，而北大的教授们在授课之余往往把自己的讲义印好发出让学生参考。校评议会提出对讲义适当收费弥补校用，蔡元培也认为将讲义印好下发到学生手中，学生上课反而不用功，得不偿失，于是便答应了。

然而，有些学生不干了。同年10月17日下午，为抗议讲义收费，数十名学生闯进会计室大闹，谩骂、恫吓职员。第二天早上，这些学生又闯校长室要求校长废除讲义费。蔡元培苦苦地向学生解释事情的原因，但激动的学生们无动于衷，并以罢课相威胁。这时有一些教员也出来劝解学生，学生竟对老师们“威迫狂号”。见此情形，一向以温和示人的蔡元培突然间暴怒起来了，他挽起袖子，挥着拳头，向学生吼道：“我跟你们决斗！”“我是从手枪炸弹中历练出来的，你们如有枪炸弹，尽不妨拿出来对付我。”他一边说，一边逼向学生，包围着他的学生害怕了，纷纷后退，逐渐散去。

事后，蔡元培提出辞职，在辞职信中他说：“此种越轨举动，出于全国最高学府学生，殊可惋惜。废置讲义费事小，而破坏学校纪律之事实大，涓涓之水，将成江河，风气所至，将使全国学校共受其祸。言念及此，实为痛心。……”

虽然这次风潮在胡适等诸教授的斡旋下，得以“和平解决”——蔡元培收回辞呈，讲义费暂缓收取，但这次事件让大家见识了蔡校长的另一面。正如林语堂说：“其实蔡先生软中带硬，外圆内方，岂可不计较者，他不计较，大处出入，却不肯含糊。”

蔡元培当北大校长期间共 7 次辞职，这是其中之一。在此前后，他还有多次请辞，其中多为坚持独立精神和自由思想。

1919 年 5 月 4 日，学生们上街游行，此事件中共有 32 名学生被军警抓走，其中北大学生 20 人。事后，蔡元培联合各界人士积极营救被捕学生。5 月 7 日，被捕学生获释，蔡元培亲自率领北大全体教职员和学生在沙滩广场列队迎接。

8 日，蔡元培亲自向大总统徐世昌递送辞职信，并发表《不愿再任北京大学校长的宣言》，宣言最后他振臂高呼：“世界哪有这种不自由的大学么？还要我去充这种大学的校长么？”

1923 年 1 月 17 日，蔡元培为抗议新任的教育总长彭允彝等军阀政客一手炮制的“罗文干案”，再次愤而辞职，并在《晨报》上刊发辞去北大校长职务的声明：

> 元培为保持人格起见，不能与主张干涉司法独立、蹂躏人权之教育当局再生关系，业已呈请总统辞去国立北京大学校长之职，自本日起，不再到校办事，特此声明。

全文共 70 余字，字字掷地有声，一怒而天下震，真有盖世之英气！

陈独秀　奔放与固执

一个没有争议的人生即使不算失败的人生，至少也是乏味的人生。陈独秀一生历经了大风大浪,有过大起大落,留下大是大非任人评说,让人感叹:这样的人生才算得上大手笔!

非常之人必有非常之性格,陈独秀最迷人的地方也是他最矛盾的地方。纵观他的一生,很难想象,如此激进与如此保守的两个方面竟能融合在一个人身上!

冯友兰说陈独秀的"气象"是"豪放"的,为此举一例:"在我们毕业的时候,师生在一起照了一个相,老师们坐在前一排,学生们站在后边,陈独秀恰好和梁漱溟坐在一起。梁漱溟很谨慎,把脚收在椅子下面,陈独秀很随便,把脚一直伸到梁漱溟的前面。相片出来以后,我们的班长孙本文给他送去一张,他一看,说:'照得很好,就是梁先生的脚伸得太远一点。'孙本文说:'这是你的脚。'"(《我在北京大学当学生的时候》)

老陈的"豪放",还有更精彩的例子。

1932年10月15日,54岁的陈独秀在上海被国民党当局逮捕。次年经审讯后以"危害民国罪"被判刑13年,减刑为8年,送往南京老虎桥监狱关押。这是陈独秀一生中第五次住到监狱,不过这位狱中常客并不害怕坐牢,他曾潇洒地昭告天下:"我们青年要立志出了研究室就入监狱,出了监狱就入研究室。监狱与研究室是民主的摇篮。"

既然老陈宣称监狱是"民主的摇篮",评价高得让人脸红,好歹也得配合一下吧。老虎桥监狱表现得很宽容,老陈在狱中住进单独房间,有写字桌、藤椅和两个装满书的大书橱。他也真的将监狱变成了研究室,在狱中完成了《实庵字说》、《干支为字母说》等10种著作,成就斐然。3年前,陈独秀认识了一个名叫潘兰珍的年轻貌美的女工,两人很快同居。当时老陈是个通缉犯,又老又穷,很难解释小潘如何爱上他。不知道是否是“恋父情结”在作怪？现在他被捕了，小潘知道他就是大名鼎鼎的陈独秀，不仅没有因为他是阶下囚而嫌弃他，反而多了一种英雄崇拜情结，特地从上海赶到南京来照顾他，可谓不离不弃。老陈与小潘久别重逢，情难自禁，竟然在狱中上演一出“活春宫”。看守的狱卒据说是老陈的粉丝，表现得很客气，婉言相劝：大哥，咱能低调一点吗？没想到老陈瞪他一眼：“老子人犯了法，老子的性欲却没有犯法。”

这样的事情，发生在别人身上或者难以想象，但熟悉老陈的人并不会太过惊诧，老陈的浪漫与奔放在江湖上那是如雷贯耳的。想当年，老陈还不算老，他在北大担任文科学长，同时主编《新青年》，是闻名全国的反封建急先锋，也是无数青年的偶像。据说老陈的激进言论很多竟是在八大胡同的床上想出来的。由此导致的严重后果是，1919 年初，北京报纸刊登消息，称北大文科学长陈独秀在妓院与人争风吃醋，大打出手。这事儿当属造谣，但它却成为陈独秀离开北大的导火索。对此，其好友胡适发出悲叹，说这一事件甚至改变了中国的命运——实诚的胡适认为陈独秀后来创办共产党主要是因为他离开北大。陈独秀，真是人如其名，一枝独秀！

可是，谁又能想到这么开放的陈独秀顽固起来也是罕有人能与其匹敌的。

老陈在狱中钻研《说文》。江苏南通有一位姓程的老先生，也是研究文字学的，慕名赶来看他。两人一见如故，侃侃而谈。起初双方都心平气和，突然为了一个“父”字的解释争论起来。陈独秀说，“父”字明明是画着一个人，以手执杖，指挥人家行事。那位程老先生却认为“父”字是捧着一盆火，教人炊饭。两人闹得面红耳赤，甚至拍桌对骂。不过，程老先生临别时，老陈还是表现出了惺惺相惜之情，写信给中央大学校长罗家伦，推荐程老先生教文史。

1937年8月23日，因战争关系，老陈提前被特赦。此时正值国难当头，出狱后老陈先是去了武汉，后来又继续逃难到了重庆江津。

这时的陈独秀穷困潦倒，生活主要靠朋友接济。不过，个性刚烈的老陈对吃"嗟来之食"深以为耻，一直渴望改变现状。正好，江津有个颇具名望的乡绅叫杨鲁丞，他在经史学的研究上也有一定的建树，曾拿着自己的书找章太炎作序，被章嘲笑"杂乱无章"，气得一命呜呼，死后留下了一些遗稿。

陈独秀在江津偶然逛旧书店，买到了一本杨鲁丞的书，替他说了几句公道话。杨鲁丞之孙杨庆馀听说后大喜，从几十里外跑来见陈独秀，邀请老陈住到他家，帮忙校正祖父的遗稿——当然是有偿劳动。老陈正为生计发愁，便一口答应。他十分勤奋，很快校正了杨鲁丞的《群经大义》和《杨氏卮林》两部书。

杨庆馀顺理成章地想让老陈帮忙写个序言，没想到老陈却不干了，校正书稿可以，但写序言不行，原因是："《群经大义》很多是转述前人注疏的，创见不及你们四川的廖季平；《杨氏卮林》评介诸子，则远逊于胡适之。拿这样的东西要我作序，我虽是食人俸禄，当忠人之事，但下不了笔啊……"穷的寄人篱下，老陈还是拉不下自己的自尊心，当然他也因此失去了自己的衣食父母。

常言道"拿人钱财，替人消灾"，何况替人写序这种事情属于举手之劳，比起替人消灾容易多了。然而陈独秀虽然穷困潦倒，却不愿意委屈自己的人格，坚持不为自己看不上的书稿作序，这种操守真让人肃然起敬。

陈独秀为了温饱问题，在江津时还曾自编了一本《小学识字教本》，时任教育部长的陈立夫对此很感兴趣，经陈部长亲自批示，预支两万元稿费给陈独秀，这对于老陈无疑是雪中送炭。但陈立夫认为这本书的名字不够通俗，于是写信给陈独秀，建议其改名为《中国文字基本形义》。这原本是一个无关大雅的问题，陈独秀却不肯妥协，坚持"一个字也不能改"，以至于出版的事情被无限期耽搁了下来。

这位早年叱咤风云的一代雄才终于在穷困潦倒中病逝，他曾经像烟花一样绚烂，却最终寂寞地归于尘土。

“精神分裂”的大师们(下)

黄侃 狂傲与谦卑

黄侃是名满天下的国学大师，以狂傲而著称，他自视甚高、目中无人，甚至连许多老前辈都不放在眼里。

黄侃早年曾拿着自己的文章去拜访当时的文坛耆宿王闿运。王在文坛如日中天，他向来高傲，从不轻许人，却对黄侃赏誉备至：“你年方弱冠就已文采斐然，我儿子与你年纪相当，却还一窍不通，真是钝犬啊！”按照一般人的思路赶紧得说：“岂敢！岂敢！”或者“惶恐！惶恐！”黄侃不仅一点儿客套都没有，还口出狂言：“您老先生尚且不通，更何况您的儿子。”

王闿运毕竟是老一辈的人物，黄侃还敬他三分。他对那些提倡白话文的新式学者可一点儿都不客气，新文化运动的领袖陈独秀、胡适都曾被他赤裸裸地骂过。

陈独秀是经常被黄侃呛声的人。1908 年，陈独秀到东京民报社章太炎寓所造访，正好钱玄同和黄侃两位弟子都随侍在侧，二人便到隔壁回避。陈、章抵掌而谈，谈到清代汉学的发达，陈列举清代大家戴(震)、段(玉裁)、王(念孙)诸人多出于苏皖，言下颇以自己是苏皖人自豪。后来话题转到了湖北，陈说湖北没有出什么大学者。隔壁屋子里的黄侃忍无可忍，突然跳出来反诘道：“湖北固然没有学者,然而这不就是区区;安徽固然多有学者,然而这也未必就是足下。”陈独秀尽管难堪,但他佩服黄的学识,并不计较。1920年,陈独秀在武汉高师演讲时,还感叹道:“黄侃学术渊邃,惜不为吾党用!”

黄侃炮轰胡适留下了不少妙言趣事。比如黄侃一本正经地对胡适说:“你要是真心实意提倡白话文,就不应该名叫‘胡适’,应该叫‘到哪里去’才是。”还有一次,黄侃在课堂上举例赞美文言文的简洁明了,说:“假如胡适的太太死了,他的家人用白话文发电报,必云:‘你的太太死了!赶快回来啊!’长达11字。而用文言则只需‘妻丧速归’4字即可,仅电报费就可省三分之二。”

胡适著书,常有始无终,他的《中国哲学史大纲》仅成上半部,下半部付之阙如。黄侃又借题发挥,在课堂上损胡适:“昔日谢灵运为秘书监,今日胡适可谓著作监矣。”学生不解,问何意,黄侃答:“监者,太监也。太监者,下部没有了也。”于是哄堂大笑。

话又说回来,黄侃尽管自恃才高,睥睨当世,但是他并非在所有人面前都和尚打伞——无法无天。黄侃曾和章太炎、刘师培并称民国学人“三疯子”,但有趣的是,其他两个疯子先后都成了他的老师,黄侃在这两个老师面前,不仅不疯,反而理性得很,毕恭毕敬,不敢有一丝怠慢。

黄侃拜章太炎为师据说是一泡尿引起的缘分。当年黄侃留日时住在老章楼上,一日内急直接站在窗台上“飞流直下三千尺”。两人因此舌战,老章只施展了两三成功力就将黄侃骂得毫无还手之力,黄侃佩服得五体投地,立即叩头拜师。以后每逢新年,黄侃必到章宅叩贺,行跪拜礼。有意思的是,黄侃也有一个得意门生陈君在章家当私塾先生。到了章家，黄叩拜章，陈又叩拜黄，章又向陈行札。坐下来后，陈举茶敬黄，黄敬章，章又敬陈，如此循环往复，时人引为笑谈。

而黄侃与刘师培本来在学术界的地位不相上下，两人各有专长，且刘师培仅比黄侃大两岁。黄侃突然拜在刘师培门下，认其为师，一时轰动学界。

原来，黄侃与刘师培在北大共事时，有一天他去刘家串门，看到一位北大学生正在向刘师培请教问题，然而刘师培回答起来却支支吾吾，词不达意。学生走后，黄侃责怪刘师培老师当得不够认真，刘师培叹了口气，说："孺子不可教也。"当时刘师培患了严重的肺病，自感时日不多，说到此不禁伤感起来，说："我家四代传经，想不到到我这里断绝了。"黄侃劝他不必担忧，北大有的是高材生，刘师培却说："诸生何足以当此？"黄侃再问什么人能够当得起他的传人，刘师培拍着黄侃的肩膀说："要能有你这样的学生，我就心满意足了。"

刘师培不过有感而发，但黄侃并不以此为戏言。第二天，黄侃竟然真的准备了拜师的贽敬，备香案，登门向刘师培磕头行拜师大礼。刘师培也不谦虚，坐在椅子上坦然受之。此后他把一身的经学毫无保留地传给了黄侃。

刘师培去世后，黄侃每年逢刘氏的生日都不忘在自己的日记中记上一笔"今日先师仪征刘君诞辰"之类的话。他还时不时向人念叨刘师培对自己的教益之多，这样的虔诚，让人不得不为之动容。

所以说，黄侃虽狂，但在自己佩服的人面前，却是低头膜拜的。黄侃并非为了狂而狂，他狂得可爱，也狂得可靠。

笔者观刘成禺《世载堂杂忆》,里面记载黄侃有三怕,“一怕兵、二怕狗、三怕雷”,其中怕雷更是怕到可笑的地步。有一次他跟人争论音韵,气得拍桌怒吼,突然一声响雷,声震屋瓦,雷声停后,黄侃不见了,仔细一找,原来钻到桌底下去了。友人问:“何前之耻居人后,而今之甘居人下也?”黄侃摇手道:“迅雷风烈必变。”这并非刘成禺诚心抹黑黄侃。从黄侃的《日记》看来,“三怕”之说千真万确。

黄侃肯定不是贪生怕死之徒。早年他参加同盟会,提着脑袋干革命的事情也干过。所谓“三怕”在我看来更像是他对自己性命的在意,越是觉得自己伟大的人越是要让自己免受无谓的伤害,这与韩信甘受胯下之辱而保存大有为之身是一个道理的,所以“怕”从另外一个层面来讲也是狂。

一个学者,既要有高傲的灵魂,还要有谦卑的心态,只有这两样结合起来,才能成为旷世大师。

袁克文　风流与庄重

袁克文,袁世凯的次子,民国四公子之一。克文的生母是朝鲜李王妃之妹金氏。当年袁世凯驻守朝鲜,朝鲜王室为了笼络他使出了美人计,还买一送二,袁世凯毫不谦虚,照单笑纳。克文打小天赋卓绝,所读文章过目不忘。尽管他大部分时间都花在了调皮捣蛋搞破坏上,但所学东西一点就通,效率惊人。克文从小成长的环境就得天独厚,再加上老袁对这个儿子也有所偏爱,不惜重金为之遍请名师硕儒,羡煞他人。

长大以后,袁克文没有辜负老爹给他起的这个名字。在文艺方面他堪称全能型选手，诗词歌赋、琴棋书画样样不在话下。老袁的两个儿子克定和克文常被人拿来比之于曹操的两个儿子曹丕和曹植，这不仅源于克定为了争夺帝位继承人而兄弟相煎的事实，也因为克文的才高八斗，堪比曹植。

克文的原配为刘梅真，安徽贵池人，父亲是盐商，富而优则仕，便想当官，捐了个候补道，在天津候补。按唐鲁孙的说法，克文有一次在盐商宴席时"隔帘偷窥"，对她一见钟情，便禀告老袁，托人求亲，刘父自然是喜出望外，遂成秦晋之好。刘梅真才貌双全，写得一手漂亮的小楷，又擅吟咏，著有《倦绣词》，常与克文唱和，有人将他们比之为赵明诚与李清照。

遗憾的是，优秀的男人往往不会只属于一个女人。克文除了发妻之外，又在天津上海等地娶了许多侍妾，如无尘、薛丽清、栖琼、眉云、小桃红、苏台春、琴韵楼、高齐云、小莺莺、花小兰、唐志君、于佩文等。这些妾侍不是同时娶的，往往此去彼来，克文是真正将女人如衣服的理论付诸实践的。当然，也有些女子是受不了高宅大院的束缚，宁愿去当自由的"胡同先生"。

乍一看，袁克文的侍妾们全都是青楼女子，虽然艳福不浅，但未免给人格调不高的感觉。就凭袁二公子权势和才华，管你什么大家闺秀、小家碧玉，还不是手到擒来？难道袁克文在女人上面有怀旧情结？

其实这恰恰表现了袁二还是有道德底线的，那就是绝不玩弄良家女子。别的不说，单表当时很多军阀豪强看上漂亮的女演员就要强娶为姨太太，张恨水的《啼笑因缘》所写的就是这档子事。寒云（克文号寒云）作为名票友，整日和诸多女演员接触，但他演戏归演戏,从不借机吃豆腐。对于未成年的女演员,他拟之为含苞待放的花朵,更是只愿远观决不亵玩。

谈情说爱是风雅事,袁二公子在这一点上充分表现了他的贵族风范、名士风度。和袁克文深交的篆刻大家陈巨来在其《安持人物琐忆》中说:“寒公虽好色逛游,但对于友朋妻妾及亲族等等,均端肃不敢有所遐想者也。平日对任何友好,亦毫无口不离牝牡等等。”此非虚言,很多人的回忆都证实了这一点。克文不仅恪守“朋友妻,不可欺”的原则,平时连黄色笑话都不讲,他风流,但绝不下流。

更难能可贵的是,陈巨来作为克文的资深“玩友”,曾跟他一起逛青楼多达百余次,亲眼见到克文在人前和那些相熟的妓女在一起也从无轻薄之态,绝不嬉皮笑脸,动手动脚,一如普通朋友。任凭“群雌粥粥”,众星捧月,他也是彬彬有礼,毫不出格。他自有一番理论:“对妓可腻可狎,但只可于二人时孟浪,在人前猴急,即涉于下流矣。”明明是去嫖妓的,却有一种“百花丛中过,片叶不沾身”的超然与潇洒,风致楚楚、浊世翩翩。

克文和他的青楼爱人分手后,常常也能像朋友一般往来,当然偶尔也有因爱生恨的。据云有某妾下堂之时将其所藏至爱之《寒云蜀道图》及宋元名画真迹数十幅挖剪而去,四周装裱未动,中以报纸卷入,所以外表如故,等到几年后克文缺钱时才发现内容已经不翼而飞。但克文倒也没有因此暴跳如雷或者报警追索,而是一笑置之,还真有些雅量。

在袁克文和他的姬妾们所留下的爱情结晶中,有一个未来赫赫有名的大科学家,即袁家骝。

或许是纵欲过度,袁克文仅仅活了 42 岁。他一生花在收藏、换小老婆和吃喝玩乐上的钱不计其数，但令人唏嘘的是，他死的时候全身就只剩下 20 块钱，连买棺材和料理后事的钱还是师友以及帮会中的徒子徒孙们帮忙出的。不过，他的丧事办得很热闹，各界名流所送的挽联不计其数。最令人惊叹的是，数千妓女自发为他送行，足见他在女人中的人缘与人气。

胡适　出山与在山

1917 年，胡适从美国留学归来，他踌躇满志，怀着文艺复兴中国的宏伟愿望，立志在学术上干一番大事业，为此他发誓“二十年不谈政治，二十年不干政治”。

但仅仅两年，胡适就食言了。1919 年 7 月 20 日，胡适在《每周评论》上发表《多研究些问题，少谈些“主义”》，这也是胡适归国后首篇谈论政治的文章，从此一发不可收拾。也许是觉得小打小闹不过瘾，1922 年 5 月 7 日他索性创办了一份以政论为主的《努力周报》，表现了文人参政议政的强烈愿望。胡适深感愧对朋友们的期望，他说：“他们都说我应该专心著书，那是上策，教授是中策，办报是下策……这一班朋友的意思，我都很感谢，但是我实在忍不住了。”

胡适这种政治热情并不是一时兴起，而是贯穿到他此后的人生中。而且据为他整理口述自传的唐德刚说，简直是“老而弥笃”。晚年胡适在纽约实际上已经是个流亡知识分子，但他一谈起政治仍然是唾沫乱飞，兴致丝毫不减当年。唐德刚回忆道：“笔者在纽约出入绛帐的时间也不算太短。平时就很少听到胡先生和他同辈的朋友或访客们谈过多少学问。他们所谈所论的几乎全是政治，

而且多半是鸡毛蒜皮的政治。学问似乎只是他老人家教导后辈的东西。"(《胡适杂忆》)

胡适好谈政治的原因,或许我们可以从齐白石和章太炎身上得到些启示。齐白石曾说:"我的诗第一,印第二,字第三,画第四。"实际上所有人都知道,倒过来说还差不多,老头子很聪明,知道自己的画无可争锋,书法和篆刻也是毋庸置疑,只有诗被人褒贬不一,所以他来了个"诗第一"——要是"画第一"那说了还有啥意思!同样的,有人问章太炎:"先生的学问是经学第一,还是史学第一?"他却理直气壮地说:"我是医学第一。"章太炎对中医深有研究,还喜欢给人把脉问诊,只是被他看过病的没有一个愿意看第二次。看来,"哪壶不开提哪壶"是许多大师的通病。对胡适来说,跟人谈学问太小儿科了,只有谈谈政治还能提得起精神头儿。

当然,对于胡适好谈政治我们还可以从深层次进行解读。首先,尽管胡适是新文化运动的领袖,可他骨子里还是个传统知识分子,"学而优则仕","达则兼济天下"的思想根深蒂固;其次,在胡适所处的时代,城头变幻大王旗、国家风雨飘摇,也使得知识分子很难独善其身。

好在胡适虽然热衷政治,但早些年还只是"他在旁边笑",而不是"他在丛中笑"。他毕竟还只是以局外人的身份"指点江山、激扬文字",虽然惹了一身腥,但总算保持清白之身。为此,1922年胡适第一次发表政论文章时,老牌政客林长民(林徽因之父)曾略带醋意地说:"适之我们不怪他,他是个处女,不愿意同我们做过妓女的人往来。"

胡适没有"二十年不谈政治",但他却真的做到了"二十年不干政治”,如果这个纪录保持到老,那么他还是可以建立一座“贞节牌坊”。1938 年胡适出任国民政府驻美大使,这是他第一次当官。1962 年身为台湾中研院院长的胡适在台北主持第五届院士欢迎酒会,于会议中突发心脏病去世,他最终死在官场上。

然而,胡适又确确实实不喜欢当官。

胡适一生曾经多次拒绝做官。早在 20 世纪 30 年代初,汪精卫就请胡适出任教育部长。胡适当时对汪的文人政府给予厚望,倾力支持,但想让他做官还是免谈。1947 年初,蒋介石要改组政府,想让胡适担任国民政府委员兼考试院院长,老蒋原本想让傅斯年去请,傅本反对胡适当官,不愿受命,接着王世杰奉命说项无功而返。老蒋无奈,只好自己出面,请胡适吃饭,可惜胡适铁了心,一点儿都不给老蒋面子,最后老蒋只能反过来给胡适面子,答应他:“国家不到万不得已的时候,我决不勉强你。”胡适回来后高兴地对傅斯年说:“放学了!”1948 年和 1954 年,蒋介石两次鼓动胡适出来竞选总统,胡适依然拒绝。

事实上,胡适出任驻美大使也是经过了和老蒋三番五次的拉锯战后才答应的。事成后,他一点都不开心,反而感到很沮丧。在接受任命当晚的日记中,他写道:“二十一年的独立自由的生活,今天起,为国家牺牲了。”在国家危急存亡之秋,胡适当官是抱着一种牺牲自己的态度,牺牲的代价是要远离自己所钟爱的学术事业。1938 年 10 月 31 日,当了一个多月驻美大使的胡适将一张自己的照片送给时在美国负责借款事宜的友人陈雪屏,照片后有自题诗云:“偶有几茎白发,心情微近中年。做了过河卒子,只能拼命向前。”言语间颇有几分悲壮萧瑟之意。

而除了 4 年的驻美大使,胡适再也没有纯正的宦海生涯。暮年他接受蒋介石的邀请出任台湾中央研究院院长,那也是因为中研院是一个学术殿堂而非政治舞台。所以当别人问他不是不想从政的时候,胡适说,以他的身份背景,做这件事情就不是从政,只是做一个思想活动而已。

胡适的官场经历实在也没有什么可圈可点之处。他这个人太天真、太纯粹,根本不懂得什么"厚黑"之道,当官是注定要失败的。季羡林认为胡适是个"异常聪明的糊涂人",又是一个极为矛盾的人。他即使在为政治奔波得焦头烂额的时候,一谈到他感兴趣的学术问题,比如《水经注》、《红楼梦》、神会和尚等,马上眉飞色舞,忘掉了一切,"颇有一些书呆子的味道"。

1958 年,胡适 67 岁,刚从美国回到台湾。在他担任中央研究院院长的就职仪式上,蒋介石亲自来祝贺并致辞,讲话中老蒋恭维胡适在大陆受到批判是因为他的道德崇高。没想到胡适并不领情,他非但没有声泪俱下地感激领导的关爱,反而在答词中一开头便用了"总统错了"4 个字,并解释他受批判是由于提倡科学方法云云。胡适的话让老蒋当众难堪。蒋介石虽然表面上不动声色,但是内心估计是极其恼怒的,据说他此后再也没有进过中研院的大门。

胡适的好友——地质学家丁文江离世前一年怀着复杂的心绪,写下一首七绝《麻姑桥晚眺》:"红黄树草争秋色,碧绿琉璃照晚晴。为语麻姑桥下水,出山要比在山清。"对于最后一句,大多数人持悲观态度,认为"出山不比在山清"。而"在山"与"出山"斗争的背后,是无数知识分子不堪回首的心路历程。

吴宓 古板与浪漫

吴宓，早年留洋时即与陈寅恪、汤用彤并称“哈佛三杰”；归国后把比较文学引入中国学术领域，号称中国比较文学之父；他也是清华大学国学院创办者之一。

吴宓又是“学衡派”的祖师爷之一，该派反对新文学运动，以复古为旗帜。复古者大都古板，吴宓可为表率。他懂得多国语言，却坚持用文言文，几十年来写文章都是直行书写，只写繁体字。“文革”时，有人诬陷吴宓攻击领导的“屁股”云云，吴宓气愤地说自己一生只用文言文而反对白话文，涉及这一部位时，他一定会用“臀”，而绝不用“屁股”。

西方语言文学大师李赋宁原本就读于清华土木工程系，在吴宓的影响下转入清华外文系就读。他回忆：“先生写汉字，从不写简笔字，字体总是正楷，端庄方正，一丝不苟。这种严谨的学风熏陶了我，使我终生受益匪浅。先生讲课内容充实，条理清楚，从无一句废话。先生对教学极端认真负责，每堂课必早到教室十分钟，擦好黑板，做好上课的准备。先生上课从不缺课，也从不早退。先生每问必答，热情、严肃对待学生的问题，耐心解答，循循善诱，启发学生自己解答问题。先生批改学生的作业更是细心、认真，圈点学生写得好句子和精彩的地方，并写出具体的评语，帮助学生改正错误，不断进步。”

吴宓不仅对自己要求一丝不苟，对年轻老师也是如此督促。在西南联大时，有一次一位年轻的老师把自己上课的教科书丢了，想先跟吴宓借用一下，没想到遭到吴宓的一顿训斥：“教师怎能丢失教科书呢！一定要找到，上课前必须找到！”晚上宿舍已经熄灯睡觉了，吴宓还跑到那位青年教师的房前敲门，大声问：“教科书找到没有？”那位青年老师怕吴宓大动肝火，只好撒了个谎：“找到了。”吴宓这才放心，告诫他说：“那就好，教师不能丢教科书，下次再不能丢！”

吴宓平生酷爱《红楼梦》，是天下闻名的红学大师。在西南联大流传着吴宓的一则逸事，说是联大附近有一家牛肉馆，名曰“潇湘馆”。吴宓看到这个招牌后，认为这是对林妹妹的侮辱，一怒之下动手把招牌砸得稀巴烂。

不过，按照学生季羡林的话来讲，吴宓是个“矛盾的人物”。学生茅于美说他“那种治学的严谨与生活的散漫形成了鲜明的对比”：古板的吴宓竟然也可以浪漫得一塌糊涂。

在汪曾祺的记忆中，吴宓于西南联大开设“红楼梦研究”时，常有后来的女生没有椅子坐，吴宓看到后亲自去旁边的教室搬来椅子给这些女生坐，之后他才开始讲课。吴宓的绅士行为，备受女同学赏誉，也引来了许多男同学的效仿。

有一次吴宓点名，点到“金丽珠”这个名字，情不自禁地说：“这个名字多美。”全班闻言大笑。最离谱的是，吴宓竟然帮女学生作弊，把自己翻译好的文章，署上女学生的名字拿出去发表。

不过，吴宓对女生有好感，“发乎情，止乎礼”，只为情不为性。

有人统计过，跟吴宓有过情感纠葛的女性，仅在其日记、书信、诗词等私人文字中出现过的就不下十几位，其中知名度最高的女人当属毛彦文。

那时的男女恋情都是“犹抱琵琶半遮面”式的，但是吴宓却偏偏把它搞得非常高调。有一次，他把自己给毛彦文写的情诗发表在一家小报上，其中有“吴宓苦恋毛彦文，三洲人士共知闻。离婚不畏圣贤讥，金钱名誉何足云”之句，一时间成为市民茶余饭后津津乐道的话题。吴宓甚至把自己写给毛彦文的情诗在课堂上念给自己的学生听，也成为笑谈。这样高调的行为连吴宓在清华的同事们都看不下去了，于是让人缘比较好的金岳霖去劝说吴宓。

金岳霖去了之后，对吴宓说：“你的私事涉及毛彦文，怎能在报纸上公开发表呢？私事是不应该宣传的，我们天天早晨上厕所，可是，我们并不为此而宣传。”吴宓听到后面一句勃然大怒，说：“你怎么可以把我的爱情看成上厕所！”

吴宓追求毛彦文最终无疾而终，他虽然有骑士精神，但毛彦文并不想做他的公主。

罗素说：“对爱情的渴望，对知识的追求，对苦难众生不可遏制的同情，是支配我一生单纯而强烈的三种感情。”吴宓又何尝不是如此？吴宓追求知识那种刻板的形象与渴望爱情那种浪漫的形象形成了鲜明而有趣的对比，这种对比也让他成为民国学人中的一个传奇，一道风景。

邵洵美　潇洒与较真

今天，很多人认识邵洵美源自鲁迅的《拿来主义》：“我们之中的一个穷青年，因为祖上的阴功（姑且让我这么说说罢），得了一所大宅子，且不问他是骗来的，抢来的，或合法继承的，或是做了女婿换来的。”这个“穷青年”就是邵洵美，邵的妻子盛佩玉是晚清第一官商盛宣怀的孙女。盛佩玉带来的嫁妆，不计金银珠宝和房产，光银子就有一万两。鲁迅言下之意即在此。

事实上,鲁迅的讽刺未免夸张。邵家在上海滩一度也是可以跟盛家比肩而立的名门大族,邵洵美的祖父是曾任清朝台湾第二任巡抚的邵友濂,虽然邵友濂去世后邵家很快败落了,但瘦死的骆驼终究比马大。

如同其他膏粱子弟一样,邵洵美也玩乐成性,只不过人家玩得高雅。当家族中的其他男人沉溺于吃喝嫖赌时,邵洵美却玩起了文学,他写新诗、开书店、办杂志、搞出版,花钱如流水,愣是把自己从一个富翁整成了"负翁"。邵在当年的文艺界有"小孟尝"的美称,是一帮穷光蛋作家文人最热爱的揩油对象。他还是一个伯乐,手下主办的文艺杂志至少有十本,并先后开办了两家出版社,许多陌生的名字在他的帮助下得以在文坛崭露头角,为人熟识。

在上海滩的交际圈中,邵洵美是出了名的"潇洒哥",在新诗《你以为我是什么人》里,邵洵美这样写道:

你以为我是什么人?
是个浪子,是个财迷,是个书生,
是个想做官的,或是不怕死的英雄?
你错了,你全错了;
我是个天生的诗人。

这并非妄语,邵洵美实在是一个"天生的诗人",一生除了读书、买书、写书、译书、出版书,别无他求。他办过许多杂志,每次都是"乘兴而来,兴尽而返",干一样赔一样,"只有出账没有进账"。有人笑话他,说他做生意像作诗,目的在抒情,不在乎家产的流失。他高价从德国进口了一套先进的印刷设备,只为了把自己办的《画报》做得更完美,正如他的人生。

他的美国情人项美丽回忆说:"我觉得中国没有邵洵美就不可爱了。但是邵洵美是穷的阔少爷,他除了作诗,就是赌钱,什么也不做,但他的可爱也在此。"邵洵美自称"赌国诗人",他爱诗,也爱赌。掌故大家陈定山在《春申旧闻》里说,他和洵美经常在花木交荫的宅第里"一掷呼芦,输赢百万",筹码不是金钱而是道契。邵洵美讲究雅赌,看不起那些世俗赌徒。据说,他越输钱诗写得越好。

邵洵美对待金钱的态度确实潇洒至极。项美丽在他身边时,和他一起听到了邵家最大的产业之一——杨庆和银楼倒闭的消息,这件事当时是上海滩一件大新闻,也是曾经富甲一方的斜桥邵家走向全面破产的开始,但邵洵美却谈笑自若,似乎浑然没有发生这回事,这让旁边的项美丽顶礼膜拜。

新中国成立后,邵洵美却因其出身及复杂的社会关系备受冷落,经济待遇和政治待遇每况愈下。这位曾经一掷千金眼睛不眨的豪门公子竟然潦倒到了为了区区50元把自己心爱的大书柜卖给街道食堂当碗柜用,他那台当时仍是国内最先进的德国印刷机也低价卖给了《人民画报》社。但即使在这样的境地中,邵洵美仍然对自己的形象一丝不苟。每天早晨,他都用过去丫头、厨娘梳头用的刨花水当成"生发油"把自己的头梳得油光发亮才出门,他潦倒但并不落魄。同样出身豪门世家的妻子盛佩玉也沦落成街道居委会收电费、灭蚊蝇的小组长,但他们都处之泰然,不怨天不尤人,这种宠辱不惊的风范也正是中国最后的贵族风范。

邵洵美1958年10月入狱时,与复旦大学的贾植芳关在一起,老弱多病的邵洵美自认为很难活着出去,他希望日后贾植芳如果有机会,一定替他说明两件事:一,1933年萧伯纳来上海访问时,由他出面宴请并花费46块银元，出席者有鲁迅、林语堂、宋庆龄、蔡元培、杨杏佛等，但在公开报道中，他的名字未被提及；二，他的文章均由自己亲自执笔，而非鲁迅所批评的是请人捉刀。

贾植芳不负所托，在晚年的回忆录中向世人告知了邵洵美的嘱咐。这两件事看似微不足道，却关乎一个人的人格与尊严，这下人们才恍然发现，这位看似玩世不恭的公子哥儿原来也是这么认真的一个人！

其实矛盾的邵洵美一点都不矛盾，前后两个他体现的都是中国经典的贵族气质。邵洵美如果活在战国，那就是信陵君一样的人物，他豪爽慷慨，潇洒超脱，这是一种贵族的大气，然而比这种大气更宝贵的是他对于个人尊严的信守。贵族之所以成为贵族，并不在于权势与财富，权势和财富都可以在旦夕间获得，但是贵族精神的培养却并非一朝一夕所能完成，哪怕穷困潦倒，哪怕生死之间，也必须时刻保持这种高贵的精神，所以子路临死还要把自己的帽子扶正，死到临头帽子不能歪。真正的贵族一定是光明磊落，襟怀坦荡，故西方的贵族宁愿与人用笨拙的决斗分出胜负，也不愿用阴谋诡计争输赢。

民国十大老顽童(上)

在 2014 年北京电视台的马年春晚会上,刘秉义、李光羲、杨洪基 3 位老艺术家以一曲《不想长大》引爆全场。“不想长大”,在如今这样一个容易把人催熟的时代显得浪漫而又奢侈,而在过去的民国,那时的空气更纯净,那时的食物更天然,那时的人虽然身处乱世,心灵却不容易老化。民国走来的这批人中,老顽童比比皆是,其中就有不少我们耳熟能详的大师。他们即使在功成名就之际也从未失去自己那份童心,他们不是“不想长大”,而是真的从未长大。品味民国大师的心路历程,从中我们或多或少可以得到一点启示。

第十名　王世襄

王世襄是赫赫有名的文物收藏和鉴赏大家,他出身于官宦世家,家境优越,从小就爱玩儿,会玩儿,是京城出了名的“顽主”。晚年老头子曾自嘲:“我自幼及壮,从小学到大学,始终是玩物丧志,业荒于嬉。秋斗蟋蟀,冬怀鸣虫,挈鹰逐兔……皆乐之不疲。而养鸽飞放,更是不受节令限制的常年癖好。”

王大公子在燕京大学读书时,经常上边穿着铜纽扣的对襟棉袄,下边穿着鹿皮套裤,架着大鹰在校园里招摇过市,成为燕大“一怪”。他甚至把蝈蝈带进了教室,台上,历史教授邓之诚正讲得唾沫乱飞,这边蝈蝈猛然间振翅高歌,同学愣了一下,接着哄堂大笑。邓老先生勃然大怒,喝道:“你听它的还是听我的?”以王世襄的才华和成绩,本有机会通过哈佛燕京学社选派到哈佛大学留学,但因他整天玩鹰遛鸟儿,“不务正业”,被教授们称为“未知数”,校方只好割爱。

因为好玩儿成性,王世襄没少挨父亲的责骂:“你除了打猎、玩儿狗、抓老鼠,别的什么都不管,你将会是你自己和整个家庭的耻辱。”让父亲意想不到的是,王世襄并没有把自己玩儿成家族的耻辱,反而玩儿成了家族的骄傲。他不但会玩儿,还会写:《北京的鸽哨》、《秋虫篇》、《獾狗篇》、《大鹰篇》……人家是在玩儿物,也是在玩儿文化,于是“京城第一玩家”的牌子挂了出来,好不威风。

或许是长大了,这种世家子弟、五陵少年式的玩儿法已经不过瘾了,王世襄把自己玩儿的对象转移到了书画、雕塑、烹饪、建筑、明清家具、古代音乐、古代漆器、竹刻上,凡古文物无所不涉。由大俗入大雅,王世襄仍然以玩儿的精神沉迷其间不可自拔,终于把自己玩儿成了举国闻名的文物专家。其中他玩儿的最好的莫过于古典家具,其《明式家具研究》、《明式家具珍赏》、《髹饰录解说》等大部头著作,是当今研究古典家具者不可不读的经典之作。翻译家杨宪益赠诗赞他:“少年燕市称顽主,老大京华辑逸文。”

王老爷子90岁的时候,人家问他养生之道,他说别的没什么,无非是喜欢玩儿而已。不过越到晚年,王老先生却越是揪心,他感叹好的食材再也没有了,伤感中国观赏鸽面临绝种,认为现在的世界真让人绝望。在王世襄之子王敦煌所著的《吃主儿》一书中,王敦煌写到小时候父亲骑自行车带着自己到永定河河沿去捕虾米、采蘑菇,“虾米怎么捕才能捕着,怎么才能一次捕更多,蘑菇到哪里采，什么样的蘑菇最好吃”，王世襄都会一一教给儿子。他不仅自己玩儿，也在教儿子怎么玩儿，生活的可爱与美好跃然纸上。

今天的四九城里，永定河边早已经没有蘑菇了。同样的，老北京的胡同与四合院也在渐渐消失，与之一起远去的是那种悠闲而烂漫的时光。

第九名 沈从文

“星斗其文、赤子其人”，这是张充和用来形容姐夫沈从文的八个字，可谓精妙传神。在沈从文的小说里，湘西是如此简单和纯净，他笔下的女孩如翠翠、萧萧、三三等似乎永远也长不大，总是那么纯真与无邪。这样的小说，没有一颗超凡脱俗的童心是写不出的，读其文，使人仿佛回到了无忧无虑的童年。即使里面有一种淡淡的忧伤，那也是“不想长大”的成年怀念童年的忧伤。

沈从文的人生经历还是十分丰富的，但他似乎从未成熟。他在中国公学爱上了自己的学生张兆和，不顾教师的身份展开热烈追求，完全像小孩子看到自己喜欢的东西一样爱不释手，甚至在张兆和把他的信交给了校长胡适后，他也照样追求不误，丝毫不顾这样做可能会给自己的名声与前途带来的影响……正如曹文轩所说，“面对这些故事”，让人觉得沈从文“是个呆子，是个孩子”。

黄永玉在《比我老的老头》一书中写到自己的表叔沈从文时，说表叔即使历经生死劫难，也经常流露出“孩子般天真的激动”。20 世纪 50 年代苏联第一颗卫星上天的时候，他和表叔以及一位老干部一起正在沈家吃饭，当听到这个消息后，沈从文感叹道：“啊呀，真了不起呀！那么大的一个东西搞上了天……嗯，嗯，说老实话,为这喜事,我都想入个党做个纪念。”黄永玉差点笑出声来:“‘党’是可以一‘个’一‘个’地‘入’的;且还是心里高兴的一种‘纪念品’!”旁边的老干部赶忙提醒道:“入党,不是这样的入法,是认真严肃的事情。以后别这样说了吧……”

1949年,沈从文多次自杀,未遂。原因大家普遍认为源于政治高压(如郭沫若对他的炮轰),有人认为家庭等其他方面的因素也不容忽视。而笔者觉得这些都是表象,其根本原因还是一个孩子面对突如其来的复杂世界时的过分恐惧。

好在有惊无险,沈从文只是从此告别了文学,躲进历史博物馆里鉴定、收藏文物去了。比起自杀本身更令人惊讶的是,一般“死去活来”的人容易变得沧桑,好像一下子老去很多,但沈从文似乎更纯真了,好像这样的自杀是“凤凰涅槃”,又给了他新的生命。把“入党”当“儿戏”,也只有像沈从文这样依然“幼稚”的人才想得出。

在“文革”时期自杀在前的沈从文躲进文物堆中活得很滋润,还写出了《中国古代服饰史研究》这样备受赞誉的大作。于康生死的那天,当黄永玉在沈家将这个消息告诉他之后,沈从文居然流下了眼泪,黄永玉不解:“你哭他干什么?他是个大恶棍!大坏蛋!”沈从文说:“哦!是吗?唉!中国服饰史方面,他关心过我啊……”黄永玉后来感叹道:“郭沫若为他那本书写过序,逝世之后,不知道他哭过没有?”我们常常看到小孩子被大人打得哇哇大哭,但是稍后你给他一颗糖马上就破涕为笑了。孩子就是孩子,纵然世界再险恶,他观察世界的方式仍然是孩子式的。

沈从文晚年说:“我到北京城将近六十年,生命已濒于衰老迟暮,情绪却始终若停顿在一种婴儿状态中。”“婴儿状态”4个字,用来概括沈从文的一生真是再恰当不过。

第八名　丰子恺

辜鸿铭在他那本《中国人的精神》(又名《春秋大义》)中写道:“真正的中国人是这样一个人,他过着具有成年人的理性却具有孩童的心灵这样一种生活。”他大声赞美中国人的生活是一种感觉生活,这种生活可以让你无限接近自己的灵魂:“中国人的非凡特性,就作为一个成熟的民族、作为一个拥有成人理性而生活了如此久的民族而言,在于他们依然过着一种孩童的生活、一种心灵生活。”

我不敢说每一个中国人都如辜鸿铭所愿过上孩童生活、心灵生活,但大漫画家丰子恺肯定算一个。丰子恺说自己初尝世味,看到了所谓“社会”里的虚伪矜忿之状,觉得大人们都失去了本性,“只有儿童天真烂漫,人格完整,才是真正的‘人’”,于是变成了“儿童崇拜者”。

丰子恺不遗余力地赞美儿童的纯真无邪、自由简单,赞美孩童的想象力与创造力,批判大人们的功利、虚伪:“我企慕他们的生活天真,羡慕他们的世界广大。觉得孩子们都有大丈夫气,大人比起他们来,个个都虚伪卑怯;又觉得人世间各种伟大的事业,不是那种虚伪卑怯的大人们所能致,都是具有孩子们的大丈夫气的人所建设的。”他呼唤一个像童心世界那样纯洁善良的社会:“大家不失去童心,则家庭、社会、国家、世界,一定温暖和平而幸福。”

丰子恺一生中有两样东西都是高产,一是著作等身,一是儿女成群。他与孩子们在一起,从他们一言一行中获得创作的灵感乃至生活的顿悟。他的很多漫画都以自己的儿女为模特,《瞻瞻底车》中瞻瞻将两把芭蕉扇连起来当脚踏车骑;《穿了爸爸的衣服》中儿子把爸爸硕大的马甲套在自己小小的身躯上，看起来还相当得意；《阿宝两只脚，凳子四只脚》中阿宝正神情专注地脱下自己的鞋子给凳子穿上。放风筝、挑荠菜、压岁钱、旋糖担、西洋景、唱儿歌、玩过家家，这些富有儿童情趣的素材丰子恺特别钟爱，以此为题材的漫画也特别为世人所钟爱。丰子恺能够成为最伟大的漫画家，靠的就是这一颗永不老去的童心。

在乱世的民国，苦难常常不期而至，而童心则是渡过苦海通向彼岸的一苇渡船。

抗战时，丰子恺带着全家十几口逃难，历尽坎坷，随时有转乎沟壑的危险。有一次他问 4 岁的儿子华瞻："你最喜欢什么事?"华瞻毫不犹豫地回答："逃难。"原来孩子眼里的逃难，是全家一起出游，去坐汽车，去坐大轮船，虽然辛苦，却很有趣，他看到的是逃难的另外一面。于是丰子恺感叹："我今晚受了这孩子的启示了：他能撤去世间事物的因果关系的网，看见事物的本身的真相。他是创造者，能赋给生命于一切的事物。唉，我要向他学习!"于是，接下来的逃难过程对于丰子恺来说也就不那么难了。

在逃难的路上，丰子恺的妻子徐力民竟然又为他添了一个小子。这个取名新枚的小儿子差点夺去了他母亲的生命，也给父亲带来了极大的麻烦，但丰子恺后来却格外疼爱新枚。其女丰一吟在《我和爸爸丰子恺》中描述道：

> 爸爸每晚照例一边喝黄酒，一边吟诵古诗词。这时新枚总是抱在他怀里。我曾听见他把晏殊的《浣溪沙·春恨》第一句"一曲新词酒一杯""篡改"了一下，念为"一只新枚酒一杯"。当时他已浑忘一切，陶醉在酒和婴孩之中。

1927年11月，30岁的丰子恺从弘一法师皈依，法名“婴行”。这个法号绝妙，即使到老，丰子恺也仍未脱婴孩本色。

第七名　林语堂

四十岁生日那天，林语堂作了一首自寿诗送给自己，并以这样两句诗作结：“一点童心犹未灭，半丝白鬓尚且无。”即使再过40年，到了80岁，那时的林语堂虽然已经白鬓满头，但是这“一点童心”却仍未泯灭。

的确，林语堂似乎永远都没有长大与成熟。中年后他远赴美国，这位讲得一口漂亮英语的大作家每次吃西餐时竟然不知道用哪个勺儿喝汤，哪个叉子吃鱼。更严重的是，他还常常把自己的酒杯和邻人的酒杯弄乱，以至于常喝错了酒。妻子廖翠凤为此苦口婆心地纠正他，但林语堂总是改不过来。

林语堂一生都喜欢跟小孩子在一起，他认为孩子那种纯朴与天真才是真正的人性，跟孩子在一起无忧无虑，让人忘记一切烦恼。他热爱观察小孩的一举一动，常常还要记诸笔下。其模仿金圣叹《不亦快哉三十三》的《我来台后二十四快事》中就有好几件事是跟孩童有关的，例如：

> 看电视儿童合唱。见一小孩特别起劲，张口大唱，又伸手挖鼻子，逍遥自在。不亦快哉！
>
> 看小孩吃西瓜，或水蜜桃，瓜汁桃汁入喉咙兀兀作响，口水直流胸前，想人生至乐，莫过于此，不亦快哉！

林语堂有3个女儿。女儿们小的时候，他最喜欢和她们玩一种滴蜡油做模型的游戏，将蜡烛油滴在桌子上，趁其将硬未硬之时用刀子之类的工具雕刻成各种东西的造型。这样的游戏做多了就连小孩子都会厌倦,可林语堂却一直乐此不疲。3 个女儿曾合写了一本《Our Family》在美国出版了,后来这本书被译成中文,名叫《吾家》,在《吾家》中女儿们写道:“我们三姐妹,和父亲,常常闹着有趣的玩笑,但母亲,却像是家族中的长辈,她常常提醒我们,要我们注意地毯或桌子。”

到了晚年,女儿们都长大了,林语堂就和自己的外孙玩。有段时间他住在二女儿林太乙家里,太乙有一儿一女,他们便成了外公最好的玩伴。林语堂喜欢将自己小时候的照片剪下来,和两个外孙的照片拼在一起,成为“3 个小孩”。在他眼里他们仨是一类的,都是“小孩”,而林太乙夫妇则是另外一类,即“大人”。

林语堂还经常和外孙一起出去钓鱼、捉螃蟹,在钓鱼时他有时会将妻子廖翠凤的指甲油涂到做鱼饵的苍蝇翅膀上,他说这样苍蝇就有了笑容,不会因为即将被鱼儿果腹而闷闷不乐了。廖翠凤出去买菜时,“3 个小孩”常躲在更衣柜里等她回来,比赛谁先憋不住笑场,结果输的那一个往往是林语堂。

一遇到天真的孩童,林语堂就有一种找到知己的快乐。他晚年从美国回到台北,有一次在台北中山北路逛街,进入一家文具店,里面那个看店的小孩一说话就脸红,他觉得很有意思,认为脸红是绝对做不了假的,意味着纯真与美好。于是他花了两百多元买了一大堆的信封、卷宗套子、尺、原子笔等,尽管事先他并没有买东西的愿望。

林太乙七八岁的时候有一次问父亲:“为什么大家都说妹妹好可爱?我看不出她有什么可爱的地方。”林语堂答道:“小孩子因为天真,所以可爱,这世界很复杂,大人多半已经失去天真。”林语堂何其有幸，因为他自己永远都是那“少半”中的一员。

第六名　章太炎

章太炎桃李满天下，民初大学中教国学的中流砥柱往往出自章门，弟子中有黄侃、钱玄同、鲁迅、周作人这样大名鼎鼎的人物。其学问文章皆为一代宗师，可是就个人生活而言，却连自理都有些困难。

据家人和门生回忆，老章常常糊涂到连袜子跟皮鞋都穿反。章太炎门生朱镜宙的《咏莪堂随笔》记载：“吾国旧式布袜，底面不同，一日家人见先生跖背有物隆起，细视之，乃知底面反穿，相与大笑不止。又新式皮鞋有左右足之分，与中式皮鞋不同。先生尝误左为右，误右为左。至是遂恶皮鞋，虽天雨不复御。”

最好笑的是，章太炎往往出了门就不知道回家，倒不是到哪里“野”去了，而是他经常忘了家在哪里。章太炎在上海时，出门才五六十步，就记不清路途，只得沿途问路人：“我的家在哪里?”闻者莫不认为遇到疯子。他还常常走错门，误入别人家。有一次居然闯入邻家少妇的闺房，躺到人家床上呼呼大睡，被人叫醒时还振振有词：“你们何故扰我清梦?”

据章太炎夫人汤国梨回忆，有一次孙中山派人陪送章太炎回家，出了孙家，门口只有一辆人力车，章太炎即坐在车上，挥手令车夫快跑，车夫问他拉到哪里，章太炎说“家里”，车夫再问：“你家在哪里?”章太炎说“在马路上弄堂里”，至于哪个弄堂他是怎么也不想起来了，结果车夫拉着他跑遍了上海的弄堂，也没找到章家。后来大家见老头子一直没有回家，急着出门去找，在“大世界”游乐场旁找到了他，只见他正坐在车上，“顾盼自若”，大伙儿哭笑不得，付了车钱,把他领回了家。从此,他老人家再出门,非有人陪伴不可。

其实,章太炎并非健忘症患者,相反,他还有着超强的记忆力。其门生王仲荦就对老师的记忆力佩服得五体投地,盛赞其“过目不忘”。据王所述,有一次建筑学会来个电话问建筑学上某个字应该怎么写,或者可以用什么字代替,章太炎当场就在电话里告诉对方这个字在《周礼·考工记》第几页第几行,连书都不用翻。王仲荦有一阵子经常见到章太炎在家里给小儿子讲《水浒》,从头到底,不用看书讲得清清楚楚,而当时章太炎 60 岁,上一次看《水浒》还是 50 年前他 10 岁的时候。

糊涂的章太炎自然不可能成为一个理财有道的人,及至晚年,他更是不知钱为何物,不晓得钞票何用。他让仆役买一包烟时,掏出 5 元钱;儿子要做大衣了,他也掏出 5 元钱。有一次,他在苏州要盖房子了,人家让他掏钱,他竟然还是掏出 5 元钱,他好像只认得 5 元钱。不过等到章老去世后,人们翻看他的遗嘱,发现他把身后财产的分配处理得井井有条,这才发现他并非绝对糊涂,只不过一辈子在思考,没有时间理会这些日常琐事罢了——也许只有到达生死之界,他才能停下来,留得几分清醒。

章太炎脾气很大,遇到自己不喜欢的人,轻则痛骂一顿,重则“以杖叩其胫”,不仅要动口,有时还要动手。但据多次拜访大师的薛慧山说:“他跟后生小子在一起时,却又和蔼可亲,甚至还带几分老天真。他跟自己的小儿子和几个孙子在一起的时候,常把红布蒙着自己的眼睛,跟他们玩着捉迷藏,哈哈地笑得很开心。”

民国十大老顽童(下)

第五名　钱锺书

要寻找民国“老小孩”，钱锺书当然是一个不容错过的典型，从小到大，他似乎都是混沌不开。妻子杨绛说：“小时候他不会分辨左右，好在那时候穿布鞋，不分左右脚。后来他和钟韩同到苏州上美国教会中学的时候，穿了皮鞋，他仍然不分左右乱穿。在美国人办的学校里，上体育课也用英语喊口号。他因为英文好，当上了一名班长。可是嘴里能用英语喊口号，两脚却左右不分；因此当了两个星期班长就给老师罢了官，他却如释重负。”

贪玩的钱锺书打小就是出了名的捣蛋鬼，一点也没有书香门第出身的那种矜持感。上小学时，他喜欢用弹弓把小泥丸弹射到别的同学身上而屡屡被老师罚站；到了大学后，捣蛋的方式变得斯文一点儿，但本质并没有变。据其清华外文系的同学常风回忆：“锺书这个人性格很是孩子气。常常写个小纸条差工友给我送下来，有时塞进门缝里，内容多为戏谑性的，我也并不跟他较真儿。”他上课时总是躲在后面看自己的课外读物，笔记本上从来没有正经的笔记，只有形形色色的涂鸦。

结婚后，大家以为钱锺书总该长大了，消停了，但结果还是一样。且看妻子杨绛在《记钱锺书和他的〈围城〉》中关于两人在一起

英国留学时的生活回想:

> 我们在牛津时,他午睡,我临帖,可是一个人写写字困上来了,便睡着了。他醒来见我睡了,就饱蘸浓墨,想给我画个花脸。可是他刚落笔我就醒了。他没想到我的脸皮比宣纸还吃墨,洗净墨痕,脸皮像纸一样快洗破了,以后他不再恶作剧,只给我画了一幅肖像,上面再添上眼镜和胡子,聊以过瘾。

正是在牛津求学期间,他们的女儿阿圆来到了世间,钱锺书喜不自禁——终于有"小伙伴"了。大热天女儿熟睡,他在她肚子上画一个大花脸,结果挨了杨绛一顿训斥,委屈得像个孩子。

回国后,钱锺书在研究学问之余,多余的"痴气"往往发泄在叔父的小儿小女、孙儿孙女和自己的女儿阿圆身上。这一群孩子年龄相近,常在一块儿玩耍。钱锺书也加入他们的群体,变着法儿,或做手势,或用切口,诱他们说"脏话",然后就赖他们说"坏话","于是一群孩子围着他吵闹个没完。锺书虽然挨了围攻,还俨然以胜利者自居"。"他追女儿玩,每天临睡在她被窝里埋置'地雷',埋得一层深入一层,把大大小小的各种玩具、镜子、刷子甚至砚台或大把的毛笔都埋进去,等女儿惊叫,他就得意大乐。"

钱锺书不仅和章太炎一样生活难以自理,甚至在"健忘症"上两人也有的一拼。杨绛说:"他有些混沌表现,至今依然如故。例如他总记不得自己的生年月日。"但在学问方面,钱锺书的记忆力可是顶呱呱的,人称"照相机式"。吴忠匡《记钱锺书先生》中说,钱锺书在蓝田的国立师院任教时,图书馆的大部头丛书他无不浏览翻阅,仅明清别集就看过不下千种,这些别集,不管是大家、名家,还是不入流的小家,你随便拿一部来考问他,他都能准确无误地复述其内容,甚至往往做到一字不差。他人不信,屡次考他,但屡试不爽。

执教清华时,钱锺书养了一只猫,爱其灵性,特别宝贝。但这只猫常受隔壁林徽因家的大猫欺负,为此钱锺书特备长竹竿一根,倚在门口,不管多冷的天,听见猫儿叫闹,就立马从热被窝里跳出来,拿了竹竿,冲出去帮自己的猫儿打架。对于这种别人看来无聊之极的事情他一直乐此不疲,也从不担心因此伤了两家的和气,因为小孩子是不会在意那么多的。所以终其一生,他活得简单、有趣、快乐。

第四名　熊十力

新儒学大师熊十力人如其姓,宣称自己不吃肉活不了。1926年,他与梁漱溟、卫西琴以及他们的门生薄逵山、张叔如、李渊庭、高赞非等十几人在北京西郊人有庄租了几间平房住在一起,共同研讨儒学和心理学等。当时大家都很穷,其他人跟着梁漱溟一起茹素,唯有熊十力天天嚷着要开荤,只好给他开小灶。一天,熊十力问“后勤部长”薄逵山:“给我买了多少肉?”薄答:“半斤。”熊十力听了,怒骂:“王八蛋,才给我买那么一点儿肉!”过了几天,熊十力又问:“今天给我买了多少肉?”“八两。”熊十力一听,顿时乐不可支,说:“这还差不多!”其实旧时一斤是十六两,半斤跟八两根本没有区别,所以我们成语有“半斤八两”之说,可见熊十力在生活常识上实在是“文盲”级别的。

20世纪30年代,熊十力住在北平沙滩银闸路西的一个小院子里,为了专心著书,避免闲人打搅,他在门上贴了一张大白纸,上书："近来常常有人来此找某某人，某某人以前确是在此院住，现在确是不在此院住。我确是不知道某某人在何处住，请不要再敲门。"这样"此地无银三百两"的话，任谁看了都要哑然失笑。

在汉口时，有一次女婿徐碧宇要出门，熊氏便让女婿顺路帮自己寄一封信，还特意叮嘱女婿，走水路的话就把信投到江边的邮筒中去，走陆路的话就把信投到火车站附近的邮筒中去，他认为这样信就会寄得快一点儿。

熊十力也从来没把自己正经当大人，他喜欢在家光着上身，即使那些年轻的女弟子来访也安之若素。有一次，王元化去拜访他，熊十力正好在洗澡，他招呼王元化进门，自己则裸身坐在澡盆之中，与王元化谈话，一点儿也没有感觉别扭。

直到老年，熊十力都是生机勃发，他也喜欢与年轻人为伍，有人说梁漱溟多是学生住老师家，而熊十力则多是老师住学生家。1934 年，熊十力住在徐复观家中。徐复观有一个刚满 3 岁的小女儿，熊十力很喜欢她的聪明可爱。有一次，熊十力问她："你喜欢不喜欢我住在你家?""不喜欢。""为什么?""你把我们家的好东西都吃掉了。"熊十力大笑，用胡子刺她的鼻孔说，这个小女孩儿将来一定有出息。

和钱锺书一样，熊十力同样健忘到连自己的生日的都记不住，后来弟子们给他做寿，只好姑且定为正月初四，这样既可以占一春之先又能避开三天大年。但矛盾的是，在学问上他也是过目不忘。熊十力的夫人傅既光曾回忆说，她和熊十力婚后亲眼看到熊十力利用短短的蜜月期读完了一部《二十四史》，傅见熊翻书的速度奇快，很是怀疑他有没读进去。为了验证自己的判断，她随便选了《二十四史》中的一件事，起个头儿，让他接下去。结果，熊十力不但能把事情说出来，还能说出此事在第几卷。

所以说，大师之所以成为大师，就在于他们的专心致志、心无旁骛，由于把几乎所有的精神都放在学问上，在生活上自然也就无法考虑得和常人一样周到了。这样天长日久，很多大师尽管成就斐然，处世方面依然“未开化”。不过塞翁失马，他们也因此收获了孩童一般宁静无瑕的心境，这又反过来促进了他们学问之大成。

第三名　苏曼殊

苏曼殊歌哭无常，在他人看来是疯癫，在孙中山眼里却是“率真”。的确，纵观其一生，他完全是一个任情使性的大孩子。

苏曼殊一生脱略形迹、逍遥自适，为人处世常乘兴而行、兴尽而返。他曾应邀赴宴，半路上碰见了另外一个朋友，问他去哪里，他回答说是去赴宴，又问是谁请他喝酒，他却一脸茫然，对方再问他去哪里喝酒，他也不知道，还反过来问对方去哪里，朋友告诉他自己是去赴友人的酒宴。苏曼殊脱口而出：“那我就跟你一块儿去吧。”说完，便跟着对方一起去赴宴，直到席终，他也未曾跟主人交谈一句，吃完一抹嘴巴就走。大概苏曼殊觉得自己此行的目的就是为了吃，至于在哪里吃，吃谁的，那并不重要，这样的孩子气又可笑又可爱。

曼殊的痴气友辈中无人不知。他和陈独秀、章士钊三人在日本留学时曾合租一屋。那时大家生活困苦，经常靠典当度日。有一次断了炊，陈、章二人便让苏曼殊拿几件衣服去当铺，先换点钱果腹。哪知苏曼殊一去不归，回来时已是半夜，而且手上只有一本书，还大发感慨：“这本书我遍寻不得，今天在夜市翻着了。”陈独秀和章士钊饿着肚子等了半天，见此情状，气得大骂他“死和尚”“疯和尚”，但也无可奈何，只好空着肚子上床了。

苏曼殊眼里从没有钱的概念，是出了名的“散财童子”。在上海时，他收到了300元稿费，这在当时也算不小的一笔款子了，但他整日呼朋唤友，吃喝玩乐，没几天就挥霍一空。有人向他打听上海的出租车价格，他说起步价是8元，旁人大惊：“别人租一天车才3元，你只坐一程，竟要8元？”曼殊怪眼一瞪：“咱现在是有钱人，岂能坐普通的车子？”原来他是只选贵的，不选对的。

按照这样的花钱方式，苏曼殊大部分时间都处于穷困潦倒的状态。有一次住院看病，他不仅花完了预算，还严重透支，为了付住院费，竟连随身穿的衣服都全部典当出去了。朋友去接他，见他用一条被子裹住全身，躺在那里怡然自得，问他为何不出院，他回答说：“我的衣服都当出去了，总不能一丝不挂走出医院吧。”

陶菊隐《政海轶闻》中记述了另外一件苏曼殊看病的趣事。曼殊是个语言天才，梵文及英、法、日、德、法诸国文字，无不精通，尤其擅长日文，因其生身母亲乃日本人也。但曼殊成人后恶日本人如寇仇，侨居日本数载，绝不说日文。有一次得了流行病，友人来看他，问他为何不去看医生，问答中知道他是怕麻烦，于是拍着胸脯说自己可以替他翻译，一切无忧，便强他入院。到了医院，医生殷勤相待，问曼殊病况，友人代为回答，医生边听边记。不料这边正忙着，曼殊突然溜得无影无踪。友人遍觅不得，回到家中发现他早已回来了，责备他说：“你这人也太孩子气了，说走就走，也不跟我说一声。”曼殊说：“我没有错，你把病况说错了，生病能乱吃药吗？”友人怒道：“你又不是听不懂，为何不自己说清楚？”曼殊说：“你忘了，我是不说日语的？”

曼殊的痴气可以说是泰山压于顶而不变。陶菊隐说他“性脱略，无人己之界，囊空如洗，不称贷友人；有周济之者，受而不谢，亦不复偿欠”。有一次断炊数日，在床上辗转呻吟。有友人到，叹道：“我迟来一步，君为饿殍矣！”于是买饭给他吃，并赠以百金。曼殊吃饱喝足后，来了精神，欣然行于市，看到一辆自行车构制精美，十分喜欢，便将之买回家。又遇到一个乞丐，向他诉苦说自己已经3天没吃饭了，曼殊一听大发恻隐之心，便将剩下的款子倾囊相赠。

过了几天，那位友人又去苏家看他，看到自行车后，问道：“你不会骑自行车，买车干吗？”他答：“没别的，从心所欲而已。”友人“笑其痴而哀其遇”，便派了一个仆人来照顾他。

第二名　齐白石

贪玩的境界有很多，而最高的境界还是自己跟自己玩，金庸的《射雕英雄传》中老顽童周伯通发明“双手互搏”。新中国成立后，齐白石被当成国宝一样“供奉”起来。在国家领导的指示下，由文化部拨款，特地在地安门外雨儿胡同的“高档住宅区”给齐白石修建了一座四合院，1955年底，90多岁的老头儿乔迁新居，告别了拥挤的旧宅。

然而，在新房子住了一段时间后，齐白石不仅没有感谢政府的照顾，反而死活要搬回旧居，一哭二闹，就差上吊了。原来老头儿喜欢在家中藏东西，这原本是受国民党统治时通货膨胀之苦，那时纸币贬值一日千里，以致他曾经陷入200多张画连10袋面粉都买不到的尴尬境地。后来齐白石学聪明了，一有钱就买金条，为了防贼惦记，他煞费苦心地想出了很多收藏的方法，比如在墙上挖个洞，然后再把砖头堵上，或者在床柜某处做个暗格等等。白石本是雕花木匠出身，干起这个来自然轻车熟路。

新中国成立后，物价稳定了，齐白石也无须再藏东西了。然而，他藏东西藏上了瘾，一天不折腾就心里发慌，隔三差五就要把那些东西倒腾倒腾，挪个地方、换个包装，这些东西藏身之处往往隐秘到只有齐白石自己才想得到。本来只藏金条，后来啥都藏。现在搬到了领导为自己构造的豪宅，齐白石生怕一不小心背上破坏国家财产的罪名，不免谨小慎微，哪还敢像在旧居中一样肆无忌惮地动刀抡斧呢？老头子崭新的豪宅不住，倒不是贪恋自家的“草窝”，而是要回去继续自己的“游戏人生”呢！

齐白石画虾独步古今，他自己总结成功之道，说：“余画虾，未除儿时嬉弄气耳。”他的笔下，捉虾、放牛、钓鱼、砍柴、斗蟋蟀，这些景象反映的都是童年经历过的真实场景，他是在画，也是在玩儿。而白石老人通过手上的一只画笔，也再次穿越时光回到了那个虽然穷困却无忧无虑、无拘无束的童年。

老头儿追忆童年，时常“没事偷着乐”：“余五六岁时，戏于老屋星塘岸，水浅见大虾不可得，以粗麻线系棉絮为饵之，虾足钳饵，线起虾出水，犹忘其开钳，较之钓鱼，更可乐也。儿时乐事老堪夸，衰老耻知煤米价。怜君著述钓鱼趣，何苦阿芝絮钓虾。”这段话出现在《为于非闇画钓鱼图》中，画完这幅画后，老人想起童年的趣事，不能自已，竟一口气写下这么长的一段题记。

著名评剧艺术家新凤霞曾经拜齐白石为师，她亲眼看到了老头子创作出自己得意之画时常常开心地对着画做鬼脸，感叹师傅“真是老小孩”。“老小孩”三个字，不正是齐白石将近百岁仍然充满创造力的最重要原因吗？

晚年的齐白石在艺术上通向了真正的自由境界，信笔所至，满纸烂漫。他的草虫是画作中的安徒生童话，为长大后的我们带来了久违的感动，这种历尽人世沧桑后归来“看山是山，看水是水”的纯真与童趣是任何一个齐白石的模仿者所无法表达的，所以说，他人或许可以复制，齐白石却是不可复制的。

1936 年，74 岁的齐白石到成都游玩，忽患牙病，痛不欲生。其时他当口的两牙，左边的一个早已脱落，右边的一个也摇摇欲坠，这次牙痛正是右边的病牙在作祟。然而，齐白石因为想起幼龄初长牙时，他的祖父母和父亲母亲喜欢得不得了，说：“阿芝长牙了！”他觉得：“当初他们是这样的喜见其生，我老来怎肯轻易地把它拔去呢？”所以他其后一直忍着疼痛。直到他 90 多岁时病牙已经发展到连不吃饭都疼痛难忍，才不得不将之拔除。为此齐白石感念幼年，还潸然泪下。

掉牙和换牙是孩子成长的一个重要标志，齐白石不愿意拔牙其实正是拒绝长大，伟大的艺术家常常活在永恒的童年中。

新中国成立后，著名诗人艾青曾有一段时间从事外事工作，经常领着国际友人来拜访我国最有名的书画家齐白石，因此跟白石老人有过很多来往。有一次艾青见老头子一脸的不高兴，问他为什么，老人说外宾看了他的画没有称赞他。艾青说：“他称赞了，你听不懂。”原来，齐白石要的是外宾伸出大拇指来夸奖才算。对此，艾青感叹道：“他多天真！”

90 多岁的齐白石仍然保持了孩童的心性，反观今天我们的身边很多 9 岁多的孩子已经世故得如同大人了。

第一名　金岳霖

世人都认为哲学大师金岳霖一辈子单身是出于和自己心爱的人有缘无分,但我觉得这只是现象而非本质,安徒生一辈子单身,因为他永远要活在童话之中,金岳霖亦如此。

金好友钱端升的夫人陈公蕙曾用“淘气”这两个字来形容金岳霖。据她回忆,抗战时金岳霖曾和他们家一起住在昆明乡下(老金喜欢寄人篱下),自己的两个孩子都还小,平时爸妈都很忙,难得陪孩子,孩子过得也很乏味,但老金一回来,孩子都有了“头儿”,金岳霖一见到他们,就用他们的乳名哼出马赛曲:“嘟嘟……”,“弟弟……”,或者以口哨吹出马赛曲,立刻把孩子们吸引住了。“他常常抱起两个孩子,逗他们,给他们讲故事,有时也带孩子去散步。因此孩子们一看见他,就高兴地叫起来:‘金爸,金爸……’”

那时候金岳霖还年轻,但直到他变成老金,仍然能够和孩子们打成一片、毫无代沟。走进金岳霖的房间,往往第一眼就被那些大水果吸引。老金喜欢搜集大苹果、大桃子、大橘子之类的大号水果摆放在案头,尤其酷爱大梨。即使晚年腿脚不便,他也要坐上三轮车到市场上把看到的最大的梨买回家。这些水果不是用来吃的,它们的作用,一则放在桌子上“显摆”,二则用来和别的教授的孩子比赛,输了就送给小朋友,再去买。老金没有孩子,但他自己就是孩子。

老金的小伙伴很多,其中最令啼笑皆非的是他养的鸡。金岳霖头一次养的鸡是从北京庙会上买来的一对黑狼山鸡。在老金的精心呵护下,没多久公鸡已经长到了 9 斤 4 两,母鸡也超过了 9 斤。

冬天来了，老金担心它们受冻，看到书上说可以喂点鱼肝油御寒。他就用灌墨水笔的管子灌了它们一管子的鱼肝油。结果，这两只宝贝鸡很快就在窝里“寿终正寝”了。

后来，老金又养了一只云南斗鸡。这只公鸡能把脖子伸上来，和老金在一个桌子吃饭，老金与鸡平等共餐，自得其乐。晋朝的阮咸曾经与猪一起喝酒，看来与鸡一起吃饭也是魏晋风度的一个表现。偶尔，金岳霖会带着大公鸡出去溜达，引来很多路人围观，但鸡不在乎，老金也不在乎。

金岳霖的健忘症惊世骇俗，章太炎只是忘掉回家的路，而金岳霖有时连自己的名字都会忘掉。20 世纪 30 年代，有一天金岳霖打电话给自己的老朋友陶孟和，陶家的佣人问：“您哪位？”老金竟然忘了自己是谁，只好一个劲儿地说请陶先生说话就行了。可惜那位敬业的佣人不肯，两人在电话里僵持着。老金没有办法，只好向旁边给自己拉车的车夫请教。车夫说他也不知道，老金问：“你没有听见别人说过吗?”车夫说：“只听见人家叫金博士。”一个“金”字这才点醒了金岳霖。

老金的痴气同样无人能敌。他是从美国留学回来的，生活上保持了一点儿“资产阶级作风”，喜欢喝牛奶。有一次，三伏天，几位友人到金家串门，看见老金愁容满面，连连拱手，说：“这个忙大家一定要帮啊。”友人不知何事，但都拍着胸脯，说老金有事咱能袖手旁观吗！一会儿，老金的厨师为每个人盛上一碗热气腾腾的牛奶……原来，金岳霖的牛奶是冬天起订的，但是人的食欲往往是热缩冷胀，到了夏天他饮量大减，他不懂得变通，以为订牛奶也要“从一而终”。这时天热又容易变质，浪费可耻，只好请友人来帮忙消灭。

当时牛奶还是奢侈品，大伙儿揩老金的油，几天后又来喝了一次牛奶。幸有一位好心人告诉老金牛奶订量可以自己做主，冬天多订，夏天少订。老金听完后大大地佩服，称赞他："你真聪明！"

这样的赞语经常从老金嘴里发出来。新中国成立后，老金跟梁思成一家比邻而居。有一天，梁思成看到老金家的厨师外出采购，手捏一张5000余元的人民币活期存折，大为惊讶。在20世纪60年代，5000多块可是一笔巨款，手持巨款招摇过市多危险啊。梁思成忙问金岳霖缘由，老金答："这样方便。"梁说："若不慎遗失，岂不是很冤枉？"老金很固执："这样方便。"梁思成只好建议："这样吧，存个死期，存个活期，两全其美，而且'死期'利率高于'活期'……"谁知金岳霖连连摆手："使不得的，本无奉献，那样岂不占了国家便宜？"梁思成无可奈何，只得详细为他解释储蓄规则，金岳霖这才理解了，满脸笑容，对梁思成说："你真聪明。"

但话又说回来，老金能够成为大师级的人物，与他的天真、贪玩可谓息息相关。他在西南联大执教时，有一个学生对金老师为何要研究逻辑学这门十分枯燥的学问感到很好奇，问他："您为什么要搞逻辑？"金岳霖答道："我觉得它很好玩儿。"无独有偶，清华大学四大导师之一的赵元任是一个罕见的语言奇才，据统计，他会的方言多达33种，真是令人吃惊！面对别人顶礼膜拜的眼光，赵元任笑着告诉他们，自己学习、研究语言学只是为了"好玩儿"，这就是短时间内学会这么多语言的奥秘。

金岳霖研究逻辑，赵元任学习语言，都从在别人看来是枯燥无味的东西里面"玩儿"出了趣味，"玩儿"出了境界，能玩儿别人之所不能玩儿，这大概就是他们成功的奥秘吧。

第二卷

人生有姿态

舌尖上的民国(上)

科学家研究发现饮食跟人的性格存在着密切的关系。比方说,经常吃甜食的人性格温柔,喜欢撒娇,以女孩居多;而对酸味情有独钟的人,往往多愁善感。其实,相对“吃什么”而言,“怎么吃”显然更能直接表现出一个人的性格与性情。接下来,笔者将谈谈民国人吃的“十大境界”,带领大家走进“舌尖上的民国”。

自然境界

冯友兰谈人生四大境界,为首即“自然境界”。所谓自然境界,也就是本能的境界,在这方面人和动物并没有太大的区别,譬如吃喝拉撒,人会,动物也会。在民国,吃饭对于很多人来说,唯一的目的就是果腹和活着,饥不择食与性情无关。在此,我们关注的是另外一类人,他们并非没得吃,而是压根儿就没把吃饭放在心上。

若要选出民国“不会吃”的代表,非国学大师章太炎莫属。章太炎每次吃饭只吃眼前的菜,其余的纵然是山珍海味也视而不见。家人熟知他这个习惯,经常换掉他面前的菜,他也不知道。有一次,来客跟老章一起吃饭,见他对于桌上的鸡肉无动于衷,便偷偷地问章家下人:“太炎先生是不是不吃鸡肉?”下人说:“你只要把鸡肉放在他面前他就吃了。”来客悄悄地将鸡肉与章太炎眼前的菜对掉,果然接下去他只“爱”鸡肉了。这样的事情,凡是与章一起共餐的人都曾亲眼见到。

章太炎被袁世凯软禁在北京龙泉寺的时候，虽然人身不得自由，但是老袁对他的生活还是颇为照顾，给他安排了一整套班子负责饮食起居。厨师问老章想吃什么菜，老章只想起两种，一是蒸蛋糕，因为这最容易想到；一是蒸火腿，因为这是他老家最常吃的。结果顿顿蒸蛋糕、蒸火腿，他也吃得津津有味。

这样的章太炎很容易让人想起北宋的王安石，有人还用章太炎为例，证明王安石并不是一个虚伪的人。

无独有偶，与章太炎同为民国学人“三疯子”之一的刘师培同样在吃上面糊涂到了极点。民国名记陶菊隐在《筹安会“六君子”传》中写道：刘（师培）为人不修边幅，蓬首垢面，衣履不整，看上去活像一个疯子。他住在北京白庙胡同大同公寓。一天，教育部旧同僚易克臬来访，见他一边看书，一边咬馒头，他面前摆着一碟酱油，却因专心看书，把馒头错蘸在墨盒里，送到嘴里去吃，把嘴和脸都涂得漆黑一片，看上去又像一个活鬼。类似的“吃墨”典故在中国历史上并不鲜见。

也许对于章太炎和刘师培来说，吃饭根本就是一种负担，如果不用吃饭他们肯定更加开心，因为可以省下更多的时间用在学术上。大师们在学术上让人高山仰止，但反过来，在生活上的境界却往往比常人都不如。

功利境界

为了吃而吃的人毕竟属于少数派，对绝大多数人来说，如果条件允许的话，还是愿意吃得好一点，让自己的嘴巴和胃得到一点享受,这就进入了“功利境界”。人嘛,大都是爱吃贪吃的,只不过这个“爱吃贪吃”还有讲究,多数人还是停留在“二师兄”的层次上,凡是好东西来者不拒。

辫子大帅张勋以导演清帝复辟而被人熟知,此人倒行逆施跟他头脑简单、鲁莽急躁的性格不无关系。从另一个角度来看,张勋为人忠诚慷慨、重情重义、心机很少,很有点儿三国张飞的色彩。陶菊隐《政海轶闻》里提到张勋体力甚强,“严冬飞雪,人非重裘不温,张仅御夹衣一袭”,连他吃饭的方式也充满了草莽气息,“张款客,肴馔纷纶,箝箸敬客,必满簋乃已,客啖尽始快。苟非食量甚宏者,有胀破肚皮之苦”。这种“大碗喝酒、大块吃肉”的饮食方式对于张飞、李逵之类的人物是快事,但是对于常人可能就是一种受罪了。

“东北王”张作霖早年当过土匪,这个很多人都知道,但张当土匪前还学过兽医,这就比较少人知道了,至于更早他还卖过包子那就更没几个人了解了。据周大文(张学良幼年的随读,后来成为他的挚友与亲密僚属)回忆,张作霖的父亲被人打死后,张母靠给人做针线活养着二子一女,生活十分困苦。张作霖先是跟人学木工,但因顽皮和弄情绪被师傅辞退。接着又干起卖包子的小贩,到一个郭家小包子铺趸货,批发转零售。可惜他既不会做生意,嘴又馋,包子没卖出去几个,大部分都进了自己的嘴里。最后,这个郭家小包子铺竟然因为他赊欠太多而倒闭,硬生生被他吃垮了!周大文说,张作霖当了督军后,郭家小包子铺老头儿跑来沈阳要账,张把他留下来看门。

张作霖当然并非唯包子是爱,只不过像他这样的穷小子天天稀饭配咸菜,可能还有上顿没下顿的,闻到包子那香味口水就流下来了。这些军阀们大多出身穷苦，他们发达以后虽然说不愁吃不愁穿，但是在饮食上那种“大老粗”的朴实作风却是一辈子都改不掉了。

张学良在口述传记中谈到自己最怕跟父亲一起吃饭，两个原因：一是他喜欢吃的菜就拼命给你夹，好像只要他爱吃的东西就是人人爱吃的；二是吃饭不能掉东西，一粒米哪怕是掉到地上也得捡起来吃。

在物质贫乏的环境中，为了于口腹之欲中偶尔获得那一点儿近乎奢侈的享受，许多人无意中都练就了自己的独门功夫。

日后成为中共党史问题专家的何方是少年时就投奔延安的“老革命”，他说当年在延安要吃饱问题不大，但要吃好就非常困难了，一年四季全是小米干饭和稀饭。难得一次吃馒头，个个兴奋得如“久旱逢甘霖”，由于数量有限，这时没有人会顾及自己的形象，包括女同志在内。但想多吃馒头，光靠意识还不够，得有技术，何方的看家本领这时派上了用场，他吃馒头基本不用嚼就咽下去了，二两大的馒头一次他可以吃十三四个。有一次，何方出去抬粪，回来晚，正好碰上吃馒头，听说好友马勤已经吃了 4 个了，急道：“坏了，得赶快追上去。”说着，他抓起一个馒头（一次只能拿一个）往自己的嘴里送，还没走到吃饭的桌子，一个馒头已经下肚了，结果等他吃了 8 个馒头，马勤才吃了 6 个。何方说：“我们一年到头能吃上几顿馒头啊？有了馒头，还不赶紧拼命地吃。”（《从延安一路走来的反思》）

在延安吃面条也是一件很奢侈的事情，尽管那时的面条一点儿油水也没有，最多放点盐，可在众人眼里还是绝顶的美食。别人吃面条嫌烫、还要嚼，何方不怎么怕烫，也不用嚼，面条一到嘴里就自动滑到肚子里去了。何方说,有一次吃面,自己已经吃了4碗,而好友王兰一碗还没解决,只好苦苦哀求自己赶紧给他盛一碗放着,要不然他只能吃上一两碗了。

何方说自己这功夫是在学校食堂练出来的,这使笔者想起丰子恺关于其浙一师生活的回忆。丰说当年他和一帮青年学生食欲昂进,每次吃饭时七八人围住一张饭桌用筷子夹攻桌上那乏善可陈的菜肴,但凡菜肴中有点诱人眼球的内容都是一阵腥风血雨,场面惨烈,如同"老虎吃蝴蝶"。在每天的你争我抢中,高手无师自通,占尽便宜。譬如有人"拿筷子在菜面上掉一个圈子,所有的肉丝便结集在他的筷子上,被他一筷子夹去了",有人"把筷子从蛋黄旁边斜插进去,向底下挖取。上面看来蛋黄不曾动弹,其实底下的半个蛋黄已被他挖空,剩下的只是蛋黄的一张壳了"。(《寄宿生活的回忆》)

这样的描述让笔者又好笑又辛酸,没有经历光棍的煎熬又如何真正懂得婚姻的温暖?没有经历饥饿的磨炼又哪能真正体会温饱的幸福?现在的年轻人,生长于一个衣食无忧的时代,是美满的,但也是有缺憾的。

初级吃货

《世说新语·识鉴》中记载了一则"张翰思归"的故事:"张季鹰辟齐王东曹掾,在洛,见秋风起,因思吴中菰菜羹、鲈鱼脍,曰:'人生贵得适意尔,何能羁宦数千里以要名爵!'遂命驾便归。"

想起了家乡的菰菜羹、鲈鱼脍,连官也不要了,这才是真正的吃货!所谓"吃货",爱吃还不够,还得会吃,吃货也不是什么好吃就吃什么,而是有选择、有甄别,否则充其量只能算一个"馋虫"。他们往往有自己的招牌菜,比如刘文典,他的绰号是"二云居士","二云"者,云腿(云南火腿)与云土(云南烟土)是也。

再如胡适,他生平最爱乃是家乡的徽州锅(一品锅),不仅自家请客必上这道菜,就是被别的同乡请,也必点此菜。抗日时期,胡适出使美国,适逢其 47 岁生日(12 月 27 日,与北大校庆同),西南联大同事蒋梦麟、钱穆等 19 名教授发来贺电,"希望扭转国运之后,功成身退,重尝徽州一品锅"。可见他爱吃徽州锅已是众所皆知,简直可以当徽州锅的形象代言人。

吃货每到一个地方,最关心的不是当地的风景,而是当地的美食。钱穆在自传《八十忆双亲·师友杂忆》多次提到自己吃"黄河鲤鱼"的经历,其中有一次他跟友人经过包头,此处黄河鲤鱼天下闻名,游客都要品尝一下方不虚此行。但人到了吃货的境界,嘴巴格外挑剔,大概钱穆觉得在市区吃的鲤鱼不够新鲜,吃不出味道,他跟友人某君说:"我两人何不去渔埠,亦有鲤鱼可吃,岂不较赴市区为佳?"于是两人搭车直奔渔埠,不料当年的人们还不懂得就地弄个大排档啥的吸引游客,两人到那一看除了渔船外啥也没有,只好悻悻而归。

等到他们回到火车上,那些到市区吃鲤鱼的人也已经回来了,个个意犹未尽地赞美鲤鱼味道极好。俩人越听越嘴馋,看了一下手表,觉得往返一趟市区或许还来得及,于是赶紧雇了一辆人力车去市区,"即在市端觅一家,进门即大叫鲤鱼"。一连吃了两味,等到他们赶回来的时候,火车几乎就要开了。钱穆直到后来还大呼庆幸:"倘赶不上火车,岂不成大笑话。"

笔者读钱穆回忆录,看到其吃江阴刀鱼那一段,不禁喟然长叹。现在野生的长江刀鱼一斤动辄成千上万,普通人根本吃不起,而在那个年代,不过是家常便饭而已。笔者在家乡,每听老者念叨当年野生黄花鱼价格是多么低廉时,总要流下伤感的口水。时代进步了,但是那些最纯正的味道却与我们老百姓渐行渐远了,难怪吃货们个个都那么怀旧!

很多吃货尽管厨艺高超,但并不乐意进厨房,这倒不是君子动口不动手,而是因为要求太高,容易把自己累成半身不遂。四川作家李劼人是出了名的美食家。1919 年他去法国留学,为了做一个烟熏兔,他非要用花生壳熏,叫两个负责采办食材的同学画了花生图形,跑遍了整个巴黎城,最后才在巴黎郊外一个吉卜赛人手中买到两斤。还有一次他想用豆瓣酱烹制正宗川菜,需要辣椒,负责采办的同学几乎将腿跑断,才在一位西班牙商贩那买到了几斤。付钱后,那个商贩满脸疑惑地问道:“你家到底有多少电灯罩?”原来辣椒在当地只是被用来做灯罩装饰。

中级吃货

初级吃货虽然爱吃、会吃,但是毕竟在吃上面还是比较循规蹈矩,热情有余,创意不足。到了中级吃货的阶段,寻常菜肴已经很难入他们的法眼,于是标新立异、特立独行,因非常之人,而生非常之食。看过金庸《神雕侠侣》的朋友,应该对洪七公在华山之巅那一顿水煮蜈蚣大餐记忆犹新吧?敢吃人之所不敢吃,这是吃货到了更高级别的重要标志。

冯友兰在《三松堂自序》中讲述了一则潘光旦吃耗子肉的趣事。抗战时,西迁重庆、昆明、成都等地的人们大都经历过鼠辈横行的景象，抓老鼠打老鼠成了日常生活中重要的一件事情。虽然西南的老鼠又大又肥，而人们也长久不知肉味，但是谁也不会想到要把老鼠当成盘中餐，毕竟老鼠不仅长相可怕，而且成天在阴沟里钻来钻去，又脏又臭。潘光旦却突发奇想，支起铁质夹子抓耗子，剥皮去内脏，收拾干净后切块红烧，全家分而食之。据其女潘乃穆回忆，老鼠肉的味道“和吃鸡肉、兔肉差不多，并无异味”。潘光旦还盛情地邀请隔壁三家邻居来一起品尝红烧耗子肉，只是上菜后，邻居们纷纷掩面而逃。

潘光旦的弟弟正在重庆，听说哥哥吃耗子肉的事情后，赶紧寄来一点钱，让他买猪肉吃。不过，冯友兰说：“其实潘光旦并不是为了嘴馋，而是为了好奇。”换句话说，他只是没吃过耗子肉，想尝一下味道如何而已。从“嘴馋”的境界上升到“好奇”的境界，这也是吃货档次提高的重要标志。

潘光旦在昆明还有一件与猫争食的趣事。据其女潘乃和回忆，潘家在昆明西郊大河埂租农家房居住时，有一天家里养的褐色花狸猫从房前的大窗口跳进屋内，嘴里叼着一只被它咬死的大松鼠。当时潘光旦正在家中，看到这个情景，从没吃过松鼠肉的他立即决定尝尝红烧松鼠肉的味道。他让老保姆去拽那只松鼠，猫却怎么也不肯松口。硬夺不行，只好智取，于是切了一块生牛肉扔在猫面前，它立刻放弃松鼠去吃牛肉。多年后，潘乃和仍然记得那次吃到的松鼠肉，回味无穷。

高明的吃货常常有着猎狗一般灵敏的嗅觉，能比常人更快地发现美味。在汪曾祺子女合著的《老头儿汪曾祺：我们眼中的父亲》一书中提到，1945 年 1 月，汪曾祺从西南联大肄业，随后到昆明市郊一所中学当老师，当时学校发的那点钱只够买米，每餐只有饭没有菜，按《水浒》中鲁智深的话说：嘴里能淡出个鸟来！好个汪曾祺，真有办法。当时学校附近小山下树林中有很多硬壳昆虫，据说名为豆壳虫，可吃。汪曾祺便捉了一些昆虫，撕去了硬翅，在锅里干爆了，撒一点花椒盐，闭着眼睛尝一尝——居然有盐爆虾的味道！而且由于这种昆虫只吃柏树叶，还有一股柏树叶的清香。此后汪曾祺天天盐爆昆虫，不亦快哉！

吃货到了这个阶段，舌头已经挑剔到了极点，有时吃到一道自己中意的菜都要痛哭流涕，生怕这辈子再也没有机会遇到同样的口味。学者张中行1935年北大毕业后到天津南开中学教书，到了天津他便去亲戚家落脚。安顿好后，表叔带他到一个小饭铺吃饭，帮他点了花卷以及一荤一汤，菜是七寸盘的清炒虾仁。从此以后，张中行和人出去吃饭都反对点虾仁，因为此后他吃到的虾仁都没有天津那个小饭铺来得美味，他担心吃多了别的虾仁，那份美好的感觉会被冲淡。

第二年，张中行转到保定一私立中学教书。同年和李芝銮成婚。婚后有一次他与妻子及一友人到北京西单逛街，中午进天福号买了半斤酱肘子，然后到兴茂号小饭馆用热火烤着吃，再点一碗海米高汤，这顿饭让他念叨了几十年："那叫一个香！"他说，以前是百八十斤的京东黑猪，现在是两三百斤的洋猪了，以前是大豆土法的酱油，现在是化学方法的了，味道能一样吗？

著名的文物大家兼美食家王世襄先生曾经感叹道："我觉得现在的饮食，全变味了。最幸福的是孩子，他没吃过从前好的，吃什么都可以。我们吃过的，就觉得全不对了，吃饱肚子就完了。从一变之后，我也再不谈了，以前我也写过很多，现在完全绝望了，没什么可吃的——原料都没了，工艺没了，无米之炊。"

环境的污染、生态的恶化让过去很多东西现在都消失了,王老先生的话对此而发。在这个科技高度发展和复合材料盛行的年代,要找到原汁原味的食材确实越来越难。

高级吃货

王国维在《人间词话》中把诗歌的意境分为“有我之境”和“无我之境”,这样的区别在吃货中也存在。吃货到了高级阶段,已经从有我之境过渡到无我之境,美食当前,物在我忘,常常为了一顿美食,而忘却自己的身份、处境,乃至忘记自己的存在,从心所欲,逍遥自适。

国学大师黄侃属于典型的“寡人有疾”之类,他好色、好酒、好赌,当然也好美食。在北大上课时,他每次讲课到紧要之处就戛然而止,对学生说:“这里有个秘密,专靠北大这几百块大洋的薪水,我还不能讲,你们要我讲,得另外请我吃饭。”

黄侃讲授的《说文解字》非常高深,一到考试学生就头痛。有些小聪明的学生便在考前凑钱办了一桌酒席请黄侃赴宴,期末考试后这些学生果然个个过关。这可惹恼了那些不及格的同学,他们将这件事捅到校长蔡元培那里,蔡校长责问黄侃,他却振振有词:“对于这些还懂得尊师重道的学生,我不想为难他们。”蔡校长无奈,只好苦笑。

黄侃早年也是个热血青年,还加入了同盟会,成了革命党,但脾气暴躁的他常跟同志们摩擦走火。有一次,黄侃听说一些同盟会会员在某大酒楼聚会,席上有不少自己没有吃过的佳肴,顿时食指大动。美食比面子重要,他竟然不顾自己平时和这些人势同水火,单刀赴会。宴会上众人看到黄侃闯进来,一开始也是十分惊讶,但想到这人平时如此骄傲,能够屈尊前来,也算给足了面子,于是热情地邀他入座。没想到,黄侃就座后,二话不说,专挑好的吃,酒足饭饱之后,嘴巴一抹,抬脚就走,走到门口,突然间回过头来冲着众人说了一声:"好你们一群王八蛋!"说着,加快脚步离开了,留下在座各位目瞪口呆。

笔者读著名记者萧乾之口述自传《风雨平生》,读到其偷吃炖母鸡一段,不禁哑然失笑。1959 年,萧乾在渤海边的柏各庄国营农场和其他跟自己一样的"右派分子"接受劳动改造。这时"反右"的高潮已经过去,一批"右派分子"摘了帽,使得萧乾在黑暗中也看到了一丝曙光,然而他却在这要紧时刻犯了一个致命的错误。一天,轮到萧乾值夜班,那时正值冬天,值班室生了个炉子,一位"摘了帽的"将自己养的老母鸡宰了,炖在炉上,吩咐萧乾替他照看,千万不能让鸡炖糊了。这人本来跟萧乾都是劳改对象,但人家现在摘了帽子,他们的关系一下子变成革命群众跟右派分子的关系。萧乾怕担罪行,唯命是从,寸步不离地守候在炉子边。

不料这只鸡炖到了半夜,锅里开始咕嘟起来,香味扑鼻,按萧乾的话来说"简直令人销魂"。萧乾越闻越忍耐不住,就给自己找了个"看看熟没熟"的理由尝了一口,这下一发不可收拾,等到那位"摘了帽的"来取他的炖鸡时,已经只剩下一个鸡骨架了。事后,萧乾偷吃鸡被定性为"阶级报复",又受到了严厉的批判。

美食当前,宠辱皆忘,是可谓高级吃货。

舌尖上的民国(下)

饕餮境界

笔者认为,鉴于“饕餮”二字在吃家心中的神圣地位,一般的吃货是不够格的。所谓“饕餮”,必须做到将美食凌驾于生命之上,乃至“朝闻道,夕死可矣”这样的觉悟。

钱穆在自传中提到自己去江阴,友人邀其至家吃河豚。尽管对方告诉他已请来最擅长烹饪河豚的姑母,“可勿虑”,但钱穆想起“拼死吃河豚”的谚语,还是心有余悸,盛情难却,勉强动了一两筷子而已,也不知其味。等他第二天到了江阴市上,看到到处都在卖河豚,“心始释然”,于是中午再到友人家,一扫前日之顾忌,大吃大啃,越吃越有味道,“晚又尽情大啖”。所以,钱穆充其量只是一个吃货,至于饕餮,则尤有不足。

让我们来看一看真正的饕餮是什么样子。

张大千的老师,著名的书法家李瑞清以大胃口而出名。张大千说:“他一人可以独吃一桌酒席,盘盘空。如果请他吃饭,熟朋友都知道规矩,酒筵之后,要特别为他准备两只烧鸭子,由他一人独吃,否则他就不饱。”李瑞清有一个著名的外号“李百蟹”,传说他“日进百蟹”,一天能吃下 100 只大螃蟹,这件事并非虚传。据张大千说,实际上还不止此数,有一位同学知道李老师爱吃螃蟹,一次送来300只蟹,李瑞清仅用两天就把它们全消灭了,平均一天150只。而且吃得相当彻底,不仅吃蟹肉蟹黄,甚至连蟹爪子里面的肉,都掏出来吃得干干净净。如此玩命式的吃法,很多人认为就是李瑞清寿命较短的重要原因之一,但这样的死法,或许对于李瑞清自己来说,也算死得其所了。

李瑞清原本是清末进士出身,曾任两江师范学堂(今南京大学前身)监督,辛亥革命时为江宁布政使,清亡后他移居上海,以"亡国贱俘"自居,盘发为道,自号"清道人"。有一段时间,他一度穷困潦倒,弟子们知道他嘴馋,隔三差五请他在当时有名的饭馆"小有天"就餐,喜欢开玩笑的朋友写了打油诗来调侃,其中两句为:"道道非常道,天天小有天。"这位"道长"总是从饭馆里大快朵颐后打着饱嗝回家,挥毫落纸如云烟,写下了众多传世的书法名作。

说完了一道,再来谈一僧——著名的民国情僧苏曼殊。苏曼殊是个出家人,也是个举世皆知的酒色和尚,他的贪吃,真是达到了将生死置之度外的境界。章太炎《曼殊遗画弁言》记载其在日本"一日饮冰五六斤,比晚不能动,人以为死,视之犹有气,明日复饮冰如故"。在东京时,苏曼殊曾替友人费公直家写条幅,吃中饭时,费公直以一盘鲍鱼款待他,苏曼殊吃后意犹未尽,自己又跑出去买,连吃三大盘才罢休。当夜,他腹痛不止,暴泻整晚,气息奄奄地躺了好几天。

苏曼殊最爱吃的是甜食,吃起来跟不要命似的。周南陔《绮兰精舍笔记》中载其"尤好食苏州酥糖,一日尽数十包,又好食糖炒栗子"。胡韫玉《曼殊文钞序》说他"性善啖,得钱即治食,钱尽则坚卧不起。尝以所镶金牙敲下,易糖食之,号曰'糖僧'"。连金牙都敲下换美食,除了苏糖僧,还真没几个人干得出。苏曼殊晚年因肠胃病住进上海宝昌路医院，医生为他着想，禁止他再吃糖炒栗子，不料他私下藏了好几包糖炒栗子，趁人不注意偷吃。后来他被转往广慈医院，医生郑重劝他珍爱生命、远离糖果，但他还是我行我素。据说苏曼殊死后，枕头底下还放着不少没来得及吃完的糖果。

苏曼殊爱吃成痴，留下了不少让人啼笑皆非的趣事。在日本时，他给南社友人柳亚子写信，落款地址时竟是"写于红烧牛肉鸡片黄鱼之畔"，柳亚子阅信后为之喷饭。还有一次，孙中山听说苏曼殊生活困顿，大发恻隐之心，派人给他送去200大洋，曼殊欣喜若狂，立即大发请帖，请朋友们在餐馆聚餐，还把请帖发给了孙中山，孙中山接到请帖后哭笑不得。

这个世界上，有些人是饿死的，有些人是吃死的，美食和长寿往往难以兼得。狂客拼死为红颜，饕餮拼死为美食，上面这一僧一道，本来都是方外人士，却都因贪吃而误了卿卿性命，到底是看不破，抑或是看破，只能由读者自己去判断了。

艺术境界

爱美食到了饕餮的境界，毕竟还是为了吃而吃，未能跳出口腹之欲的范畴。而对于那些有着更高追求的人来说，吃喝不仅仅带来了舌尖上的享受，更是一种生活的艺术、处世的哲学。

文史大家胡小石自称："平生有三好，一好读书，二好赋诗挥毫，三好东坡肉。"他的厉害之处在于吃遍南京但是从不掏钱，原来胡小石是南京城有名的书法家，各家菜馆争着求他的墨宝，他每次都是以字付账，君子动口再动手。

郑逸梅《艺林拾趣》中，谈到了其好友、著名的画家白蕉喜欢吃鸭肝,如果别人有送他鸭肝的,他就以画相赠。大概很多人拿着鸭肝来套现他的绘画,白蕉也不以为忤,甚至在自己画作的润格上写的不是多少银元而是多少鸭肝,“为从来之所未见”。

以上这两位,表面上吃的是食物,实则吃的是自己的字画,吃的是艺术。吃喝是俗事,艺术是雅事,能够如此自由自在地游走于大雅与大俗之间,实在令人羡慕!

张大千更进一步,干脆以画入食,画食合一。大千不仅是著名的国画大师,而且是著名的美食家和烹饪高手,撰有食谱《大千居士学厨》。他甚至扬言:“以艺术而论,我善烹饪更在画艺之上。”当年众多名流都以到张大千画室大风堂吃一顿“大风堂名菜”为人生一大乐趣,而张大千亲笔题写的宴客食单跟他的画一样作为艺术品被人争相收藏。不过大多时候张大千并不需要自己下厨,张家的厨师经过他点拨后都是一流的高手,这些厨子镀金后出去都是身价百倍。其女张心庆在《我的父亲张大千》一书中说:“凡是在父亲家里当过差的厨师,离开后出去开餐馆,都是红火得要命。”

“大风堂名菜”的一大特色是将绘画与烹饪结合,讲究火候与刀工,造型别致,色彩浑然天成,上菜时常用拼、砌、镶、嵌等手法,使每道菜构成优美的图案,画意盎然,不仅可以吃,还可以观,可以赏。郑逸梅《我也来谈张大千》一文中提到在张家吃过家宴的宾客们多有感叹其吃的不是饭菜而是艺术:“说者谓其制肴和作画融合为之,调味用调墨调色法,而浓淡深浅亦两相配着。”张大千自己也常以画论吃,以吃论画,教导弟子:一个人如果连美食都不懂得欣赏,又哪里能学好艺术呢?

而从广义上来讲,吃喝的艺术远远超越了食物本身,所谓“醉翁之意不在酒”是也。曾任国民政府一把手的谭延闿以好吃著名,家里雇佣名厨多人，经常宴客。谭家家宴上有“组庵鱼翅”“组庵豆腐”等名菜，为官僚和商贾所垂涎，闻名遐迩。谭延闿两任“国家元首”（广州国民政府主席、南京国民政府主席），但他竟然干起来为官不齿的副业，开了一家湘菜馆，取名“曲园”。身为著名书法家的谭延闿亲自为菜馆题写招牌，还时常到菜馆指导厨子做菜，乃至亲自下厨，故生意一度红火至极。

谭延闿一生把“混”字作为自己的为官哲学，留下了名言“混之用大矣哉”，还博得了“水晶球”的诨号。谭死后，上海某报登出了一副对联讽刺他的善混与好吃：“混之用大矣哉，大吃大喝，大摇大摆，命大福大，大到院长；球本能滚而已，滚来滚去，滚入滚出，东滚西滚，滚进棺材。”

但咱可千万别小瞧了谭延闿吃和混的功夫，人家从晚清混到了民国，一直官运亨通，号称“政坛不倒翁”，还两度被人捧上了“一哥”的位子。民国几任国民政府主席，除了蒋介石外，生前死后最风光的就属谭了。一介书生，无兵无权，能够在城头变幻大王旗、强者林立蛮不讲理的时代有这样的成就，堪称奇迹。

而谭延闿的吃喝本身就是一种混的艺术，他常语人：“嫖、赌、吃、喝，人生四大嗜好。嫖赌同我无缘，吃喝在所不辞。”像他这样的人，如果不好吃、不好色、不好赌，那就可能好权，那么他也许就成了别人的眼中钉，危在旦夕了。所以说，谭延闿好吃不仅是他本性使然，也是一种保护自己的方式，可以让人看到自己胸无大志，他越好吃好喝，别人就越开心。毕竟，有缺点多欲望的人是最容易控制的。

可见，吃喝艺术之博大精深。

情趣境界

章诒和在《往事并不如烟》中回忆,有一次她去康同璧(康有为之女)家吃早餐,康同璧的女儿罗仪凤让她带着铁盒去前门的百货公司买一种特别的豆腐乳,教她回来时铁盒要平端着,昂首挺胸,还可以想想快乐的事情,这样才不会累,并给她演示了一番。章诒和说自己按照她的话做了以后,归途中的确"精神抖擞、器宇轩昂"。"这时的我,一下子全懂了,虽'坐销岁月于幽忧困菀之下'而生趣未失,尽其可能地保留审美的人生态度和精致的生活艺术。难怪康家的简单早餐那么好吃!"

"康家的简单早餐那么好吃",根本原因并不在于吃本身,而是从吃喝的方式与态度上面获得的一种"高峰体验",其中融合了个人的身世、修养、气质等。这使我想起了袁世凯的大儿子袁克定,他晚年生活穷困潦倒,整天窝窝头配咸菜,但每次吃饭时都正襟危坐、胸戴餐巾,俨然当年"太子爷"的架势,后来接济供养他的表弟张伯驹有诗曰:"粗茶淡饭仪如旧,只少宫詹注起居。"

康同璧也好,袁克定也好,他们年轻的时候都曾经过着钟鸣鼎食的贵族生活。虽然时代鼎革、沧海桑田,到了日暮斜阳的时候,但那种高雅的情怀早已融入骨子里。他们的后半生尽管已经无法做到像前半生那么风光,但是通过对自我属性的追寻,仍能从中获得尊严与快乐,可以说他们吃的不是饭,而是一种情趣。

周作人有着贵族的出身,却没有贵族的经历,大家都知道这源于他那位翰林祖父被卷入科场舞弊案。也许综合了这两点,尽管周作人的知堂谈吃都是些平常不过的饮食,但我们却常能从中寻找到那种士大夫的味道："喝茶当于瓦屋纸窗之下，清泉绿茶，用素雅的陶瓷茶具，同二三人共饮，得半日之闲，可抵十年的旧梦。"(《喝茶》)"我们于日用必需的东西以外，必须还有一点无用的游戏与享乐，生活才觉得有意思。我们看夕阳，看秋河，看花，听雨，闻香，喝不求解渴的酒，吃不求饱的点心，都是生活上必要的——虽然是无用的装点，而且是愈精炼愈好。"(《北京的茶食》)喝茶、吃点心能够达到这样的哲学之境，没有超高的修养显然是做不到的。

张中行回忆自己在老北大读书的生活，说自己当年和一帮穷学生最喜欢到东来顺吃饭，除了物美价廉外，最看重的就是店里对食客的"和气"。一进门，守门的二掌柜立刻"起立、微笑、躬身"说："您来啦，往里请。"接着跑堂的满脸堆笑，问吃什么，选菜时热情参与意见，最后付账时还要客气一番："您带着哪?" 最生动的是结账后的情形：

> 照例常付一些小费，比如两角即可，跑堂的要高声喊："外赏两毛！"账桌和厨房要随着拉长声："谢——。"离座走出，那位守门的二掌柜远远就起立，待走到跟前，又是微笑，略躬身，说："晚上见。"(午饭)或："明天见。"(晚饭)(《负暄琐话》)

张中行说自己当年在东来顺吃饭，另外一个快意之处是食客与食客，食客与伙计之间彼此都不客气："酒酣耳热，横眉拍案，甚至杂以叫骂声，不禁使人想起燕市的荆轲与高渐离。"年轻的张中行对这一切都习以为然、安之若素。不过几十年后等他面对豪华阔绰的新东来顺，迎送的北京老话没了，肆意的嘈杂声更不见了，才怅然若失，发现再多的钱、再好的饭菜也换不来当初那种感觉了。

无独有偶,女作家霍达谈到其父生前常以“吃主儿”自诩,北京的“吃主儿”多是各大饭庄子的熟客。霍达说,父亲固然嘴巴挑剔,但他“似乎更陶醉于饭庄子老板、伙计对他的尊重”:

> 一进门儿,人家哈着腰儿,笑脸相迎:“哟,二爷,您今儿个有工夫儿赏光,楼上雅座儿请!”他于是心情畅快之极,吃也吃得痛快。(《食趣》)

元气境界

饮食到了元气境界后,吃喝完全是内在生命力的一种张扬,如火山爆发、江河决堤,一发不可收拾。这样的人在对待吃喝上往往不拘一格,天马行空、鸢飞鱼跃,表现出一派生机盎然、元气淋漓的生命大图像。

新儒学大师熊十力以嘴馋好吃而著称,尤好食肉。他喜欢吃鸡,熟识的人去拜访他,往往要随身带上一只鸡,这样他才会高兴。弟子徐复观受蒋介石的委托,给他带去了一张一百万元的支票,遭到他一顿“狮子吼”,灰头土脸而返;郭沫若去看他,滑竿上绑了两只鸡,他为之手舞足蹈。熊十力还喜欢吃鳖,复旦大学曾想聘他任教,他要求校方每饭必须为他准备一只鳖。

在吃喝上,熊十力的狂放与烂漫正如他的为人一样,让人念念不忘。熊十力与马一浮这两位新儒学大师名字上刚好可以组成一副对联,性格上也完全相反,一个疯癫不羁,一个温文尔雅,人如其名。抗战初期,马一浮由重庆去嘉定办复性书院。行前,贺麟设宴为马一浮饯行,熊十力作陪。席上,熊十力尝到一盘菜后觉得味道不错,遂将之移到自己跟前,大快朵颐,旁若无人。一旁的马一浮对此安然无视，仍然彬彬有礼。

据梁漱溟回忆，有一次熊十力到朋友家吃饭，朋友的女儿正要夹桌上的一块肉，熊十力却抢在她之前把肉夹过来，放进自己的嘴里吞下，还振振有词："我身上负有传道的责任，不可不吃，你吃了何用？"

熊十力将吃喝与学问、事业等同。熊的弟子李耀先初次到熊家拜见老师时，适逢熊家吃汤圆，熊十力留他一同进餐。以熊十力的风格，熊家的汤圆自然是硕大无比的。碗中十个汤圆，李耀先一口气吃了九个，虽然他出于礼貌想将汤圆吃完，但是最后那一个吃到一半实在吃不下去了。正在这时，忽听熊十力在桌上猛击一掌，怒喝："你连这点东西都消化不了，还谈得上做学问，图功事？"这一声大喝令李耀先顿时汗流浃背、豁然开朗，肚量也为之一宽，剩下那半个汤圆就顺利吃下去了。

有时候，不吃也如同贪吃一样，是人生命中一种信念与底气的外现。北洋军阀巨头段祺瑞虽然叱咤风云，却一生清廉，加之信佛，饮食上一生茹素。由于他吃得太过简单，连家人都害怕跟他同桌。在他生命中的最后几年，因体质衰弱，家人多次劝说他吃点荤，改善营养，他却口气决绝：人可死，荤不可开！

天地境界

冯友兰把人生最高的境界称为"天地境界"，达到天地境界的人必定大彻大悟、超凡入圣，乃至天人合一。但他们所做的事情并非常人不可及，只不过他们对寻常事物的"觉解"远过于常人。冯友兰认为："中国哲学总是倾向于强调，为了成为圣人，并不需要做不同于平常的事。他不可能表演奇迹,也不需要表演奇迹。他做的都只是平常人所做的事,但是由于有高度的觉解,他所做的事对于他就有不同的意义。"

据齐白石的长孙齐佛来回忆,有一次吃饭时,白石老人给他讲了一个笑话:"我喜欢吃淡菜,你妈妈做的菜,我总感觉咸了。有一天,你祖母亲自为我煮芋头,故意一点盐也不放。吃完饭后,你祖母问我,今天的菜不咸吧?我说,这才咸淡合适。你祖母笑着说,其实一点盐也没有放。"白石老人以无味为大味,可谓返璞归真。

弘一法师出家后,由翩翩公子变为苦行僧,反差极大,但他居然能够无缝衔接。当了和尚,他还是常到白马湖和自己的好友、浙一师同事同住。第一次夏丏尊给他送饭,他只要一碗素菜,夏强他所难,再加一碗。碗里只是些萝卜白菜之类,"可是在他却是几乎要变色而作的盛馔,喜悦地把饭划入嘴里"。夏丏尊说见了他郑重地用筷子夹起一块萝卜来的那种了不起的神情,几乎要留下欢喜惭愧的眼泪。第二天有一位朋友送来四样素菜,其中一样菜非常咸,夏说:"这太咸了!"弘一却说:"好的,咸的也有咸的滋味,也好的!"

面对这样的弘一法师,夏丏尊由衷的感叹:"在他世间竟没有不好的东西,一切都好。""什么都有味,什么都了不得!"后来,夏丏尊常常看到弘一吃萝卜白菜时那种喜悦的神情。他说,萝卜白菜的全滋味、真滋味,恐怕只有弘一才如实尝到了。

人生的真滋味,离我们很近,又离我们很远!

我的名字我做主——民国名人改名录(上)

古人云:“赐子千金,不如教子一艺;教子一艺,不如赐子好名。”“不怕生错命,就怕起错名。”起名之重要可见一斑。然而好的名字往往不能一蹴而就,加上改名比整容容易得多,因此中国人改名的风气历来长盛不衰。反过来,通过名字的变化我们也可以洞察一个时代的面貌。自晚清到民国,在时代的动荡中,国人的名字也呈现出多变的特性,当年众多名人至今为我们熟知的名字亦非他们的本名。现在,让我们来梳理一下民国人易名的十大原因,也借此增进读者对那个时代的了解。

冒用

所谓“冒用”,就是将别人的名字拿到自己身上来用,这里面常常隐含着不可告人的目的。然而,某些“贴牌货”日后却成了了不起的大人物,反而将原本属于别人的名字发扬光大。可见,名字如衣裳,好不好既在于衣服本身,更要看套在什么人的身上。

在美国耶鲁大学取得博士学位、回国后曾任南开大学经济学院院长的何廉先生,是民国时期赫赫有名的经济学家,但何廉这个名字却是一次顶替入学的产物。1909 年,14 岁的小何为了求学来到了离家 300 里之外的长沙,准备进入老家邵阳县政府在长沙会馆原址上创办的邵阳中学就读。然而,那时的交通和信息都很不流畅,等何廉到了长沙,邵阳中学已经开学一个月了。在小何同学彷徨无计之时,校长发现有一个原本请求入学的人"占着茅坑不拉屎",一直没有来报到,正好此人也姓何,便建议小何"顶包"入学。由于这人的名字已经通报有关部门登记在案了,无法更改,小何无奈之下只好以那人的名字——"何廉"入学。"这便是我何廉之名的由来,其后一直未能改过来。"(《何廉回忆录》)看来何廉这个名字用得很顺心,以至于他在回忆录中连自己用了 14 年的原名都只字未提。

这种冒名顶替有人一错到底,也有人"迷途知返"。黄埔一期出身的国民党名将郑洞国当年到广州报考黄埔军校的时候同样由于迟到几天错过了报考日期。正在他愁眉不展的时候,一个名叫黄鳌的同考者告诉郑由于自己担心没有被录取,先后报了两次名,现在自己已经被录取了,还空着一个名额,不如顶着他的名字去报考。郑洞国别无他计,只好如此行事。顶着黄鳌的名,他考上了黄埔军校,开始了他 24 年的戎马生涯。然而,尴尬的是,郑洞国入学后恰好与真黄鳌分在了一个队,每次出操点名,队长一喊"黄鳌"就是两个人同声应答,引起别人一阵哄笑。这样下去也不是办法,某日他终于鼓起勇气向区队长说明真相,宁愿重新补考入学。还好学校体谅青年们报国的热情,并没有追究此事,郑洞国得以轻松地回归自己的本来面目。

还有一种冒名顶替法更加无厘头。北洋奉军巨头,曾任吉林督军的张作相由于一字之差,被很多人误认为是张作霖的亲兄弟。事实上两人只是把兄弟兼生死之交,毫无血缘关系。更有意思的是,两人的名字还有可能是调换过来用的,即张作霖原来叫张作相，张作相原来才是张作霖。

据辛亥报人喻血轮之《绮情楼杂记》记载，清末赵尔巽在担任东三省总督时，几乎同一时间抓获了两个匪首，一张作霖，一张作相。其中张作霖粗鲁不识字，但在匪中地位较高，威震东北，号令一出，莫敢不从；而张作相面目清秀、宛如书生，且颇通文墨，翰林出身的赵尔巽对他当土匪深为惋惜。恰好吉林某处有一股土匪纵横肆掠，赵尔巽想派张作相前往招抚，给他一个戴罪立功的机会。张作相很是感激，但担心自己没有张作霖那样的号召力，恐怕胜算不大，为此踌躇。赵笑道："这还不容易，作霖已在监中，你就顶作霖之名前往，倘事成，就将这股土匪改编为军队，由你统率。"张作相依计而往，居然马到成功。其他各地土匪，听说张作霖招抚，也都来归顺，此即张作霖发迹之始。赵尔巽对此也很满意，"并令永名作霖，而以真作霖，易名为作相。而张作相亦因缘以贵。故彼两人一生，皆称赵为恩师，而不称名"。此事颇具传奇色彩，姑妄言之姑妄听之。

还好，那个年代还没有居民身份证，身份信息也不像今日这样重要，所以冒用他人的姓名之类，本是一出闹剧，结局却也常如喜剧般，鲜见对簿公堂之例。

求运

当人生不如意的时候，或者希望人生更如意的时候，通过改名字来转运，这一点跟迁祖坟改风水道理是一样的。虽然说本质上这是一种迷信思想，但是无形中也可能赋予人一种特别的精神力量，常常能达到信则有之的神秘功效。

日后盘踞一方的山西"土皇帝"阎锡山原名叫阎万喜,他爹本经营一个小钱庄,干得还算红火,可惜在八国联军侵华那一年破产了。钱庄倒闭后,阎老爹带着儿子万喜到太原躲债,看到巡抚衙门创设武备学堂的招生广告,觉得这个出路不错,便怂恿儿子去报考。不过阎锡山只上过三年私塾,考洋学堂未免有心无力,爷俩一合计,恐怕只有请枪手这条路了。阎父找到了故交,此时正在山西大学堂读书的赵廉佑,经他一把鼻涕一把泪地说项,对方终于勉为其难地答应了。

枪手搞定后,父子俩心情自然灿烂无比,可是阎父并没有忘乎所以,他自信儿子日后好歹也是个武官,万喜只是个乳名,听着有点俗气,怎么也得换个好点的名字才有前途。阎父是开钱庄的,虽然算盘打得震天响,但胸中墨水有限,取名字不在他的专业范围之内。于是,他带着儿子找到了一家算命馆,算命先生掐指一算:不好,你这儿子五行缺金啊。不过他也安慰对方,换个带金的名字此番必定高中。阎父赶紧掏出银子,请先生赐个有前途的名字,算命先生又故弄玄虚地推演了一番,最终给出了"锡山"这俩字,从此阎万喜变成了阎锡山。也算是命中福星高照,小阎这一番改名后,不仅顺利进入了武备学堂,日后更是青云直上,统治山西30多年屹立不倒,岂止是锡山,就连金山银山都有了。

阎锡山的父亲当年根本不敢想象儿子会成为未来山西的"土皇帝",他只求儿子日后飞黄腾达,因此改名只求响亮即可。而对于那些身具鸿鹄之志的人来说,名气光响亮还不行,还必须有飞龙在天的潜质。

一辈子都非常迷信的蒋介石尽管为了娶宋美龄而改信基督,但中国老一套的卜卦算命看风水他样样不落。直到晚年败退台湾，将行宫建在台北草山上，还忌讳草山有落草为寇之嫌，遂以其偶像王阳明而改名为“阳明山”。对山名尚且如此，更别提自己的名字了。蒋介石的名字一生中几经更改，长辈根据族谱给他取的本名，也就是族名叫蒋周泰；但小时候大家都叫他蒋瑞元，这是爷爷给他取的乳名；上学后，他还取了一个学名蒋志清。这三个名字寓意都还不错，不过对于雄心勃勃的蒋介石来说，还是觉得若有所失。这样的名字，“登东山而小鲁”固然游刃有余，但是想“登泰山而小天下”尚嫌底气不足。

蒋介石是个很重视传统的人。年轻时他曾自学《易经》，也有人认为他是得到了高人的指点，于是学了易，把自己的名字也易了。其根据来自豫卦的六二爻辞：“介于石，不终日。贞吉。”意为：心志坚如磐石，做事雷利果断，就吉利可以成功。又六二以柔爻居阴位，处下卦中位，得正居中，故名介石、字中正。从蒋介石日后的道路来看，这一次改名确实体现出了一定意义，他刺杀陶成章，驱赶许崇智，大战军阀排除异己，心肠够硬、手段够狠，这都与他的成功息息相关。然而蒋介石最终的失败也与此不无关系，他对敌人够硬、够狠，对自己人却纵容、包庇，以江湖义气而非制度管制属下，有始无终。

古话说，名与命是相辅相成的，你没有那个命，再好的名字给你也白瞎。纵观整个民国，那些高明的风水先生，可以把藏龙卧虎的宝地推荐给帝王之家，却从不会私自留给自己的子孙，这是因为他们信命，认为自家没这个命，强求只会引来杀身之祸。所以名字的好不好最终还要看适不适合自己。

救世

自晚清至民国,国家动荡、民族多难,然而乱世也造就了无数的英雄人物。仁人志士们抛头颅、洒热血,蹈死不旋踵,上演了一曲曲惊天地、泣鬼神的时代悲歌,而其中的很多人也用改名字的方式表达了自己救国救民的决心与理想。

国民党元老于右任1879年出生于陕西省三原县,原名伯循,字诱人,“诱人”典出《四书》“夫子循循善诱人”。1903年,24岁的于伯循考中举人。在明清时期中举意味着进入官僚阶级,加上他年纪轻轻,真是前途无量。然而就在同一年,于伯循因出版诗集《半哭半笑楼诗草》痛骂慈禧误国,被清政府以“倡言革命,大逆不道”的罪名通缉,一下子从书生变成革命党。后来,于伯循逃到上海,以笔为剑与清政府战斗,易名于右任。“右任”是“诱人”的谐音,又暗含反清之意。因中国一向以“左衽”来指接受异族统治,故他反其意而用“右任(衽)”。

当时革命党中像于右任这样通过易名来明志的比比皆是。如我们熟知的胡汉民与汪精卫都非其本名,而是他们在《民报》著文时用的笔名。胡汉民本名胡展堂,“汉民”二字取意“不做清朝的顺民,要做大汉之民”;汪精卫本名汪兆铭,“精卫”二字来自“精卫填海”之典故,表明他愿以精卫填海的自我牺牲精神来拯救国之危难。当年的汪精卫实在对得起这个名字。他为了提振同志起义失败后低迷的士气,以“壮士一去兮不复返”的精神去刺杀摄政王载沣,功亏一篑,事败被捕。如果在狱中能够“引刀成一快”,其声名与吴樾、徐锡麟相比有过之而无不及,汪精卫三个字也可以回归本名“兆铭”——铭刻在亿万人民心中了。奈何苍天总是戏弄人，不该死的时候死掉跟该死的时候没死，都是人生最大的悲剧。

于右任、胡汉民、汪精卫改名后没几年清朝就灭亡了，公事繁忙使他们也几乎不再以笔名在报上发表文章，但他们却再也没有改回本名，因为这样的名字见证了自己的光辉岁月，是人生最美好的纪念。

天下兴亡匹夫有责，将个人之名字与国家之兴亡共舞，演绎出非凡的意义，这早已超越了党派。为国易名，不仅发生在国民党爱国人士的身上，许多共产党同样也经历过。

名将叶挺成名于国民党北伐，所率领的独立团在北伐中以战无不克为第四军赢得“铁军”的光荣称号。但早在北伐前他思想就已向左转，从三民主义改信共产主义。日后他领导了南昌起义和广州起义，一度出任新四军军长。其实，叶挺原名叫叶为洵，七岁那年他进入本村腾云小学读书，有个老师陈敬如常给同学们讲解祖国积弱、饱受列强欺侮的历史，激励同学们发奋读书，长大后复兴国家。陈老师告诉叶为洵，好男儿要“挺身而出，拯救中华”，遂自作主张给他改名为叶挺，取“人要上行，叶要上挺”之意。叶挺后来的作为，也算不辜负老师的殷殷期望了。

与叶挺一起领导广州起义的张太雷，原名张曾让，又名椿年，因立下誓言“愿化作震碎旧世界惊雷”，遂改名铭志。可惜年仅29岁的张太雷在广州起义中牺牲，成为共产党第一个牺牲于战斗火线的中央政治局成员。

仰慕

榜样的力量是无穷的。为了表达对自己所崇拜人物的仰慕之情,并且立志向偶像看齐,一些意志坚决的人不惜改变自己的名字,从而时刻警醒自己。

因仰慕而改名,有两种方式。第一种是直接拿偶像的名字套在自己身上,这种事情在历史上屡见不鲜。最著名的莫过于西汉大文豪司马相如,他的小名叫犬子,用现在的话来说就是狗娃子,大名司马长卿,后因崇敬战国时赵国的名相蔺相如,遂改名司马相如。

国学大师章太炎初名学乘,字枚叔,这个名字是为了致敬汉代辞赋家枚乘。家里人既希望他在文学上有所作为,也希望日后他能够做个像枚乘一样的正人君子。章太炎幼年便受到祖父及外祖父的民族主义熏陶,形成了独具个人特色的民族观念。据他自承,其排满反清的民族革命思想自幼养成,“异种乱华,是我们心里第一恨事”。因仰慕明末清初的大学问家兼反清志士顾绛(顾炎武)的为人行事,他改名为绛,号太炎。章太炎是开创民国的革命元勋,一生七被追捕,三入牢狱,铁骨铮铮。后来他偃武修文,世人遂以“太炎先生”称之。

与章太炎情况类似的还有著名的革命诗人柳亚子。柳亚子原名慰高,字安如。16 岁那一年,柳慰高读法国大思想家卢梭的书,对他的人权和平等思想佩服得五体投地,遂改名叫柳人权,字亚卢。又过了一年,柳人权再一次改名——柳弃疾,字稼轩,号亚子,这一次克隆的对象是他崇拜的宋代大词人辛弃疾。柳弃疾这一个名字又正好跟他南社诗友陈去病的名字配套,后来柳弃疾、陈去病二人一起驰名文坛。“亚卢”、“亚子”中的“亚”字有次一等的意思,也就是比自己的偶像差一点,看似谦虚,实则猖狂,这也符合柳亚子的性格。

说起民国政治学者，不少人已经湮没无闻，但萧公权这个名字很多人并不陌生。萧公权原名笃平，早年就读于私塾，1915 年进入上海中国基督教青年会中学三年级学习，那时他已经是 19 岁的大龄青年了。第二年萧笃平 20 岁，他想到自己如果按部就班地读完中学，得到 23 岁，大学毕业得 27 岁，真有时不我待之感，于是想通过报考学校的插班生进入五年级学习，以便缩短一年的时间。报考三年级时萧用的是学名笃平，他觉得报考五年级不便再用这个名字，想起自己以前练字最喜欢柳体，也就是唐代大书法家柳公权的字，于是干脆改名叫萧公权。还好萧公权喜欢的不是元代书法家赵孟頫的赵体，否则他就要改名叫萧孟頫，听起来像“笑面虎”，感觉就差多了。

还有一种间接的改名，虽然名字没有改得跟自己的偶像一样，却异曲同工、殊途同归。

黄公略是红军时代的名将，原名汉魂，少年时好读史书，有报国之志，仰慕汉代张良之才略，以张良在圯上受兵书于黄石公而精通韬略之故，而改名公略。黄公略指挥红军以弱击强，屡创奇功。毛泽东在诗词《蝶恋花·从汀州向长沙》中赞道：“赣水那边红一角，偏师借重黄公略。”足见其对黄的信赖和倚重。可惜黄公略年仅 33 岁就死于敌机的扫射，令人扼腕。

避讳

一个人可能因为崇拜或者喜欢某个人物而把自己的名字改得跟对方一样。反过来也可能存在另外一种情况，那就是他的名字恰好跟某个不光彩的名字或者自己厌恶的人相同，遇到这种情况也要考虑改名了。

1955 年被授予上将军衔的王平将军原名王惟允,1930 年参加红军,那时他所在连的连长余钧是广东人,每次连队点名时,都把"王惟允"念成"王翁翁",惹得旁边的人哈哈大笑,王惟允和余连长也是脸红耳赤。于是余连长就跟王惟允商量:兄弟,你还是改个好念一点儿的名字吧,免得咱俩都难为情。王惟允考虑到当兵的都是大老粗,还得起个简单点的名字,于是便改名为"王明"。

王明没有想到红军又来了一个王明,并在很长的时间内成为党内实际上的一把手。好在那个王明大部分时间都在莫斯科,当场"撞衫"的可能性微乎其微。有时候身边的哥们儿经常开玩笑称自己为"领导",貌似这种玩笑味道还不错。不过斗转星移,1934 年王明的"左倾"路线遭到唾弃,党内开始开展批判王明路线的运动。看到自己的名字成为众矢之的,虽然此王明非彼王明,但整天被人骂也觉得晦气,于是王明一直寻思着改名。后来他终于逮到一次机会,请求毛泽东帮自己改名,从王明变成了王平。

还有一种改法更彻底,为了跟自己厌恶的人划清界限,索性连爹妈给的姓都不要了。

我们熟知的大诗人艾青原名蒋海澄,1929 年他赴法国勤工俭学,攻读美术。到了巴黎后,他去一家旅馆登记住宿,服务员拿起他的护照,看了一下上面的名字,据说法语"蒋海澄"的发音跟"蒋介石"差不多。这位服务员还算关心国际时事,便幽了蒋海澄一默,故作惊讶状:"哇,蒋介石先生也到我们这个小旅馆来住宿了,失敬失敬!"

蒋海澄那时还是个愤青,本来就对腐败的国民党和蒋介石没什么好印象,又遭到这一番揶揄,顿时勃然大怒,一气之下,他拿起笔来，将自己名字上中文“蒋”的草字头下面打了一个“×”，感觉有点像阎王在勾生死簿。换姓完，他大呼痛快，索性再改名，因为自己出生于十二月，“十二月”这仨字一组合就成了“青”字，且在自己老家，“青”字恰好也与自己原名中“澄”字谐音，索性就叫艾青。

不管怎么说，现在中途改名毕竟是件麻烦的事儿。因此，各位家长在给自己的孩子起名时，最好了解一下本姓历史上或者现实中有什么为人不齿的名字，也可以自己整理一个“恶人簿”以供参考，取名字的时候千万要避开这些人，要不然一辈子都闹心。所谓“人从宋后羞名桧，我到坟前愧姓秦”，说的就是这个道理。

我的名字我做主——民国名人改名录(下)

励志

在成长的道路上,励志的方式有很多种,有榜样型的,有目标型的,当然,改名字也不失为一种很好的方式。

相关事例不胜枚举。如朱自清原名朱自华,号秋实,取“春华秋实”之意。1917 年,朱自华报考北大本科,进了哲学系,为了鞭策自己在困境中保持清白,不自甘堕落,不与人同流合污,便取《楚辞·卜居》中“宁廉洁正直以自清”中“自清”二字,改名“朱自清”,字“佩弦”。“佩弦”典出《韩非子·观行》:“董安于之性缓,故佩弦以自急。”意为弓弦常紧张,性缓者佩之以自警。那时朱自清正逢祖母去世、父亲失业的惨淡光景,这在那篇著名的《背影》中已有记述,遂以改名来激励自己积极向上。后来,宁可饿死也不领美国的救济粮的朱自清至死都没有违背少年时改名的初衷。

这种励志类型的改名很多都是受到突发事件的刺激,有强烈的感情色彩。

1895 年,仅 14 虚岁的冯自由随其父冯镜一起宣誓加入兴中会,成为革命党中最年轻的“元老”,自称孙中山“马前一小童”。冯自由号称“革命通”,著有《革命逸史》,多为其亲历亲闻,是了解辛亥人物不可不读的一本书。在书中，冯氏谈到了自己改名“自由”的缘故。原来，冯自由原名懋龙，字建华，他加入兴中会也是用的这个名字。1899 年，冯懋龙就读东京高等大同学校，梁启超初为校长，后因故由麦孟华代理。康有为当时虽不在日本，可力主保皇的他对《清议报》上的言论很不满意，“事事皆来责难”，麦孟华则唯康马首是瞻。梁启超受康有为的压力，也不得不来信要求校内学生不许再提“自由”二字，包括“独立”等字眼也在禁止之列，最多只能用“自立”二字代替。

“大同大器十七岁，中国中兴第一人”，这是 17 岁的冯懋龙自题之句。少年心事当拿云，年轻气盛的他容不得半点妥协:“你们怕老康如虎狼，真是不脱奴隶根性。你们不敢说自由，我就更名自由。看谁敢侵犯我的自由。”说完，就在黑板上大书“冯懋龙即日更名自由”数字，台下同学纷纷鼓掌。此为“冯自由”三字之由来。

蔡锷将军曾与冯自由一起就读于东京高等大同学校，两人同龄兼同学，他的名字同样经过演变。蔡锷原名艮寅，字松坡，1882 年生于湖南宝庆一个普通农家，13 岁便中了秀才，在老家人称“神童”。1898 年，16 岁的蔡松坡考入湖南时务学堂。当时谭嗣同为学堂总监，梁启超任中文总教习，维新派人士唐才常也在此授课。梁、谭、唐之于蔡松坡亦师亦友、无话不谈，彼此结下了深厚的情谊。戊戌变法失败后，蔡与 11 名同学应老师梁启超所召，东渡日本。1900 年秋天，唐才常领导自立军武装起义，因待康有为汇款接济，起义延期，导致事情泄密，唐被捕就义。蔡得知起义失败、唐才常遇害的消息后，放声痛哭，悲愤之中，将原名“艮寅”改为“锷”，取“砥砺锋锷，重新做起”之意，发誓要推翻清朝，为唐报仇雪恨。相信唐才常看到日后蔡锷的成就，九泉之下也可以瞑目了。

当然,志向再远大也得走正道。国民党军统头子戴笠死后,军统局群龙无首,为了得到这一炙手可热的权位,许多人明争暗斗,最终毛人凤胜出。多年前,毛人凤还叫毛善予,但仅当一个好好人显然不能满足他的野心,于是改名“人凤”。为了成为人中龙凤多年来他不择手段向上爬,后来终于实现了理想,可谓志得意满。可惜的是,他丢掉了“善”,一生作恶多端,双手沾满血迹,即使爬得再高,终究还是要被钉在历史的耻辱柱上。

感恩

大诗人徐志摩原名章序,在他少年时,有一位叫做志恢的和尚为其摸骨算命说:“这位少爷骨骼清奇,将来必成大器。”其实这句话跟武侠片里那些贩卖“秘籍”的江湖术士说“您骨骼清奇,将来必成武林奇才”是一个道理的。然而,徐父望子成龙之心切,对和尚的话深信不疑,为了表示对他这一摸的感谢,特地给儿子改名“志摩”,意即被志恢和尚摸过。

像这样为了感谢或者感恩而改名的事例,在民国还有很多。

黄兴原名黄轸,号竞武(庆午),后改名黄兴,字克强。对于这个名字,黄兴解释说:“我的名号,就是我革命终极的目的。这个终极的目的,是兴我中华,兴我民族,克服强暴。”

但辛亥革命元勋曹亚伯对于黄兴改名却有另外一种说法。据其所著《武昌革命真史》记载,1904 年 10 月,黄兴领导华兴会准备在湖南长沙发动起义,这也是华兴会成立以来第一次武装起义。不料因消息泄露,清兵出动搜查抓捕,起义还没发动即宣告失败。黄兴辗转躲藏,生死系于一线,后在圣公会黄吉亭牧师的掩护下化装潜出长沙，逃往上海。黄牧师重情重义，一直送黄兴到汉口至上海的轮船上，秘嘱他说："到上海时，即来一电，只拍一兴字，即知君平安无恙也。""于是，黄兴之名自此定"。如此说来，黄兴改名是为了纪念和感谢黄吉亭牧师的救命之恩。

这样的事情发生在黄兴身上大家应该并不感到奇怪，但是发生在军统魔头戴笠的身上，很多人可能就觉得意外了。

戴笠出身寒家，早年曾在浙军周凤岐部当兵，他的原名很俗气——戴春风。1926年，戴春风报考黄埔军校，却名落孙山，此时盘缠已经用尽，连旅社的房钱都付不起，只好卷起铺盖走人（那年头住旅社真的是自带铺盖）。那天正好下着滂沱大雨，失意的戴春风走在大街上，感觉前途如面前的雨幕一样迷茫，天大地大，没有自己的容身之处，他失魂落魄，任凭风吹雨打。突然间一个斗笠戴在了他的头上，扭头一看，原来是一同来参加考试的好友徐亮。徐亮拉着戴春风回到旅社，不仅帮他付了房钱，还鼓励他不要气馁，再接再厉。

好友送来的春风让戴春风感激涕零，他想起了"卿虽乘车我戴笠，后日相逢下车揖；我步行，君乘车，他日相逢君当下"这句古越辞，便改名"戴笠"，以表达对徐亮的感谢。有人说，戴笠这个名字让人想起了那些武侠小说中戴着斗笠、神秘兮兮的侠客或杀手，看来冥冥之中戴笠还就是干特工的料。

后来戴笠终于考上了黄埔军校六期，由于毕业后受到蒋介石的重用，飞黄腾达、春风得意。戴笠也没有忘记自己的患难之交徐亮，在他的提携下，徐亮进入了军统的高层。

戴笠改名后，还给自己取字"雨农"。据说算命先生说他六阴朝阳，杀重无制，五行缺水，名字中带水方大利，因此戴笠也好，戴雨农也好,都给人一种雨水霏霏的感觉。后来戴笠用了很多化名,大都也跟水有关,如江汉清、汪涛、沈沛霖、洪淼等。可惜,1946 年 3 月 17 日,在一个雷雨之夜,戴笠所乘飞机一头撞在南京雨花台区板桥镇戴山上,在熊熊烈火中,戴笠被烧成了焦炭。戴作恶多端,再多的水也救不了他。

失误

有时候,名字的更替也会充满着偶然性和随机性,或者说,改名也可能缘于一场“啼笑因缘”。

地质学家李四光原名李仲葵,14 岁那年,他告别父母,独自一人来到武昌报考高等小学堂。在填写报名单时,他不慎误将年龄“十四”填入了姓名栏内。那年头纸张昂贵啊,表格不好更换,李仲葵急中生智,在“十”字上加了几笔改成了“李”字,不过“四”字却难以再改。但是叫“李四”又太土,“张三李四”那都是泛指没有名字的。他正抓耳挠腮,无意中一抬头,看到中堂大匾上“光被四表”几个大字,灵机一动,在“李四”后面加上一个“光”字,成了李四光。这个名字既简单又有丰富的含义,比“三光(日月星)”还多一光,真是一片光明。

李四光是自己写错了,而孙中山这个名字则是别人弄错了,出自于章士钊的一个笔误。1897 年,孙文为了躲避清政府的通缉亡命日本,支持他革命的日本朋友宫崎滔天和平山周把他安排在东京的对鹤旅馆暂住。为了安全起见,在旅馆登记时不能使用真名。平山周想起了附近有华族中山家宅邸,该家族成员中山庆子乃明治天皇生母,同时孙文亦钦佩明治天皇推动明治维新之举措,于是在登记簿上写下了“中山”二字。然而,“中山”毕竟只是个姓,还得有个名字才完整。平山周正思考,一旁的孙文接过登记簿,在“中山”后面加了“樵”字,孙先生愿作山中一披荆斩棘之樵夫。自此,孙文便化名“中山樵”之名,在日本继续革命活动。

1903年,章士钊从友人处借到日人宫崎寅藏自传性著作《三十三年之梦》,他将书中有关孙中山的部分参以己意,节译成小册子,取名《孙逸仙》予以出版。由于笔误,章将孙文与假名“中山樵”的两个姓连缀成文,写作“孙中山”。这是第一本介绍孙中山革命经历的书,也是章的第一本译著。正是此书的发行,使得孙中山这个名字在知识青年中变得如雷贯耳。而孙文这个名字除了经常出现在清廷的通缉榜上,名气并不大,所以知道孙中山的人远比孙文、孙逸仙来得多,以至于连孙文自己也默认了这种称法。

这些将错就错的名字背后不一定都有喜剧成分,有的还饱含悲剧色彩呢。

冯玉祥族名基善,字焕章,乳名科宝,家里还是希望他走科举之路出人头地。11岁时冯基善因家境贫寒失学,只得住在父亲的营盘里自修功课。其父靠着每月十几两的饷银养家糊口,生活捉襟见肘,经常入不敷出,所以盼望着儿子也能补上兵额,领得一些“恩饷”以补助家庭用度。然而,冯父所在的清朝保练军是著名的“父子兵”,父退子补,内部循环,肥水不流外人田。而且即使空出名额,大多也是被那些关系户给垄断了,“有时即使一年半载能出一个缺,就有许多人来争着补,各方面托人保荐”,块头大比不上别人人情大,冯玉祥补了几次缺都没有成功。冯父的同营好友虽然同情他们家的境况,但也爱莫能助。

后来营中临时有了一个缺额,管带苗某是冯父的好友,他替老友求情:“这回该叫冯大爷的儿子补上去了吧!”主管人员问:“叫什么名字?”苗管带一时想不起来,怕耽搁了时间,缺额又被旁人抢去,就随手写了“冯玉祥”三字。“因为苗大人随便这一写,以后我就沿用下去,没有更换本名。这就是我的名字的来由。”(《冯玉祥自述》)

方便

纵观诸多大人物改名前后,可以发现大都是新版本比老版本来得简单易懂,很少反过来把名字改得复杂拗口的。道理其实很简单,你连自己的名字都让人家看不懂,还怎么让人家记住你!所以越是大人物的名字往往越是平易近人,大俗才能大雅。那种复杂拗口的名字不接地气,对于个人的前途也是一个阻碍,这一点父母再起名字的时候应该有所注意,千万不要想太多了。

章太炎的3个女儿就在这一点上吃过亏。章太炎是训诂大师,成天钻在故纸堆里说文解字,以至于走火入魔,在给女儿起名字时也犯了浑。章氏的一个女儿取名章叕(zhuó),这个由四个“又”组成的字恐怕没有几个人读的出来,与此相似,另外两个女儿的名字分别由四个乂和四个工组成,分别读lǐ、zhǎn。3个女儿出落得楚楚动人,可是到了谈婚论嫁的年龄,却无人问津,朝着剩女的道路发展。好在经人指点,章太炎这才知道原来小伙子们没人认识这几个字,怕在国学大师的准岳丈面前丢脸,个个敬而远之。章太炎知道原因后,马上召开新闻发布会,当众向人解释女儿的名字,3个女儿这才顺利出阁。

可见,一个没人懂的名字关系有多大,几乎断送了3个如花似玉的大家闺秀之后半生。还好以前的女孩子嫁出去就保留其姓，名字往往不被重视，所以章老夫子也没有给女儿们再改名了。但是，对于那些志在长远的人来说，如果出现这样的情况，则是越早改越好。至于改名的方法，有的是直接将原本的名字简化，比如潘光旦原名潘光亶，他上清华学校后，将“亶”字砍掉上半身，改为“旦”。“光旦”不仅好写易懂，寓意也不错——天亮了！还有一种改法是从意义上简化，中国资信业第一人、“救国会”七君子之一的章乃器原名章埏埴，后因读到《老子》“陶人埏埴以为器”一语，遂改名“乃器”，比起原名来上口多了。

有的人则是因为事业的需要临时改名。身为中国工人运动领导人的李立三原名叫李隆郅。1924 年 11 月的一天，李隆郅与邓中夏去吴淞。在火车上，邓中夏说他这个名字太繁杂了，咱得走群众路线啊，改个名吧。李隆郅欣然同意，正好这时他们看见火车门口站着三个人，于是他说：“就叫立三吧。”这个名字读起来够响亮，很快就叫开了。

邓小平原名邓先圣，5 岁时，邓先圣到村里的私塾读书，私塾的老先生觉得这个名字对孔子不太尊敬，又给他改名邓希贤，“希”在古文中有仰慕的意思。后来邓希贤受党中央指示到武汉工作，又改名为邓小平。相对于邓希贤来说，邓小平这个名字显得大众化，适合做地下工作，到哪都不容易被人发觉，而且朗朗上口，容易给人留下深刻的印象。

笔者读留美女作家杨瑞自传《一个吃蜘蛛的人》，书中讲到在抗战期间，杨父这个出身富贵家庭的大学生投奔革命，到晋察冀加入了共产党领导的八路军。其父原名刘炽昌，革命后把名也革了，连名带姓改为于山。“当时投奔革命的城市青年一般都爱起单名儿,而且笔画简单,叫起来朗朗上口。"看来,名字简化也被热血青年们视为革命的一部分。中国人往往名、字、号加起来一长串儿,到了民国,赵元任等人坚持只用单名,与传统背道而行,这也算是与时俱进了吧。

大雅若俗,取名切勿故弄玄虚,追求所谓的高深莫测,越简单的名字人气越高。

权变

一个好的名字往往对个人日后的发展也有助益。在民国,由于事业、理想、身份、地位的变化,很多人原来的名字与新的自我格格不入,阻碍了个人前途的发展,这就需要与时俱进、另起炉灶了。

新中国开国十大元帅中,只有聂荣臻一人的名字自始至终属于原装版的,其他 9 人都改装过,9 人中有 4 人都是因入了军校而改名。朱德的原名叫朱代珍,学名朱玉阶,后来去报考云南陆军讲武堂时改名朱德,他的一生也算得上以德服人;彭大将军原名彭得华,荣华富贵的华,在投考湖南陆军军官讲武堂改名彭德怀,取"君子怀德,小人怀土"之意;林彪原名林育蓉,进入黄埔军校他第一件事就是改名,"彪"有彪悍勇武之意,后来他打仗也确实够凶悍,令敌手望而生惧,不过林父很不喜欢儿子改的这个名,认为彪字含有刑戮、凶疾、失败之意,恐不吉祥;叶剑英原名叶宜伟,进入云南陆军讲武堂后他改名"剑英",立志成为"民之利剑、国之精英"。

同样出于就学的需要,很多人并非为了"更上一层楼",而是迫于无奈。抗战胜利后出任沈阳市长的董文琦原名董玉璋,年轻时他赴日留学,就读于广岛高等师范。1926 年初,董玉璋到东京参加在日留学生支持郭松龄反张作霖的“倒张排日”运动，回到学校后发现自己已经被吉林省政府取消了官费。那时东北籍的学子只要在日本考入公立学校就可以申请官费。急中生智，董玉璋改名“文琦”，重新考入名古屋高等专业学校土木科，以此新名申请到吉林省的留学官费，这下又可以继续学业了。此类事例在民国随手可拾，如作家柏杨原名郭定生，因为在初中顶撞老师被开除，其父为他改名郭立邦，初中都没毕业的他凭此新名考上了赫赫有名的开封高级中学。那时候，身份信息的确认不像现在这么方便，因此，“重新做人”的机会很大。

当然，也有些人改名字的动机不纯，譬如出于“漂白”的需要。上海滩三大亨之一的杜月笙本名杜月生，虽然发达后呼风唤雨、锦衣玉食，但他心里总觉得少了点什么东西。没错，杜月笙本质上是个流氓大亨，但在民国，当流氓也得有品位、有文化，否则不但别人瞧不起，自己都瞧不起自己。

杜月笙认为自己当务之急是洗去一身戾气，弄点“书卷气”。为此他通过施以恩惠，终于结交上了国学大师章太炎。章太炎说，你这名字得先改，月生，晚上生的，太直白，不登大雅之堂啊，作为训诂学大师老章起名绝对专业，他略一琢磨：有了，就叫杜镛，号月笙，这可不是随便说的，有典故——“西方之乐为镛，东方之乐为笙”（《周礼·太司乐疏》）。杜月生虽然不懂什么《周礼》，但也知道这个名字太有文化了，高兴得心花怒放，一拍桌子，就这么着了！大师出手就是不一样，虽然只加了个竹字头，但犹如神来之笔，“无竹使人俗”，加上这个竹字头，风雅八字那一撇就有了。

接下来，章太炎还亲笔为杜月笙修订家谱，他根据杜月笙的自述“祖先由浙江海宁迁来”，推算出“杜之先出于帝尧”，“直系祖先为山阴杜衍”。杜月笙原本一个卖水果出身的穷小子,自幼父母双亡,连自己祖上干啥的都说不清楚,这下被老章这么一“考据”,居然跻身于帝王之系、名人之后。1931 年杜氏祠堂风光体面地在杜月笙的故乡浦东高桥落成,从此他再也不必在那些名门望族面前自觉低人一等了。

流氓不可怕,就怕流氓有文化,人们再不好把杜月笙看成黑帮头子、大流氓了。杜成了真正的海上闻人,就连很多文化人都拜在他的门下,黑白通吃,真正做到了笑傲江湖。

最后的话——从遗言看民国性情(上)

自抗战开始后，阎锡山每年元旦这一天都要躲在书房里给自己写遗嘱。等到第二年元旦，如果自己没死，就拿出旧的撕掉重写，所以他一生中立下了众多遗嘱。这并不是阎锡山整天盼着自己早点死，实乃人最怕死得不明不白。一个人一辈子说过再多谎言，他最后的话肯定也不会违心，所谓"人之将死，其言也善"，因此从遗嘱或遗言看一个人的性情，是最可靠的方式之一，且让我们以此来窥探一下民国名人们的内心世界吧。由于民国只存在38年，文中诸公的生命跨度大都超过了民国，但从精神层面来说，我们仍把他们看做"民国"那一代的。

恋乡

中国人自古以来崇尚落叶归根，客死异乡是一种人生最大的苦痛。这种落叶归根的思想源于农业文明的安土重迁，而在工业文明和商业文明高度发展的今天，已经受到了很大的挑战，而且可以肯定的是，未来这样的挑战还将日益严峻。也许某一天，我们还未老去，却已经无家可归。

深受农耕文明和传统文化熏陶的人们心中都有一个永恒的精神家园，那就是他们的故乡。然而民国是个乱世，大家普遍都经历过颠沛流离，由于种种原因，不少人至死都未能再回到故乡。“胡马依北风，越鸟巢南枝”，游子们在生命尽头发出的思乡曲总是让人格外动容。

1962 年 1 月 14 日，多病缠身的于右任在日记本上写下一首歌，旁注：“天明作此歌。”这首歌的歌词就是后来传唱不息、催人泪下的《望大陆》：

葬我于高山之上兮，望我大陆；大陆不可见兮，只有痛哭！葬我于高山之上兮，望我故乡；故乡不可见兮，永不能忘！天苍苍，野茫茫，山之上，国有殇！

1964 年 11 月 10 日晚 8 点零 8 分，于右任在台北荣民医院病故，终年 86 岁。病危之时，他的老部下、原台湾监察院秘书长杨亮功到医院看望他，问他：“您老有什么事吩咐我?”于右任因喉咙发炎无法出声，只能借助手势表达，他先伸出一个指头，接着又伸出三个指头。其中之意没有明说，大家也只好靠猜测理解，各说各有理。

于右任去世后，杨亮功向曾受过于老恩惠的著名报人陆铿提起此事。陆铿认真思考后，认为于右任的“一个指头”是指祖国统一，“三个指头”代表三原县，合在一起是说：将来中国统一了，请把我的灵柩归葬于三原故里。这一解释得到大多数人的认同。因为找不到遗嘱，最后治丧委员会便以于右任 1962 年所写的《望大陆》作为他的遗嘱。

于右任要把自己葬在高山之上，以等待中国统一的那一天再魂归故里。可是有的人等不及了，为了与故乡更接近，他们宁愿选择大海而非高山。1977 年哲学大家方东美先生就在逝世前立下遗嘱，骨灰不留台湾，全部沉入台湾海峡的大陆的一侧，以表达他的思乡之情。类似的做法，同样发生在很多“归骨于田横之岛”(傅斯年语)的人们身上。就连远在美国的国学大师赵元任和他的夫人杨步伟也让子女们把他们的骨灰撒在浩瀚的太平洋上，希望有一天自己的骨灰可以随着洋流回到魂牵梦萦的东方故国。

落叶归根的愿望是那么美好而强烈，但其中只有少数人能够达成所愿。钱穆曾立下遗愿：如果活着不能回到大陆故乡，死了也要葬回去。为了完成丈夫的愿望，钱夫人胡美琦将他的灵骨一直安放在台北永明寺，等待着有一天能归葬大陆。

到了 1991 年，两岸关系终于开始松动。1992 年 1 月 6 日，胡美琦在钱穆弟子辛意云和曾任钱穆秘书的邵世光小姐的陪同下，护送钱穆的灵骨由台北经香港飞上海，于傍晚到达苏州。1 月 9 日，人们将钱穆的骨灰按照传统礼仪安葬于太湖西山，随葬的是他的 14 部著作。此后，钱穆日日夜夜守望着太湖，他与自己的精神家园终于合为一体。对比同时代的很多人，他无疑是幸运的。

钱穆的结局或许会让老蒋羡慕不已。蒋介石的乡土情结之重恐非寻常，他一生中不顺意的时候就要往奉化的溪口老家跑，这里俨然是他的心灵栖息地，同时也赋予了他无限的能量。到了台湾后，年岁越来越高的蒋介石思乡之情也日益严重。1977 年他口述完遗嘱，喘了一会儿气，又说：“我死后，将灵柩暂厝慈湖，那儿风景好，很像我们奉化老家。”

且认他乡作故乡，对于蒋介石来说，或许是永远也挥之不去的伤痛。

志业

伟大的古希腊数学家阿基米德一辈子说的最后一句话是“不

要弄坏我的图”。当年入侵希腊的罗马士兵闯入阿基米德的家里，阿翁当时正蹲在地上埋头画几何图形，自始至终没有抬头看入侵者一眼，这种傲慢的态度深深刺伤了对方的自尊心。于是，有士兵上去踩他画的图，阿翁见状怒斥："不要弄坏我的图！"说归说，阿基米德还是没正眼瞧对方。最终，忍无可忍的罗马士兵拔出短剑，这位旷世绝伦的大科学家因此一命呜呼。

阿基米德之死虽然让人扼腕叹息，但他这种哪怕刀架在脖子上也无动于衷的敬业精神实在令人顶礼膜拜。大儒梁漱溟有云：我只有志业，没有职业。职业是现实主义的，志业则是理想主义的，职业只是一时的，而志业则是一世的。那些将自己的职业当成志业的人，往往到了生命的最后一刻也无法忘怀自己的本职工作。

1965年4月26日，周作人写下了最后改定的遗嘱："余今年已整八十岁，死无遗恨，姑留一言，以为身后治事之指针尔。死后即付火葬，或循例留骨灰，亦随即埋却。人死声销迹灭，最是理想。余一生文字无足称道，唯暮年所译希腊对话，是五十年来的心愿，识者当自知之。"周作人生命最后的历程在凄风苦雨中走过，80岁这一年他刻了一枚印章"寿则多辱"，在遗嘱中他有点心灰意冷地表示"人死声销迹灭，最是理想"。但话锋一转，这位老翁又忍不住谈到自己近年来翻译的希腊作品《卢奇安对话集》，顿时得意之情溢于纸上，前后判若两人，表现出了完全不同的精神状态，真是至死都忘不了老本行。

大哲学家冯友兰一直都是个思想者，直到临终，他都未能从哲学回归生活。去世前，他说的最后一句仍然跟哲学有关："中国哲学将来一定会大放光彩，要注意《周易》哲学。"这句充满神秘色彩的话也为冯友兰的一生画上了一个浪漫的句号。宋代大儒朱熹在他的《周易本义》序言中写道:“易之为书,卦爻彖象之义备,而天地万物之情见。”意思是说《周易》这套象数系统表现的是天地万物之情,是整个宇宙和人生。冯友兰则说,一部《周易》,就是中华民族的精神现象学。《易》为群经之首,其提供的思维方式深刻影响了儒道两家,体现了中华民族的精神发生、成长、定型的整个历史,只有通《易》才有可能参透中华文化的精髓。然而,《周易》又实在太过于博大精深了,没有足够的积累和阅历根本摸不着门道,就连孔子都自称五十岁以后才敢学《易》,更何况其他人!所以大师们研究《易》,等到有所得,生命也已经走到了尽头,的确让人耿耿于怀。

相比以上这两位,国学大师吴宓的结局更为悲壮。1978 年 1 月 14 日,在“文革”中饱受摧残的吴宓因突发老年性脑血管疾病被送入解放军 513 野战医院抢救。3 天后,即 1 月 17 日,吴宓在医院逝世。弥留之际,他挣扎着疾声振呼:“给我开灯,我是吴宓教授!给我水喝,我是吴宓教授!给我饭吃,我是吴宓教授!”在一个文化动乱的年代,“教授”这两个字无端贬值,可是在吴宓的心中,却是任何东西都无法替代的。

忧国

南宋抗金名将宗泽与金人大战十三役,无一败仗,金人畏之如虎,称之“宗爷爷”。可惜朝廷昏庸,偏安一隅,宗泽壮志难酬,忧愤而终,临终前他大呼“渡河!渡河!渡河!”

以天下为己任者,至死未能忘忧国。降至民国,孙中山先生一生奔波于救国救民。1924 年底,他为了和平统一中国的愿望,抱病北上,与冯玉祥、段祺瑞、张作霖共商国是。遗憾的是天不假年,就在途中,他一病不起。1925 年 3 月 12 日上午 9 时 30 分,孙中山因患肝癌医治无效,在北京东城铁狮子胡同 5 号行辕逝世,终年 59 岁。临终前,他说的最后一句话是:"和平……奋斗……救中国!"一个英雄的去世对于时势乃至未来的影响是不容小觑的。对此,孙中山的苏联政治顾问鲍罗廷曾感慨地说:如果孙中山先生能够多活几年,甚至几个月,中国的局势也许会完全改观的。但历史是不容假设的,孙中山先生毕生追求"天下为公",将无私奉献的精神贯穿始终,无愧于"国父"这一称号。

同样的,蔡元培先生早年以革命救国,组织光复会,倡导暴力革命。后来他当上北大校长后,转向了另外一条路,那就是用文艺复兴中国。他提出了"读书不忘救国,救国不忘读书"的主张,开创了北大"读书"与"救国"并重的传统。1940 年,蔡元培因病在香港去世,时值日本侵华,国家处于危急存亡之秋,蔡先生在弥留之际喊出了:"学术救国! 道德救国!"其人格魅力,其爱国精神,至死而光芒不减。

说到个人声望,四川军阀刘湘跟上面这两位无法相提并论,不过刘湘生得不如他们伟大,死得却是一样的凝重。

刘湘的知名度不如张作霖、阎锡山,现在很多人对他比较陌生,可当年也是雄踞一方的大军阀,统治四川十几年,人称"四川王"。尽管当的是土军阀,在民族大义面前,刘湘可是一点儿都不含糊。抗战初始,刘湘主动请缨,率领川军奔赴抗战前线,担任第七战区司令长官兼第二十三集团军司令。怎奈苍天总是戏弄人,他未能战死于沙场,却让疾病夺去了性命,于 1938 年 1 月 20 日在汉口去世,年仅 50 岁。出师未捷身先死,长使英雄泪满襟。

临终前,刘湘写下遗嘱,激勉川军将士继续战斗:"抗战到底,始终不渝，即敌军一日不退出国境，川军则一日誓不还乡！”这一遗嘱，前线川军中很长一段时间里每天升旗时，官兵必同声诵读一遍，以示抗战到底的决心。

生老病死乃自然规律，而宋教仁之死则充斥着意外与阴谋。中国“宪政”之父被刺杀身亡是民国初年一件轰动全国的大事件。由于子弹有毒，宋教仁临终前备受折磨，死得非常痛苦，但他仍然挣扎着让守候在他身边的黄兴等人拿来纸笔，写下给袁世凯的“遗电”：

> 北京袁大总统鉴：仁本夜乘沪宁车赴京，敬谒钧座。十时四十五分，在车站突被奸人自背后施枪，弹由腰上部入腹下部，势必至死。窃思仁自受教以来，即束身自爱，虽寡过之未获，从未结怨于私人。清政不良，起任改革，亦重人道，守公理，不敢有毫权之见存。今国基未固，民富不增，遽尔撒手，死有余恨。伏冀大总统开诚心，布公道，竭力保障民权；俾国家得确定不拔之宪法，则虽死之日，犹生之年。临死哀言，尚祈鉴纳。

次日凌晨，宋教仁与世长辞，年仅31岁。宋教仁遇刺，袁世凯是最大的嫌疑对象，但宋所想的全都是国家民族，他劝诫袁世凯“开诚心，布公道，竭力保障民权”，而没有一个字是为自己和家人设想。“虽死之日，犹生之年”，宋教仁先生做到了！

修养

著名作家夏衍晚年病重住院，一天上午，他突然感到非常难受，不停咳嗽，呼吸困难。秘书见状急道：“我去叫大夫。”正在他开门欲出时,夏衍突然睁开眼睛,极其艰难地说:“不是叫,是请。”说完他就昏迷过去,再也没有醒来。

要真实地看出一个人的修养,不要看他春风得意的时候,而要看他在逆境、困境乃至绝境中的表现。而即使颇有修养的人,到了生死时刻,也往往不知所措,所以生死之际还能保持高水准的人,已经达到了修养的最高境界。

毛泽东谈到中国的民族工业,有“四个不能忘”的说法:重工业不能忘了张之洞,轻纺工业不能忘了张謇,化学工业不能忘了侯德榜,运输航运业不能忘了卢作孚。卢作孚创办的民生公司乃旧中国最大的民营航运企业,是民族工业的一艘“航母”。1938年,国家危急存亡之秋,卢作孚亲自指挥了号称“中国实业上的敦刻尔克”的宜昌物资大抢运。在短短两个月的时间内,便将9万余吨的物资全部抢运入川,不仅保存了整个中华民族工业的精华,也保全了国家仅存的一点儿元气。

尽管贵为“中国船王”,卢的个人生活却俭朴之极。他常穿的是公司统一定做的粗布制服,吃的是公司规定的八人一桌的饭菜,住的是公司分给的普通住房,几乎没有多少个人积蓄,更不准家属利用他的名头谋私。然而,就是这位对国家民族贡献极大而个人索取极少的大商,这位曾拒绝国民党赴台邀请毅然从香港回来投入新中国怀抱的巨子,在1952年2月自杀,临终前,给妻子留下了一份遗嘱,内容如下:

一、借用民生公司家具,送还民生公司。

二、民生公司股票交给国家。

三、今后生活依靠儿女。

四、西南军政委员会证章送还军政委员会。

遗嘱中第一条就是送还借用的民生公司的家具，这使我想起了苏格拉底喝下毒酒前向他的好友克利顿说的最后一句话："克利顿，我还欠阿斯克勒比奥斯一只鸡，请别忘了还给他。"一只鸡，几套家具，跟一个大人物的死亡相比，有如鸿毛之于泰山。然而，他们并不因为死亡的即将到来而忽略这么一丁点儿责任与良知，这需要多高的操守才能做到！

同样使我震撼的还有大翻译家傅雷先生和他妻子共立的遗嘱。

傅雷以翻译驰名中国，有人说没有他也许就没有中国的巴尔扎克。傅雷还多才多艺，除翻译之外，他的文学评论和艺术鉴赏都别具慧眼、才气蓬勃。才华横溢而又个性鲜明的人往往高傲，傅雷眼高于顶，评论画家："近代各家除白石、宾虹二公外，余者皆欺世盗名。"就连齐白石他还嫌读书太少，能让他彻底拜服的画家就剩下一个黄宾虹。这样高傲的才子注定不可能在屈辱中长时间忍辱偷生。

1966 年 8 月 30 日深夜，上海音乐学院红卫兵闯入傅家进行抄家，傅雷夫妇俩一起受到三天四夜的批斗。9 月 2 日深夜，不堪其辱的夫妇俩联名写下遗书，交代后事，在江苏路 284 弄 5 号住所"疾风迅雨楼"双双自杀身亡。

震耳欲聋的口号声，铺天盖地的大字报，在此逆流中，即将走向不归路的傅雷夫妇并没有慌乱失措，相反，遗书中流露着令人吃惊的冷静与理性。遗书主要是委托傅雷妻子朱梅馥的哥哥帮他们料理后事，委托一共十三条，其中前两条为："一，代付九月份房租 55.29 元(附现款)。二，武康大楼(淮海路底)606 室沈仲章托代修奥米茄自动男手表一只，请交还。"虽然人死了，可咱不能赖账，君子之风!

遗嘱中还提到了保姆周菊娣可能需要的生活补助,以及姑母首饰的赔偿额:“五,六百元存单一纸给周菊娣,作过渡时期生活费。她是劳动人民,一生孤苦,我们不愿她无故受累。六,姑母傅仪寄存我们家存单一纸六百元,请交还……八,姑母傅仪寄存我们家之饰物,与我们自有的同时被红卫兵取去没收,只能以存单三纸(共370元)又小额储蓄三张,作为赔偿。”最令人惊叹的是,他们甚至连自己死后的火葬费都安排好了,第十一条:“现钞53.30元,作为我们火葬费。”

自杀本是一种最不理性的行为,也正因此,傅雷夫妇在遗嘱中所表现出的理性,蕴含了一种极其高贵的精神在里面。

气节

文天祥说过“时穷节乃见”,其实从另外一个角度我们也可以说人穷节乃见,人的气节在他生命的尽头才能体现得最为淋漓尽致。

章太炎在去世前一年即1935年立下遗嘱。这一年,虽然中日战争还没有全面打响,但东三省和华北大部均已沦陷,日本人的咄咄紧逼已经使中国处于山雨欲来风满楼的形势中。太炎先生对于日本人的狼子野心恨入骨髓,早在“九一八”事变发生时,他就公开表明中国应向日本宣战:“今日之势使我辈处之,唯有一战,明知必败,然败亦不过失东三省耳,战败而失之,与拱手而授之,有人格与无人格之异,则国家之根本兴废亦异也。”太炎先生所说的“人格”,即一种崇高的民族气节。此后国内形势江河日下,民族危亡让先生在临终之际仍然耿耿于怀，他在遗嘱中告诫子孙“若异族入主，务须洁身”，凛然之气溢于纸上。1937 年 11 月苏州沦陷，后来任伪浙江省省长的傅式说派人劝章太炎之子章导出任伪职，夫人汤国梨以太炎先生之遗嘱示来客，说客看罢面红耳赤，悻悻而去。

章太炎自称“民国遗民”，1928 年 6 月黎元洪病逝后，他作一联挽黎：“继大明太祖而兴，玉步未更，佞冠岂能干正统；与五色国旗俱尽，鼎湖一去，谯周从此是元勋”，下署“中华民国遗民章炳麟哀挽”。真正耐人寻味的是这个落款，它昭然若揭地表明在章的眼中“中华民国”已经亡了，他的“民国”不是蒋介石领导的“党国”。在写挽联前一个月，即 1928 年 5 月，章太炎在《致李根源书七十四》中写道：“今之拔去五色旗，宣言以党治国者，皆背叛民国之贼也！”也正是这个原因，他死的时候拒绝用国民政府的青天白日旗覆身，而盖以北洋政府的五色旗，他至死坚持独立人格，不媚世，不趋俗。

王国维论词认为境界有大小，但不以是而分优劣。气节亦是如此。大的气节关乎天下兴亡，小的气节关乎个人尊严，但这两种气节本身并无优劣之分。

1942 年 5 月 27 日，陈独秀在贫病交加中病逝于重庆江津。据好友包惠僧回忆，他最后一次看望陈独秀时，“陈已弥留不省人事，家徒四壁，只有几张破桌椅和一堆陈独秀和家人耕种生产的土豆”。临终时，陈独秀留给妻子潘兰珍的遗言是：“我去后，你务求生活自立，可从速改嫁，安度后半生。有一事要切记，为夫立身人世间，虽非高风亮节，却也不失做人操守。教育部寄来之款不可动用。另外，切不可拿我的名声去卖钱。”

陈独秀临终前十几天还在撰写他的《小学识字教本》，由于病入膏肓，未能完篇，他生前写下的最后一个字是“抛”。不知道是不是巧合,这个字倒确实概括了他最后的命运。一个坚持独立精神的巨人终究不能为时代所容,遭到了无情地抛弃。巨星陨落,世界出奇的平静,只有《大公报》《新民报》等报纸在不起眼的角落简短报道了一下他的死讯。正如史述隐在给负责操办丧事的何之瑜的信中所发出的哀叹:"世界仿佛早已忘记了这个人。"且让我借用辛弃疾哭朱熹的四句话来一赞:所不朽者,垂万世名;孰谓公死,凛凛犹生。

最后的话——从遗言看民国性情(下)

失望

1918年11月7日,这一天离梁漱溟之父梁济的六十大寿刚好一周。为了庆祝中国人生命中这个极其重要的日子,家人开始进行大扫除,为此梁济预备到好友彭翼仲家小住几天,等到生日那天再回来。

出门前,梁济想起了报纸上关于欧战的一则新闻,于是和正在北京大学哲学系教书的次子梁漱溟闲谈了几句。最后,梁济问他的儿子:"这个世界会好吗?"梁漱溟回答:"我相信世界是一天一天往好里去的。""能好就好啊!"说完梁济就离开了家。没想到,这一次对话成为父子之间最后的交谈,3天之后,梁济在梁家附近的积水潭投湖自尽。

梁济死后,家人在他房内找到了其留下的十七封遗言和近几年写的所有札记稿册。在遗言中,梁济解释了自己投湖的动机:"此身之死,系为清朝而死。绝非反对共和,而且极赞成共和,因辜负清廷逊让之心,不实行共和爱民之政,故愤慨而死。"他又说:"殉清,其实非以清朝为本位,而以幼年所学为本位,吾国数千年先圣之诗礼纲常，吾家先祖父先父母之遗传与教训，幼年所闻对于世道有责任为主义，此主义深印于吾脑中，即以此主义为本位，故不容不殉。”

梁济“殉清”，与其说是对清朝的眷恋，不如说是对民国的失望，“不实行共和爱民之政”，让他“愤慨而死”。然而梁济又不是单纯地为清朝而死，他认为自己所殉的乃中国数千年以来的礼仪文化。这不禁让人想起了1927年王国维投湖自杀后陈寅恪提出的“殉文化”之说：“凡一种文化值衰落之时，为此文化所化之人，必感苦痛。”梁济也好，王国维也好，他们之死都是在民国生活多年后，看到社会并没有想象中美好，反而出现了“礼崩乐坏”的丑恶现象，以至于心中充满了对世道人心的深深失望，故以一死为自己心中的文化中国殉葬。

相比梁济和王国维，前清状元出身的近代商业巨子张謇的失望看似要更深一层。梁济和王国维只是悲哀生错了时代，而张謇不仅悲叹生错了时代，甚至觉得自己生错了国度。他临终留下这样一句话：“謇不幸而生中国，不幸而生今之时代。”

张謇以晚清状元的身份投身实业，于士与商这两个当时看似泾渭分明的身份之间实现了完美的转换，一跃而成近代中国最耀眼的商业巨星，并在南通建立了自己的商业帝国，开始了他实业救国与教育救国的梦想。然而，张謇最终未能将理想进行到底。1922年国内棉纱市场急转直下，大生纱厂由盛转衰，张謇的人生也从抛物线的顶端开始急速下降，一直到他离开人世前，也没有看到真正的转机。

胡适认为张謇失败的原因是“开辟的路子太多，担负的事业过于伟大”，但这背后显然有着更复杂的时代因素。在张謇从商的时代，商人还没有像现在一样可以因富而贵，政府对于商业更多的是掣肘而非支持。张謇曾说自己一生办事做人，只有"独来独往、直起直落"8个字，唯一支撑孤独无助的张謇走下去的是内心崇高的救世理想。为了这个理想，张謇付出了太多，他"本小事大"，建学堂、开交通、造公园、兴水利、办慈善……为此将巨量的资金源源不断地从企业中抽出，严重拖累了大生，但是一生都在为国为民奋斗的张謇，当他自己遇到了危机时，政府却选择冷眼旁观，眼睁睁地看着"商业大象"倒下。

失望并不一定是消极的，失望之大，往往源于希望之大，消极的希望会导致绝望，而积极的希望则可以孕育重生。张謇、梁济虽然都在最后时刻表现出了对这个时代和社会的极端失望，但他们一个在生前奋斗，一个用死亡抗争，都无愧于民族。

忏悔

忏悔与悔恨的区别，在于悔恨更多停留在情绪层面，而忏悔则需要一种思想高度。然而，从广义上来说，悔恨也可以算是一种忏悔，尤其是临终前的悔恨，因为你绝无机会再犯同样的过错。

袁世凯如果早生几百年，没准儿"太祖"的招牌就挂出去了。不过按照梁启超的标准，像他这样的人只能是"时势造英雄"，而达不到"英雄造时势"，个人哪怕再强大，要逆转时代的洪流，也是螳臂当车。1916年6月6日，袁世凯因尿毒症不治一命呜呼。相传他弥留之际的最后一句话是："他害了我。"老袁临死还卖了一个关子，"他"究竟是谁？有人说是一心想当"皇太子"的袁克定，也有人说是一心想做"帝王师"的杨度，众说纷纭。不过有一点是肯定的，袁世凯死得悔恨交加，他原本可以成为“中国之华盛顿”，却最终成为举国唾骂的“窃国大盗”。虽然东晋桓温——一个典型的出名偏执症患者曾说“大丈夫不能流芳百世，也要遗臭万年”，但谁也不想让自己的名字和茅厕一个味道。

据陶菊隐《政海轶闻》记载，袁世凯谢世之日，人们在房内几上发现其亲书挽联：为日本去一大敌，看中国再造共和。据说老袁并非一门心思卖国，他也曾将签约《二十一条》的日子定为“国耻日”，也有人认为他是卧薪尝胆。老袁认为自己死了，日本就会少了一个大敌，颇有点壮志未酬、死不瞑目的意思。但有人不买账，却读出了“共和大敌”。“卿本佳人，奈何做贼”，一失足成千古恨啊！

如果说袁世凯最后的话是“放不下”，那么溥仪则是“放下了”。

1967年9月30日晚上，溥仪自知大限将至，拉着妻子李淑贤的手，说出了最后的遗言。遗言可以归结为两点：一对不起党，二对不起妻子。

嫁给末代皇帝的5位女人都经历了从喜剧到悲剧的人生。皇帝总是要维护自己身为皇帝的尊严，宁可我负天下人，不许天下人负我。当皇后婉容出轨产下私生子后，新生的婴儿被溥仪扔进熊熊燃烧的锅炉，他用自己的冷酷维持了自己那一点儿可怜的尊严。这只是一个缩影。溥仪的大半生都活得很累，为了这么一点儿可怜的自尊。

据溥杰回忆，溥仪即使在苏联人的监狱中时，也端着“皇帝架子”不放，他每天起床很晚，不吃早餐，生活起居仍由李国雄和三个侄子毓嶦、毓嵒、毓塘伺候。每天早晨，几个人照例向溥仪请安，溥仪也仍如以前一样，用鼻子一哼：“跪安吧。”他整天念佛算卦，不屑于跟其他犯人交流。

到了生命的最后时刻，这位曾经骄傲的末代皇帝真诚地向一位平凡的女人道歉，他终于可以放下包袱，轻装上路。皇帝变庶民，中国史上并非孤例，但以前的改变都是身份上而非心理上。这样由外到内的转变，可以说溥仪是第一个，也是最后一个。

超脱

1942 年 10 月 10 日下午，病重中的弘一法师留下了最后的笔墨——悲欣交集。大师去世的时候，国土沦丧、战火纷飞，他悲的是众生之苦，正是“怜我世人，忧患实多”；然而对于自己即将面临死亡，大师却是一点儿都不悲，反而带着欣喜的态度，欣自己灵魂如蜕，即将告别娑婆世界，远赴西方净土。

10 月 13 日晚上 8 时，弘一法师在温陵养老院晚晴室圆寂，享年 63 岁。临终前，他托妙莲逝者将两封事先写好的遗书转付性愿法师及性老法师，并将同样事先写好的“遗偈”二首，分别寄给好友夏丏尊与弟子刘质平，“遗偈”为：

君子之交，其淡如水。
执象而求，咫尺千里。
问余何适，廓尔亡言。
华枝春满，天心月圆。

“春满花开，皓月当空，一片宁静安详，那就是我的归处啊。”让人感叹，高僧入定，是要在生死那一刻才能体现出真功夫的！

弘一法师逝于战火纷飞之时，一代儒宗马一浮逝于道废学绝之时。1967 年，即马老生命中最后一年，红卫兵冲进马家“扫四旧”，不仅值钱物件被搜罗一空，更令人心痛的是，其多年藏书和手稿毁于一旦。在抄家者满载而归之前,马一浮恳求道:“留下一方砚台给我写写字,好不好?”后来,马老又听说弘一法师弟子、浙江美院教授潘天寿受到的非人待遇,他连连摇头:“斯文扫地,斯文扫地。”从此不再开口,一病不起,临终前他留下绝笔诗《拟告别亲友》:

> 乘化吾安适,虚空任所之。
> 形神随聚散,视听总希夷。
> 沤灭全归海,花开正满枝。
> 临崖挥手罢,落日下崦嵫。

马一浮精研佛学,他还是弘一出家的引路人。沤海之喻来自于《楞严经》,佛教用水泡儿比喻生命的空幻,沤生沤灭,生死变幻,终归要回到生命最初的发源地大海之中,是幻灭,更是回归。生与死,本就如此平常。有人说,在诗中你看不到一丝一毫的怨意和对尘世的不舍,怀着无比的欢悦和平静离开,走向心中的天堂,一般人谁能达到这样的境界?

弘一法师和马一浮先生以佛家的精神,跳出执着,将生死视为一体,正所谓“本来无一物,何处惹尘埃”。而有一个人压根不学佛,他的死法也最不平静,其于生死之际表现出的超脱精神却可以媲美高僧入化。这个人的名字叫钱振标,他生于甲午战争那一年(1895年),后来成为共产党早期杰出的领导人之一,曾任江苏省江阴县农民革命军总司令、中共京沪特委军委书记。1928年钱振标在常州被国民党逮捕,他拒绝投降,自知必死,在狱中写下遗嘱,请难友代为保存,其中有云:

> 我死后,切勿棺葬,可火葬后投入大江,随滚滚东流而入大海,何等干净!现在中国社会之坟墓制度,以一袭

臭皮囊,占据能生产之土地,实为万恶。望革命当局,将此制度随我同葬江海,亦革命事业之一也……

"革命"到如此彻底的地步,实在令人肃然起敬!遗书的最后,钱振标留下一首绝笔诗,题为《就义诗》:

草地斜阳,
洁白而纯洁的羔羊,
不绝地跳跃,
不绝地徜徉,
归乡何处?
断头台上。

好一个"归乡何处?断头台上",从来处来到去处去,明明马上就要上断头台,心却静如止水。

戏谑

明末清初的大才子金圣叹死于顺治年间震惊天下的江南"哭庙案",一辈子放荡不羁的金大才子将他超乎常人的幽默感带到了刑场上,虽然谈不上惊天地泣鬼神,但是足以让鬼神哭笑不得。金大侠到了刑场上不仅没有临死的恐惧与慌张,反而异常兴奋,向监斩官索酒畅饮,大笑道:"割头,痛事也;饮酒,快事也。割头而先饮酒,痛快痛快!"酒罢,他神秘兮兮地咬着耳朵对刽子手说:"我有个秘密要告诉你。"刽子手以为金圣叹要告诉他什么藏宝地点或什么惊天秘闻,没想到,金圣叹说的却是:"豆腐干与花生米同嚼,有火腿的滋味。此技能传下去,死而无憾也!"这也是这位旷世大才子说的最后一句话。

还有一种更戏剧的说法：刽子手手起刀落后，从金圣叹的两个耳朵里分别滚出了两张纸团，摊开一看，一张写着“好”字，一张写着“疼”字！

视死如归固然不易，而让人生在演出的高潮中戛然而止更难。自金圣叹以后，几乎再未出现这样富有创造力和想象力的死亡方式。如果有，瞿秋白之死差可比之。

1935年2月，瞿秋白在转移的途中，被国民党军队逮捕，关押在福建上杭监狱。被捕后，瞿秋白在长汀狱中写了“多余的话”，对自己的一生进行回顾和反思，洋洋洒洒数千字，前面都是在叙述人生历程，到了收尾的一句，他却令人啼笑皆非地来了这么一句：“中国的豆腐也是很好吃的东西，世界第一。”真是让人大跌眼镜。按照当下的流行语，或许我们应该这样问，秋白同志，你这么调皮，党中央知道吗？

同年6月18日，一队国民党士兵押着瞿秋白走到长汀罗汉岭下，他的生命将在此终结。到了中山公园的亭子，看守给他准备了四碟菜，他喝酒吃菜，胃口好极了。而后瞿秋白继续前行，他嘴里叼着香烟，微笑着走在罗汉岭的路上，突然发现一个地方芳草萋萋、景色秀丽，便一屁股坐了下来，对身旁的士兵说：“此地甚好！”于是，枪声响起，他与风景合二为一。

常人的遗嘱总是写得庄严沉重，让人看了屏气凝息，而艺术家黄苗子的遗嘱却能带给人欢乐。他嘲弄自我，调侃生死，潇洒至极。在遗嘱中，黄苗子写道：

> 我绝不是英雄，不需要任何人愚蠢地为一个普普通通的人白流眼泪。至于对着一个普普通通的、木知木觉的尸体去号啕大哭或潸然流泪，则是更愚蠢的行为，奉劝

诸公不要为我这样做。如果有达观的人，碰到别人时轻松地说："哈哈！黄苗子死了。"用这种口气宣布我已自动退出历史舞台，这是恰当的，我明白这绝不是幸灾乐祸。

黄苗子不喜欢"流行的'遗体告别'仪式"，认为这是"下决心叫人对死者最后留下最丑印象的一种仪式"。他曾经和朋友们讨论过骨灰的处理问题，"有人主张约几位亲友，由一位长者主持，肃立在抽水马桶旁边，默哀毕，就把骨灰倒进马桶，长者扳动水箱把手，礼毕而散。有人主张和在面粉里包饺子，约亲友共同进餐，餐毕才宣布饺子里有我的骨灰，饱餐之后'你当中有我，我当中有你'，倍显亲切"。但也有人反对，"认为骨灰是优质肥料，马桶里冲掉了太可惜；后者好是好，但世俗人会觉得'恶心'，怕有人吃完要吐"。为此，黄苗子吩咐他的儿子："把我那小瓶子骨灰拿到我插队的农村里，拌到猪食里喂猪，猪吃肥壮了喂人，往复循环，使它仍然为人民做点有益的贡献。"

黄苗子的遗嘱被传诵一时，艺术史家黄大德曾问他："你这《遗嘱》是否含着酸苦、含着眼泪写的？"黄苗子说："我当它一辈子的总结，一面笑，一面写的。"

最后说一下，玩笑不能开过度，否则会吓死人。美国作家马克·吐温幽默了一辈子，临死也不改本色，奄奄一息时与守候在旁的亲友们道别："再见，我们很快还会相逢呀！"说完他与世长辞。此举让他的亲朋好友们目瞪口呆，因为"再见"虽然无法逃避，但谁也不想和他很快"相逢"。

本色

英国剧作家亨利·阿瑟·琼斯临终前被问到愿意让保姆还是

侄女陪伴他,他答道:“漂亮些的那个!”马上要咽气,还有这样的幽默感,不愧为英雄本“色”。

曾任武汉大学首任校长的王世杰更多被人记住的是他在政坛的成绩,从教育部长到宣传部长、外交部长,可谓长袖善舞。然而,王世杰一生中最为在意的还是武大校长这个名号。1981 年,王世杰在遗嘱中要求在他的墓碑上只刻写“前国立武汉大学校长王雪艇先生之墓”。这使人想起了美国第三任总统杰斐逊,杰斐逊的墓碑上没有任何官职,只刻写“弗吉尼亚大学创办者”几个字。有人说,王世杰临终前为自己寻找了一份属于知识分子的认同,这也算是一种精神上的叶落归根。

佛教有云“八风吹不动”。苏东坡曾经写诗向好友佛印夸耀自己的这种精神,结果佛印在诗上批了个“屁”字,东坡看到后气得不惜跨江去找佛印理论,佛印笑道:“你不是八风吹不动吗,怎么一个屁就把你打过江来?”东坡的涵养如此之高,尚且有老马失蹄的时候,更何况是一般人。人到了生死那一刻,最容易回归本性,因为已经无所顾忌,反之,也最容易迷失本性。因为即使什么都经历过,必定也没有经历过死亡。

在中国现代的作家中,我觉得沈从文和鲁迅是一个有趣的对比,一个似水,一个如火。沈从文柔情似水,他恋水:“我情感流动而不凝固,一派清波给予我的影响实在不小。我幼小时较美丽的生活,大多不能和水分离。我受业的学校,可以说永远设在水边。我学会思索,认识美,理解人生,水对于我有极大关系。”鲁迅刚烈如火,他爱火:“地火在地下运行,奔突;熔岩一旦喷出,将烧尽一切野草,以及乔木。”

沈从文临终前,家人问他还有什么要说,他的回答是:“我对这个世界没有什么好说的。”“上善若水，夫唯不争，天下莫能与之争”，沈从文最后的话一如他的低调人生，大音希声，这也是水的特性，默默流淌，从不倾诉，一切的话都是多余的。

而鲁迅则在遗嘱中展现了与沈从文截然相反的性格。他即使面临人生的终点站，心中的熊熊怒火仍然炙热逼人。取名《死》的杂文写于鲁迅去世前44天，文中披露了鲁迅重病时拟定的七条遗嘱。其中第七条是：“损着别人的牙眼，却反对报复，主张宽容的人，万勿和他接近。”鲁迅补充道：“欧洲人临死时，往往有一种仪式，是请别人宽恕，自己也宽恕了别人。我的怨敌可谓多矣，倘有新式的人问起我来，怎么回答呢？我想了一想，决定的是：让他们怨恨去，我也一个都不宽恕。”

“人之将死，其言也善”，但不排除有些人为了上天堂而做出伪善的姿态。鲁迅说：“犯而不校”是恕道，“以眼还眼，以牙还牙”是直道。而中国最多的却是枉道：不打落水狗，反被狗咬了。这其实是老实人自讨苦吃。所以鲁迅自己宁愿做一个彻底的“恶人”，也不愿为了虚伪的“崇高”而妥协。

虽然沈从文和鲁迅临死前表现出了完全不同的精神风貌，但我觉得他们都是值得尊敬的，至死都没有改变自己的信仰，将本色进行到底。

第三卷

爱情真奇妙

民国男人的爱情攻略(上)

伴随着两千多年封建制度的终结以及西方文明的冲击,民国的自由恋爱蔚然成风,情解放与性解放的大旗高高飘扬。短短的时间内,各种恋爱模式层出不穷,令人眼花缭乱。笔者在这里梳理了民国人追求女孩的几大高招,以供后来者借鉴。当然这样的追求指的是“攻心为上,攻城为下”,像那些军阀靠着武力到处抢花夺美,一点技术含量都没有的下三滥招数,是不在讨论范围之内的。

第一式　老藤爬树

所谓老藤爬树,靠的就是一个“缠字诀”,想要抱得妹妹归,哥哥先要大胆地往前走。有事没事,先混个脸熟,持之以恒的男人往往是情场上的赢家。当然,要做到这一点首先得放下自己的身段乃至尊严,练就城墙般的脸皮和钓鱼般的耐心。

位居清华大学国学院四大导师之一的赵元任和其夫人杨步伟的婚姻堪称民国学人中的典范。赵元任和杨步伟相识于1920年,那时赵博士刚从美国归来,在清华大学任教,而杨步伟也不简单,她出身金陵名门,又是东京帝国大学的医科博士,也是中国第一代的女医生。1919年,从日本归国的杨步伟立志改变中国医疗事业落后的状况,在北京西城绒线胡同和留日同学李贯中合办了一所“森仁医院”,主要从事妇产科和小儿科。

赵元任在表姐家的一次聚餐上邂逅了杨步伟，对她一见钟情。此后，他不停地往杨步伟的医院跑，别人见他一个大男人天天去看妇产科，都觉得不可思议，哪知他得的是心病。杨步伟在《一个女人的自传》中写道："我心里想这个人一定有目的，不然那么远怎么会天天跑来呢。"那时候清华大学位于郊区，交通不便、道路坎坷，往城里跑一趟非常麻烦，除了爱情与发疯外，没有别的原因可以让一个人不顾身体散架的危险来回折腾。但皇天不负有心人，赵元任凭着这股倔劲，愣是把一个女强人变成了家庭主妇。

不过，女孩子的闺阁向来门禁森严，像现在的大学，一般女生宿舍门口都高挂免战牌——男生不得入内！这个时候，为了引起对方关注，不得不因地制宜，要不惜代价"围追堵截"。不过手段一定要艺术，否则容易引起人家反感，偷鸡不成蚀把米。在这一点上，著名画家黄永玉的做法值得借鉴。

1942 年，十八九岁的黄永玉避战乱，来到了江西一个小艺术馆里工作，在这里，他爱上了美丽大方的广东姑娘张梅溪。然而，张梅溪的父亲是一位很有钱的将军，这样的"白富美"若是往光棍堆里一站，准会引起一场"血肉横飞"的战斗，追求张梅溪的男人用机关枪都得忙活半天才能消灭完，其中不乏"高富帅"，形势对属于"三无"人员的黄永玉十分不利。

好在黄永玉是个有心人，他了解到张梅溪从小喜欢文学和艺术，眉头一皱，计上心来。他节衣缩食买了一把小号，每天守候在意中人必经之处，遥遥看见对方走来，就开始卖力地吹奏。尽管水平实在不敢恭维，但每天定点演奏，黄永玉还是成功地引起了对方的注意。时值抗战最艰苦的时期，今天眼睛一闭明天不知道能不能睁开，环境如此恶劣，还能够这样热爱艺术的小伙子难得啊！后来,黄永玉终于执子之手,他们完美的爱情,同样成了民国艺术界的一段佳话。

使本招追求女孩,出招前务必知己知彼,以免对牛弹琴、适得其反。笔者上大学时亲眼看到一个男生天天跑到女生宿舍楼下弹电吉他唱情歌,最后的结果是楼上一盆洗脚水泼下来,对方还放出狠话"再来唱就要泼油漆"。另外,高手出招时总是虚虚实实,让人无法捉摸,杨步伟说赵元任来找自己时有时说第二天不来,你以为不来,可他还是来了,充分吊足你的胃口!

最后,要把握火候、进退自如,如行云流水,行于所当行,止于所不可不止。笔者一位兄弟追求一个女孩,天天给她发天气预报的信息,连续发了半年,突然有一天戛然而止——再后来,这位女生给他发天气预报了。反面教材则有后来中国著名的"右派"罗隆基,罗在西南联大任教时,看到漂亮的女生频出击。有一次,罗在街上偶遇一美少妇,立即紧追不舍,少妇走进街口一个小铺子去买花生米,他竟然追进小铺子里,从后面伸手替她付款,两人当场发生口角,竟然闹上了法庭。此案后来由几位大学教授出面调停,不了了之。唯一受益的是卖花生米的小铺子,人们慕名而至,疯狂抢购,美其名曰"罗隆基花生米"。

第二式　鸿雁于飞

在凤凰于飞之前,先让"鸿雁"飞一阵,这样的情书攻略,是很多民国人在追求女孩时的首选。

谈到民国的情书,很容易想起徐志摩写给陆小曼的《爱眉小札》,不过这里面的情书基本上是两人确立关系以后的。如果要看追求女孩时的情书，可以读读另外一位风流才子、“生怕情多累美人”的郁达夫写给王映霞的信。常人写日记往往点到为止，像鲁迅的日记几乎很少掺杂个人情感，而郁达夫的日记大都可以当成抒情散文看。日记都这样，遑论情书了。“人家虽则在你面前说我的坏话，但我个人，至少是很 sincere 的，我简直可以为你而死。”“我很热烈的爱你，所以我可以丢生命、丢家庭、丢名誉，以及一切社会上的地位和金钱。”“我现在爱你的热度，已将超过沸点。”这样令人动容的山盟海誓在郁达夫致王映霞的信中比比皆是。

今天的女孩子被言情剧毒害，再看到这样的话可能没人会相信了，而那个年代的女孩子则要单纯得多，受到如此热烈的情感轰炸还真是让人难以招架。难怪王映霞一开始坚决抵制这个比自己大 12 岁且已经是有妇之夫的男人，但情书读多了，也就渐渐软化了，并最终嫁给了郁达夫。

说到用情书追求心上人的经典故事，怎能略过沈从文和张兆和。沈从文第一次在胡适执掌的中国公学上课时，紧张得一句话都说不出来，只好提笔在黑板上写“第一次上课，见你们人多，怕了”，被人引为笑谈。没想到就连这么内向羞涩的老师，见到美女后也不拘谨了，情书第一句话就开门见山：“不知道为什么我忽然爱上了你。”张兆和是出了名的大家闺秀，在中国公学有校花之称，追求她的男生足足一打，情书纷至沓来，她把一封封求爱信编为“青蛙 1 号”、“青蛙 2 号”留存起来，但从来不看。沈从文的“青蛙 13 号”到来后，张兆和考虑到师生关系的敏感性，特地找上了校长胡适，希望他出面制止。但胡适生平有月老癖，到处为人拉红线，一听这事儿马上来了精神，起劲地帮他们撮合，张兆和无奈，只好把情书拿回去。

此后四年,沈从文不管身在何处,写给张兆和的情书从来没有间断过:“我这一辈子走过许多地方的路,行过许多地方的桥,看过许多次数的云,喝过许多种类的酒,却只爱过一个正当最好年龄的人。”“你不会像帝皇,一个月亮可不是这样的,一个月亮不拘听到任何人赞美,不拘这赞美如何不得体,如何不恰当,它不拒绝这些从心中涌出的呐喊,你是我的月亮,你能听一个并不十分聪明的人,用各样声音,各样言语,向你说出各样的感想,而这感想却因为你的存在,如一个光明,照耀到我的生活里而起的。”

沈从文的情书如同他的《边城》一样,有一种田园牧歌的味道。如果说郁达夫的情书如火,那么沈从文的情书则似水,尤其是字里行间那种不食人间烟火、远离尘世喧嚣的味道可以让一切喜欢幻想的女孩子为之着迷。于是,张兆和偶然翻开这些落满灰尘的情书,走进沈从文为她编织的美丽世界,就再也无法自拔了。

一封成功的情书要求雅俗共赏,既不能太俗也不能太雅。诗人卞之琳曾苦恋张兆和的四妹张充和,他采取的策略同样是情书轰炸,据说他那首著名的《断章》就是写给张充和的:“你站在桥上看风景,看风景的人在楼上看你。明月装饰了你的窗子,你装饰了别人的梦。”弄这么玄乎干吗,几个女孩子有耐心思考哲理诗?结果当然是卞之琳“装饰了她的窗子”,而她却“装饰了别人的梦”。另外还有一位研究甲骨文和金文的方姓男子也喜欢充和,每次给她写情书全用甲骨文,一写好几页纸——他应该去跟木乃伊谈恋爱。最后,张充和嫁给了美国汉学家傅汉思,还是老外爽快一点儿。

这两位情场“先烈”应该向沈从文取经,“我不仅爱你的灵魂,我也爱你的肉体”,人家不仅会调情,还会调戏,“男人不坏,女人不爱”,要雅能雅,要俗敢俗,这才是情书大师!话又说回来,情书写得再好也只能独乐而不能共享,当年吴宓追求毛彦文,情书写完后,要拿到课堂上让学生先闻为快,这样的“浪漫”,估计任何一个女孩都要退避三舍。

当今时代通信发达了,情书简化成短信,郁达夫、沈从文们在月光下写情书和情诗的时代一去不复返了。每当想到这儿,我总会有一种深深的惆怅和感伤。

第三式 孔雀开屏

孔雀开屏,展现华丽羽毛的孔雀都是雄孔雀,它们用这种方式吸引雌孔雀的青睐。有时雄孔雀还要卖力地做出各种各样优美的舞蹈动作,施展浑身解数来增加自身的魅力。

所以说,不仅仅是女为悦己者容,有时男也要为悦己者容。1930 年,年轻的李立三远赴苏联,他在苏联收获了爱情,和俄罗斯女孩李莎(原名叶丽扎维塔·基什金娜)结为夫妻,携手走过了 30 余年的生死绝恋。李莎在回忆录《我的中国缘分》中甜蜜而又细致地描述了丈夫当年追求自己的情形。

有一次,李立三请李莎去莫斯科大剧院看芭蕾舞,两人相约在大剧院的石柱门前见。李莎一出地铁,一眼就看到李立三站在远处的身影,平时穿着总是随随便便的他这次特意穿了一件全新的、笔挺的毛料大衣。进剧场后,立三脱下那件大衣,李莎又发现他里面也是十分讲究,一身浅灰的细条西服,非常合身、得体。直到多年后李莎回忆起这段往事,还忍不住感叹:“在大剧院那种隆重场合,有这样一位风度翩翩的男士陪伴,我自然感到十分荣耀。”

另外,李立三的身份也为自己的爱情之路带来些许便利,让心仪的女孩为他加分。他有赤色职工国际执委会委员的红皮证件,这在苏联可是万能的通行证。他追求李莎的时候,经常邀请她和她的闺蜜们一起去划船,遇到人多船少的时候,立三跑到售票处拿出证件寻求帮忙,有时还真能租到一条船,赢得女孩子们的喝彩声。

相对来说,男人的魅力更多体现在实力上,正所谓有实力才有魅力,因此追求女孩一定要清楚自己的长处。

民国第一外交家顾维钧一生中四度娶妻,他所娶的第三任妻子出生于印度尼西亚,是华侨首富"糖王"黄仲涵之女黄蕙兰。1919 年的一天,身在巴黎的顾维钧到黄蕙兰的姐姐家做客,看到了黄蕙兰的玉照,一见倾心。第一次见面黄蕙兰对顾维钧就印象不佳:"他留着老式的平头,衣着和我的男朋友们常穿的英国剪裁的服装相去很远。"尤其她得知顾维钧既不会跳舞,又不懂骑马,甚至不会开汽车,更是断定"此人不值得我注意"。黄家富可敌国,黄蕙兰什么没有看过,自然是心比天高。

好在顾维钧是卓越的外交家,非等闲之辈,凭借自身的优势与魅力对黄蕙兰处处关爱。当他得知黄蕙兰要去巴黎近郊的枫丹白露郊游,立即提出去接她,"坐我的车去"。黄蕙兰发现,顾维钧的车是法国政府提供的,还配有司机,而自己家里再富有,车子再豪华,也享受不到这样的荣耀和特权。过些日子顾维钧又请黄蕙兰去看歌剧,他们坐的是法国政府预留的国事包厢。黄蕙兰在自传中说:"不管我爸爸花多少钱,也买不到这个包厢的座位,因为这是专门为要人保留的。"向来心高气傲的她对眼前这个男人由衷地佩服,"土豪"被贵族打败了!

退一步讲，如果你实在没有什么吸引女孩的魅力，至少把名字改得漂亮一点吧。海上才子邵洵美有一门让人艳羡的婚姻，他的妻子是比他大一岁的表姐盛佩玉。盛佩玉是大名鼎鼎的一代官商盛宣怀的曾孙女，在盛家，她是公认唯一的美人。邵洵美打小暗恋着这个美丽的表姐，他的样貌在很多人看来还算英俊，但盛佩玉却认为他其貌不扬，到老了在自传中她还是这么说。而邵家尽管也有不少家产，但跟盛家相比，根本不是一个档次的。这可把小邵愁坏了，他想出了一个招儿，索性将自己的名字从原名“云龙”改为“洵美”，典出《诗经·郑风》中的《有女同车》：“有女同车，颜如舜华。将翱将翔，佩玉琼琚。彼美孟姜，洵美且都。”这样名字上俩人先成了一对儿。如果从字面上来看，“洵美”用现在的话来说解释为“实在是美”，结果也正如这个名字。

我们现在的男人，除了用金钱财物向女孩子展现自己的实力外，能不能跟人家学学，好歹有点儿创意。

第四式　吹箫引凤

相传秦穆公有女名为弄玉，不仅长得如花似玉，还擅长吹笙，能自成音调，其声宛如凤鸣。某天夜里，弄玉正在吹笙，远处依稀有箫声合奏，如怨如慕、如泣如诉，弄玉闻之，神魂颠倒，茶饭不思。秦穆公知道后派人找来了这个吹箫的少年，即萧史，弄玉的病不治而愈。后来，萧史乘龙，弄玉跨凤，双双驾云飞去。

这样的故事听起来真让人悠然神往，所谓神仙眷侣，不仅要恩爱和谐，还必须志趣相投、心有灵犀，问世上几人能做到？就民国而言，梅兰芳与孟小冬，张大千与李秋君都算是既“情投”又“意合”,可惜有缘无分,比起章太炎与汤国梨、张伯驹与潘素之类缘分双修的总是略显遗憾。不过,虽然结果不同,但爱情的开端都是男方依靠出色的才艺赢得女方的青睐,证明这种经典的才子佳人的故事在民国还是很有市场的。

章太炎的夫人汤国梨生于浙江省吴兴乌镇一个富商之家,她早年在务本女校读书时人称“皇后”:一则因她天生丽质、艳压群芳;二则因她才艺出众,琴棋书画、诗词歌赋样样精通。但也因此,汤国梨眼高于顶,到30岁还待字闺房,成了大龄剩女。章太炎自丧偶后多年没有找到合适的续弦对象,1913年5月,他听说汤国梨之名,觉得这个女人不错,便来信向她求婚。

据汤夫人晚年口述,章太炎实在不是一个理想的结婚对象:“一是,其貌不扬;二是,年龄太大,他长我十五岁;三是,很穷。”另外,章太炎脾气之坏也是天下闻名的,他不仅喜欢动口骂人,有时还会动手打人,让人担心他有“家暴”倾向。汤国梨虽然略有犹豫,但还是很快接受了这个男人,原因除了仰慕章的骨气和革命精神外,还在于希望嫁给章后“可以在学问上随时向他讨教”。

汤国梨日后并没有完全实现当初的理想,有一次她作了一首五言绝句:“春水鸭头绿,夕阳牛背红。无风炊烟直,摇出小桥东。”章太炎居然说这首诗是抄袭的,汤氏一怒之下从此再也不向他请教一个字。不过他们夫妇俩却也没有因此影响感情,照样琴瑟和鸣。

其实,自古以来,才子佳人的故事发生最多的地方都在于风月场所,名妓与才子的爱情故事在民国仍然不时发生,但已经成为了绝唱。

民国四公子之一的张伯驹以收藏而驰名天下,他多才多艺,诗词、书画、戏曲无不擅长。张夫人潘素出身苏州名门，却因家道变迁而沦入青楼。20世纪30年代初，年方二八的潘素在上海“张帜延客”，由于色艺双绝，在“花界”人称“潘妃”。张伯驹第一次见到潘妃就“惊为天人”，但他并不靠家里的金元征服潘氏，而是靠一副对联：“潘步掌中轻，十步香尘生罗袜；妃弹塞上曲，千秋胡语入琵琶。”这对联化用了两个典故“步步生莲”和“昭君出塞”，先以古代的潘妃来形容现代的潘妃，接着以王昭君概括她善弹琵琶，又以“潘妃”二字藏头，构思巧妙，寓意贴切，令人击节。

这个时候潘妃已经名花有主，对象是国民党中将臧卓，两人已经到了谈婚论嫁的程度，但她仍跟着张伯驹逃回天津。后来张伯驹为潘妃易名潘素，并请了名家教她绘画，日久已卓然成家，日后往往是潘素作画，张伯驹题字，珠联璧合，成就一段才子佳人的佳话。

张伯驹的表哥袁克文同样是民国四公子之一，克文即袁世凯的次子，老袁对这个聪明绝顶的老二十分宠爱，为之遍请名师。因此，日后克文尽管纨绔不堪，但收藏、鉴赏、书法、戏曲、诗词、绘画无不造诣非凡，堪称艺术全才。克文有换小老婆的癖好，这些侍妾多是一些出了名的青楼佳丽，才貌俱佳。而她们也不仅仅是因了袁家的权贵才入门的，如侍妾中的薛丽清，苏州人氏，南部清吟小班名妓也，她在为袁克文诞下一子后，却主动离开袁家，飘然远引，又干回老本行去了。原来金钱诚可贵，自由价更高，薛丽清实在受不了袁家的清规戒律，她说：“袁家规矩太大，亦非我等习惯自由者所能忍受。”还发出口号：宁可做胡同先生，不愿再做皇帝家中人也！

这样的女子绝非俗人所能打动，但克文有绝招，他深得其师、素有“联圣”之称的方地山真传，可以即兴赋联赠予佳人，联中往往暗含所赠佳人之芳名，十分巧妙。如赠醉红七娘云：“万古闲愁，凭消月子三分，春风十里；一宵沉醉，安得珍珠百颗，玳瑁双栖。”联中嵌月珍二字乃七娘之名；赠雨香云：“小雨隔帘，重云出岫；微香吹梦，浊酒催吟。”赠名女伶雪芳云：“流水高山，阳春白雪；瑶林琼树，兰秀菊芳。”又赠雪芳妹秋芳云：“秋兰为佩；芳草如茵。”赠名女伶汪碧云云：“碧玉环，黄金锁，仙珮丁冬，歌舞登场原绝代；云丝发，月弓眉，神姿照耀，江湖满地此钟灵。”如此公子加才子，怎不令女人为之疯狂！

再进一步，我们都知道“比武招亲”，而曹聚仁《天一阁人物谭》中讲了一则“比文招亲”的故事：民国初年，有一个金华的小姐在照相馆的墙上题诗征婚，竞争的男人须和诗一首，小姐自当裁判。当选的胜利者就是后来著名的记者邵飘萍。曹聚仁说这事儿在民国可是个风雅事，在今天却难得一见了。

第五式　隔山打牛

在情场上，一些高明的战略家知道完全靠正面进攻伤亡惨重且见效太慢，他们审时度势，在阵地战的同时，借力打力，从侧面迂回包抄，从而达到四两拨千斤的效果。因此，走兄弟姐妹的路线有时是一个更好的选择。

“闺蜜路线”我们都不陌生，大学里要追求一个女生，常常要跟她们整个宿舍的女生搞好关系，请吃饭送礼少不了，特别是她的闺蜜级好友，人家每一句话都可以发生杠杆效应。而比起这种“姐妹路线”或者“闺蜜路线”，更狠的是“兄弟路线”，此招数之狠劲毒辣完全可以让人倒吸一口凉气。

风流才子徐志摩与一代名媛陆小曼的爱情故事历来为人津津乐道，可是说到这段爱情的缘起，那可真让人唏嘘。陆小曼的前夫王赓毕业于美国西点军校，与后来的美国总统艾森豪威尔是同班同学。那时的武人多有尚文之风，而王赓出身书香门第，更是文武全才，他还拜梁启超为师，与徐志摩是同门师兄弟，并且很快成了铁哥们。

徐志摩虽然是个公子哥儿，但身上却有一种超乎常人的亲和力，如果说胡适是众人心中的“我的朋友”，那么徐志摩就是大家心中的“我的哥们儿”了。

女作家方令儒说“志摩是人人的朋友”，另一位女作家韩湘眉则称他为“朋友中的朋友”，好友梁实秋在几十年后仍然念念不忘与徐的交往：“真正一团和气使四座并欢的是志摩……他一赶到，像一阵旋风卷来，横扫四座，又像是一团火炬把每个人的心都点燃，他有说，有笑，有表现，有动作，至不济也要在这个的肩上拍一下，那一个的脸上摸一把，不是腋下夹着一卷有趣的书报，便是袋里藏着一札有趣的信札，传示四座；弄得大家都欢喜不置。自从志摩死后，我所接触的人还不曾有一个人在这一点上能比得上他。”（《关于徐志摩》）

关于徐王二人的交往，刘海粟是这样追忆的：“徐志摩与王赓原是好友，经常在一起，每当星期日，他常与小曼夫妇到西山看红叶，到来今雨轩喝茶，或去舞厅跳舞。”（《我所认识的徐志摩和陆小曼》）在所有朋友都交口称赞徐志摩的时候，王赓也未能免俗，可以说陆小曼对徐志摩最初的美好感觉就是王赓亲自塑造的。出于对朋友的信任，公事繁忙的王赓甚至经常让徐志摩帮忙“照顾”妻子，代替自己陪她出游。这下可引火烧身了,徐志摩最初来王家或许只是单纯的朋友来往,但很快就“心有旁骛”了,天生丽质的陆小曼对于追求林徽因失败而正处在感情的荒漠中的徐志摩无疑是一处绝妙的绿洲。所以此后徐志摩再来王家串门,被一口一声“王大哥”熏得暖洋洋的王赓哪知道自己其实已经成了“绿帽哥”,以至于徐志摩和陆小曼结婚后,世人纷纷笑议王赓,正是他自己给俩人当了月老。

前面谈到我们现在人仍然频繁使用的“闺蜜路线”,虽然这一招不失为一个高效率的战术,但一定要注意把握分寸,否则容易节外生枝,发生变故。1946 年,不满 20 岁的李政道进入芝加哥大学物理系攻读博士,师从诺贝尔物理学奖得主费米,为了好好读书,天天向上,他立下了“25 岁之前不恋爱,30 岁之前不结婚”的誓言。但上过大学的同学应该都知道这种誓言并非绝对靠谱,除了因找不到恋爱对象而当作一种借口外,大多数人的誓言最终都要食言。入读芝加哥大学第三年的圣诞节前夕,李政道受好友黄宛之托,到火车站接两人共同的朋友凌宁的妹妹——从堪萨斯州来芝加哥度假的南希·凌。

李政道没想到这一次火车站之行竟会毁掉自己“不谈恋爱”的童子之身。原来,此行除了南希之外,还有与她一起来度假的闺蜜秦惠君。秦惠君是上海人,此时正就读于堪萨斯州圣玛丽学院,标准的窈窕淑女,美丽动人,李政道对她一见倾心,马上决定拿出做实验的劲头来追求她。为了追求秦惠君,向来读书至上不问世事的李政道一反常态,很有责任感地表示愿意对朋友的妹妹尽地主之谊,把南希感动得稀里哗啦。此后几天,李政道为两个女孩鞍前马后,大献殷勤,陪吃、陪喝、陪玩。为了更好地尽到“三陪”的义务，身材过早发福的他还拼命地减肥练舞，真是下了功夫。

苦心人，天不负，这位热情聪明的青年终于赢得了佳人的芳心。只不过李政道没有想到自己单恋一枝花却闹出了“双响炮”，南希也爱上了自己，而且当她知道心上人喜欢的却是自己的闺蜜后，悲愤交加，竟然采取了自杀的极端行为，幸而及时被人发现，抢救了过来。所以说，在使用本招的时候，请务必控制感情的剂量，否则容易带来副作用。

本招“隔山打牛”还有一个变式，非高手不能为之。还是回到前面赵元任的爱情上，据杨步伟的自传介绍，赵元任一开始到森仁医院“采花”，并不完全把火力瞄准自己，相反，他更多地和杨步伟的闺蜜李贯中有说有笑，大献殷勤。杨步伟开始也没把这事放在心上，反而有心撮合他们。哪知李贯中真的喜欢上赵元任后，连看杨步伟的眼光都充满了敌意，甚至在赵元任面前说杨的坏话，进而赵元任一跟杨接触，她就对杨使脸色、耍性子。杨步伟一怒之下，才下定决心，“挺身而出”。笔者观杨步伟自传至此，忍不住抚卷而叹：高，实在是高！

民国男人的爱情攻略(下)

第六式 暗度陈仓

所谓“心急吃不了热豆腐”,追求女孩需要的是抽茧剥丝一般的耐心与定力,欲速则不达,着急上火只会让自己焦头烂额。在双方距离相差太大的情况下,有时候不妨明修栈道,暗度陈仓。先巧借合适的名目拉近双方的距离,等到时机成熟,火候已到,就可以把对方的标签一换,从“一代身份证”升级到“二代身份证”了。

张大千21岁从日本游学回来,听说和自己青梅竹马的表姐不幸去世了,伤心之下索性跑到宁波观宗寺准备当和尚,却在即将剃度之际反悔,脚底抹油开溜了。虽然只当了100天的和尚,但“大千”这个法号却叫了一辈子。谁能想到,这位差点出家,后来也以“居士”自居的人,一生中光明媒正娶的老婆就有4位。最后一位张夫人名为徐雯波,她是张大千大女儿心瑞的同学,平时喜爱绘画,一天慕名来大风堂观画,张大千被其美丽、娴静、优雅所吸引,动了“寡人有疾”的歪念头,便自告奋勇要教她作画。徐雯波能得大师亲自指点,自然是喜出望外,答应不迭。

此后,徐雯波就三天两头来张家学画。此时张大千虽然年纪和胡子都是一大把,但他的心态却如今日某一明星所言“永远25岁”,再加上他能说会道,善于摆龙门阵,伶牙俐齿哄得小徐时不时莞尔。就这样一来二去,两人对上了眼。等到木已成舟,张家人和徐家人也只好无奈地承认了这桩婚事,两人结婚这一年张大千 48 岁,徐雯波 18 岁。

在这件事中,张大千如果直接冲到徐家去提亲,不仅不能抱得美人归,很可能连自己的胡子都被人拔掉。试想想,天下有几对父母愿意自己的女儿嫁给一个比她大 30 岁而且还结过 3 次婚的男人呢? 退一步,纵使女方父母答应了,小徐也不见得愿意委屈自己,而向来“攻心为上”的张大千显然不愿意干这种窝囊事。张大千的高明在于他当上徐雯波的师父,有了和她相处的合理理由,同时又不让她入门,这不会给人留下师生恋的口实,却暗藏后招,确实精妙。

说到本招,有一式“秘书攻略”是现在很多“成功人士”非常喜欢使用的,而创制这一招的鼻祖,很有可能就是孙中山的公子孙科。孙科来头不小,官也做得不小,但他的脾气更大。胡汉民说:“因为他是孙中山的儿子,因此有革命脾气;因为他在国外长大,因此有洋人脾气;因为他是独子,因此有大少爷脾气。有时只发一种脾气,有时候两种,有时候三种一起发。”看来,世界上能镇得住孙大少的没有几个,而能让孙科没脾气的女人也就一个,她就是蓝妮。

蓝妮是上海滩出了名的交际花,据说她的祖先是苗王(有些朋友可能忍不住想起《笑傲江湖》中的蓝凤凰了)。当时拜倒在她石榴裙下的,甚至有黑帮大亨杜月笙、茶叶大王唐季珊这样的海上闻人。在追求女人上,孙科不论金钱还是手段都相形见绌。但孙科脑袋瓜好使,他灵机一动,邀请蓝妮当自己的秘书,这让蓝妮喜出望外。交际场上的人毕竟不登大雅之堂,现在一跃成为行政院长的秘书,登堂入室,有种脱胎换骨的快乐。有了这样亲密接触的机会,剧情很快朝着孙科希望的方向发展了,这下子孙科的情敌们都傻眼了。

这一招尽管至今屡试不爽,但怎么看现在的“成功人士”使出来都没有当年孙大少那种威力,这也难怪,一个高手的成就不仅取决于自己,更取决于对手。如果征服的都是些庸脂俗粉,也就谈不上什么真功夫了。

第七式　巫山猿啼

笔者一位朋友擅长在网上聊天博取女孩芳心,经常有各地的美女不远千里来找他。其实这家伙的模式千篇一律,简单来说就是“催泪弹”战术:炒股被套,做生意破产……整得自己比祥林嫂还惨,比窦娥还冤,比苏武牧羊路还坎坷,以至于女孩子们个个肝肠寸断,发誓要用自己的后半生来安慰他。

其实在情场上有时候悲痛就是力量,失利也是实力,受过伤的男人更有味道,沧桑是一种最大的魅力。

幽默大师林语堂婚前有过一段刻骨铭心的恋爱,女孩叫陈锦端,双方认识时,一个是上海圣约翰大学的才子,一个是一墙之隔的圣玛丽女校的校花,郎才女貌。遗憾的是,残酷的现实扼杀了浪漫的爱情。陈锦端的父亲陈天恩是厦门首富,讲究门当户对的他本能地拒绝了林语堂这个穷小子,小陈又没有卓文君那种私奔的勇气,两人的缘分就此了结。不知道是出于善意的补偿还是恶意的“踢皮球”,陈父把自己的邻居、钱庄老板廖悦发的二小姐廖翠凤介绍给小林。奇怪的是林语堂并没有反对这样的“乱点鸳鸯”,或许他也想借此来“疗伤”，正如李敖所说，解决失恋最好的方式是“李代桃僵”。

世界上最遥远的距离或许就是我爱的人在隔壁，我却要跟眼前一个自己不爱的人谈情说爱。刚失恋的林语堂整天哭丧着脸，不仅一点都幽默不起来，还让人觉得很压抑，而廖小姐好歹也是大家闺秀，与隔壁的陈小姐同样就读于圣玛丽女校，知书达理，要找个金龟婿易如反掌。但廖翠凤却毫不犹豫决定嫁给眼前这个愁眉苦脸的穷小子，她对他的悲悯之心延续了一辈子。后来林语堂经常画自己与陈锦端初次见面时对方的形象，寄托相思，正如其女林太乙所说："在父亲心灵最深之处，没有人能碰到的地方，锦端永远占一个地位。"但廖翠凤毫不介意，还总是得意地告诉女儿们："你们的爹爱的是陈阿姨，但娶的却是你们的娘！"她为自己能够嫁给一个如此重情重义的男人而自豪，他们 60 余年的携手被人赞为天作之合。

所以说，失恋不必刻意回避，在很多女孩眼里，有过失恋经验的男人更懂得珍惜自己所爱的人。比起那些在情场上一帆风顺的男人，他们更成熟也更可靠。

李立三在认识李莎之前就有过 4 次婚姻，他的第一个妻子是小时候父母买的童养媳，为他生下长子后因病去世；他的第二个妻子李一纯是一起在安源从事过工人运动的战友，结果在一起生活了五年后，转投到自己的老朋友蔡和森那里；第三个妻子李崇善是李一纯的妹妹，也就是李立三的小姨子，因为立三留苏不归，最终在国内跟他人另组家庭；第四个妻子李汉辅 1926 年被党组织派往莫斯科东方大学学习，跟同学沈志远结婚，1931 年沈志远回国后，她嫁给了李立三，但两年后，李汉辅也回国了，这场婚姻也走到尽头。

和李莎交往时,李立三并没有隐瞒自己不堪回首的婚恋史,而是一五一十向她和盘托出。李莎听了之后,感觉就是革命者太伟大了,连婚姻都这么坎坷,又想到他人在异国、孤苦伶仃,一种同情心和责任感油然而生,更坚定了要嫁给他的决心。

不幸的男人各有各的不幸,而女人的善良总是相似的。

徐悲鸿一生中有3个重要的女人,蒋碧薇、孙多慈、廖静文。廖静文与徐悲鸿相遇的时候,徐悲鸿正处于一生中最低潮的时期,他与孙多慈的爱情被蒋碧薇破坏,而希望与蒋碧薇好好过日子时,对方却已经投向了张道藩的怀抱。那时,尽管徐悲鸿是名满天下的大画家,且是单身,廖静文却没有别的想法。然而,在给徐悲鸿当助手的时候,徐的处境却打动了廖,她在回忆录《我的回忆》中写道:“有时,我看见他洗自己的衣服,或钉失落了的纽扣,同情和怜悯便在我心里浮动。”廖静文当时也许不知道,这就是爱情萌发的前兆。

有一天,徐悲鸿以忧郁的眼神、颤抖的声音对廖静文说:“在个人感情方面,我已压抑多年了,没有料到,终于在你面前倾倒出来。因为你生活在我身边,你仿佛在努力医治我心灵上的创伤,使我感到如此愉快。我看到一个淳朴的女性形象,因而重新燃起了渴求爱情和家庭的欲望。”廖静文听完,泪水止不住地流下来。

于是,爱情势不可挡地降临了!

第八式　背水一战

兵法有云:置之死地而后生。情场如战场,有时候也必须干出非常之事,才能成就非常之功。

1913年,著名的保定陆军军官学校校长蒋百里为了抗议军界的黑暗及兑现自己对学校负责的诺言,愤然开枪当众自杀。幸好,由于卫士夺枪,子弹穿肋而过,没有击中要害。事后在日本公使馆外科医生平户的诊治和护士佐藤屋登的照料下,蒋百里逐渐痊愈。然而,蒋百里身病好了,却犯了心病,原来他爱上了美丽温柔的日本护士佐藤。然而,蒋百里的穷追不舍,却把佐藤姑娘吓得跑回了日本老家。

佐藤回到日本后,蒋百里不停地给她写信,一直持续了一年多,眼见佐藤还是没有反应,蒋百里使出了杀手锏。这一天,佐藤如常拆开蒋百里的来信,但这一回里面的字句让她看得心惊肉跳,信中说:"我是为你活下来的,如今你要不嫁给我,我还要死,我死也是为了你。你要是不给我回信,再不理我,我要找到日本去,我死到你们家去。"

佐藤看到信后,吓得赶紧去找自己的父母商量,她的父母看了蒋百里的信后又是惶恐又是感动,日本人向来尊重勇士,他们本来反对女儿嫁给中国人,但看到这个中国青年肯为他们的女儿付出生命,觉得此人值得女儿托付终身,也就不再反对了。

1914年冬日的一天,佐藤屋登和蒋百里在天津德国饭店举行婚礼。婚后,蒋百里取佐藤姓中的"左"字为姓,又以自己平生最爱的梅为名,给新婚的日本夫人起了一个中国名字——左梅。

类似的杀招,后来贵为蒋介石手下"八大金刚"之一的国民党元老级人物钱大钧也曾用过。根据沈醉的回忆,钱大钧早年担任武汉警备司令时,有一次去上海赴宴,在舞会上认识了民族资本家欧阳耀如之女欧阳藻丽,两人一见钟情,没几天就开始谈婚论嫁。钱大钧兴冲冲地跑到欧阳家去提亲,不料却被喷了一脸唾沫,只好落荒而逃。原来欧阳耀如一向看不起“丘八”哥,对女儿私订终身更是忍无可忍。钱大钧求偶失利,失魂落魄地回到武汉。有一天他带着人马在街上巡视,不知为何悲从心来,突然间拔出手枪顶在自己的脑门上,幸亏副官眼疾手快,出手阻挡,才救了他一命。钱大钧“自杀未遂”的消息传到上海后,欧阳小姐感动得痛哭流涕,觉得这样的男人死了也要嫁,于是在妹妹的帮助下私奔去了武汉。生米煮成熟饭,欧阳老爷子也无可奈何了。

需要注意的是,鉴于这招威力太大,往往杀敌一千,自损八百,所以一定要慎重,不到万不得已的时候不能轻易使用。笔者曾亲眼见到一位“痴心汉子”跑到高楼楼顶,喊着“某某不嫁给我就要跳下来”,结果某某宁愿他跳下也不愿意过来,“痴心汉子”自讨没趣,只好灰溜溜地下来了。另外,如果没有那么高的素养,即使侥幸获得一时的成功,也可能留下巨大的后遗症,著名的“雨巷”诗人戴望舒的遭遇就是一个明证。

戴望舒和“新感觉派”作家施蛰存的关系甚好,经常获邀到施家小住,一起谈论文学,并由此爱上了美丽聪慧的施家小妹施绛年。戴望舒发挥专长,不断地给施绛年写情诗,只可惜郎有情妾无意,小施姑娘对这些情诗一点儿兴趣也没有,据说戴望舒是个麻子脸,外貌上的缺陷让他在爱情道路上也一路坑坑洼洼。最后戴望舒声称施绛年要是再不跟自己好就要死在她面前,小施姑娘不知道是胆小还是动了恻隐之心,竟然真的接受了他,俩人的订婚仪式还搞得挺隆重的。

不过,小施姑娘也有条件,写诗不能填饱肚子,戴诗人要想真的娶她,必须先出国弄个学位,回来后有个风光稳定的工作才行。戴望舒无奈之下,只好登上了前往法国的轮船。然而,他那边学位还没搞到手，这边后院却起火了——施绛年跟一个冰箱推销员好上了，大概施绛年觉得冰箱推销员要比诗人有前途的多。3 年后戴望舒从欧洲回来，知道了真相，悲愤交加的他用一个巴掌结束了这段刻骨铭心的初恋。

1924 年秋，后来成为“左联五烈士”之一的胡也频在朋友的介绍下第一次见到了丁玲，就对其一见钟情，献上玫瑰花向她示爱。然而落花有意流水无情，丁玲却对他避而远之。1925 年秋，丁玲从北京回到老家，与母亲一起居住。

心上人离自己远去，这并未让胡也频死心，相反一贫如洗的他居然向朋友借钱，千里走单骑，一路从北京追到了湖南蒋家（丁玲原姓蒋）。据胡也频之子蒋祖林回忆：“我母亲那个时候正好和我外婆在家里，就听到有人叩门，出去一看，原来是刚刚见过一两面的胡也频，胡也频这个时候身无分文，所以黄包车的车钱还是我外婆替他付的。”

胡也频的单纯、执着和不顾一切终于感动了丁玲，她因此接受了他的爱：“在湖南的常德，两人度过了甜蜜的初恋时光。”

可以想象，如果丁玲拒绝胡也频，他估计得要饭回去了，如果再遇到一个泼辣的丁大妈，还有可能被打成猪头。因为爱情，虽千万人吾往矣，这样的勇气，值得浮一大白！

第九式　妙手空空

情场上的高手修炼到了九段的境界，渐从有法入无法，刻意到率意，追求女孩时根本不按常理出招，羚羊挂角、无迹可求，非一般的凡夫俗子所能望其项背矣！

徐悲鸿的第一任妻子蒋碧微原名蒋棠珍,家属宜兴望族。蒋棠珍自小跟着父亲蒋梅笙读书,1916 年蒋梅笙赴上海大同学院当国文教授,她也随父到了上海。这时徐悲鸿正在上海哈同花园当画师,不久,他经人介绍,到蒋梅笙寓所拜访了这位乡贤,此后他常来蒋家侃大山兼蹭饭。

1917 年 5 月,徐悲鸿得到哈同总管姬觉弥的一笔资助,即将去日本留学。临行前,他让自己的朋友朱了洲跑去问蒋碧薇愿不愿意跟自己一块儿到国外,蒋碧薇的回答只有两个字:我走!

令人惊讶的是,尽管徐悲鸿和蒋碧薇彼此已经认识,但蒋碧薇在回忆录中写道:“我们从来没有单独在一起,因为在我那种守旧的家庭里是绝对不可能的,我们也从来没有交谈过一句私话,即使有偶然的机会,我和他都会尽量地避开。”何况那个时候,蒋碧薇已经名花有主,13 岁的时候,她被许配给了苏州望族查家的二公子查紫含,两人可算门当户对。只是蒋碧薇对这位查公子印象不太好,因为他有一次考试舞弊被她知道了,觉得此人太没出息。不过对于一个“守旧的家庭里”的女孩来说,对婚姻并没有太多的话语权。

蒋姑娘从家里逃了出来,在去日本的大海上,徐悲鸿将刻有“碧微”二字的水晶戒指戴到她的手指上,时年徐悲鸿 23 岁,蒋碧薇 19 岁。

笔者读蒋碧薇自传至此,差点儿从椅子上摔下来,绝,太绝了!连戒指都准备好了,可见徐悲鸿之成竹在胸,可是他的底气从何而来?一个穷画匠,在事先没有任何言语的交流和眼神交汇的情况下,仅凭一句话就可以让一个足不出户、家教甚严的大家闺秀背叛家庭跟着自己私奔到国外,不着一字,尽得风流!虽曰人力,岂非天工?其中的潇洒、优雅、从容都让人叹为观止。

如此神来之笔，就是徐悲鸿自己，一生中也只有这么一回；就如王羲之，酒醒之后再也无法写出第二遍《兰亭集序》了。

第十式　大爱无欲

追求女孩的招式到了这一层境界，用“追求”这个词已经是一种亵渎了。因为达到这一境界可以说大彻大悟，看破、自在、放下，所谓大音希声、大象无形、大爱无欲是也。

梁思成与林徽因的婚姻被很多人视为天作之合，但其中也有过危机。有一天梁思成回家后，林徽因哭着对他说：“我苦恼极了，我同时爱上了两个人，不知怎么办才好。”林徽因所谓的两个人，除了丈夫梁思成外，另外一人就是著名的哲学家金岳霖。

梁思成听完妻子的话后非常苦闷，当晚他彻夜未眠。第二天，他把自己的想法告诉了妻子：“你是自由的，如果你选择了老金，我祝愿你们永远幸福。”林徽因把梁思成的话转告金岳霖，老金回答：“看来思成是真正爱你的，我不能伤害一个真正爱你的人，我退出。”

能够让一代女神林徽因精神出轨的男人一定是非同寻常的男人，即使是风流大才子徐志摩在她这里也要铩羽而归。其实，徐志摩的失败之处正是金岳霖的成功之处。徐金二人在为人处世上都有一种孩子式的单纯，无心机，不功利，但具体到爱情上则大相径庭。徐志摩虽然说“得之我幸，不得我命”，但付诸行动还是倾向前者，追起女孩来像不要命似的，这对于陆小曼或者有效，但对于“不食人间烟火”的林徽因则未必然。而金岳霖则完全超然物外，他压根不以得到为目的，其内心光明澄澈，纯净无瑕，林徽因对于金岳霖的爱，就像人们向往远离喧嚣的世外桃源一样美好而又神秘。

也许金林二人没有在一起反而是他们的幸运，彼此可以将那份美好的念想永恒地保留下去。而且此后，金岳霖终身未娶，这当然可以理解为他对林徽因的爱，但我觉得，不如说是他的本性使然。

据说林徽因死后多年，有一天金岳霖突然把一些至交好友请到北京饭店，没讲任何来由，众人纳闷不已，不知道老金葫芦里卖的什么药。酒过三盏之后，金岳霖突然站起来，举杯道："今天是林徽因的生日。"闻听此言，在座诸公无不潸然泪下。

此情只应天上有，人间哪得几回闻！相信后来的无数女孩子在看到这个故事后都会痛哭流涕地感叹：嫁人当嫁金岳霖！

民国的“河东狮吼”(上)

民国时,以《厚黑学》而为世人熟知的李宗吾先生提出了一个有趣的“怕老婆哲学”,他谈古论今、引经据典,论证古往今来那些成名立业的大人物几乎没有不怕老婆的,最后得出结论,中国要复兴,必须先将“怕学”发扬光大! 李老先生为此发愤著《怕经》十二章,垂范后世,钟情此道者可以自行去修炼一下。民国是一个女权主义崛起的时代,怕老婆的大人物委实不少,其中很多人的成功经历也与此有关,当然前提是老婆要走正道,否则老公也容易跟着走火入魔。兹整理民国版的十大“河东狮吼”,以为来者鉴。

胡适　在“狮吼”中悟道

“胡适大名垂宇宙,小脚夫人亦随之。”胡适与他的小脚夫人江冬秀无情人终成眷属,并且一起慢慢变老,被很多喜欢胡适的人认为是自己所能想到的最不浪漫的事。

胡适 13 岁时就由母亲做主与大他一岁的乡下姑娘江冬秀订婚。之后,胡适赴美学习,两人前后 14 年不曾见面。1917 年,学成归国的胡适在老家绩溪与江冬秀在胡母主持下举行了隆重的婚礼。消息传出后,胡适的朋友们个个扼腕叹息,陈独秀更是拍着桌子叫他离婚,然而胡适本人却一笑了之。

胡适娶江冬秀,与他成亲的是江冬秀,他爱的却是自己的母亲。胡适3岁丧父,由母亲一手拉扯大,母亲的含辛茹苦让胡适觉得自己一辈子也报答不了,后来他出外求学长时间离开母亲,生不能养,病不能侍,又有了一种刻骨铭心的愧疚感。因此,尽管他对母亲擅自做主让自己与江冬秀订婚之事深以为苦,但是自始至终都不愿意违背母命,甚至到了母亲死后仍然虔诚地恪守她的遗愿,再未他娶。当身边的好友徐志摩、赵元任等人纷纷与旧式婚姻分道扬镳时,这位新时代浪潮中反封建、反礼教的"带头大哥"在自己的婚姻上却"躲进小楼成一统",不能不说是一道独特而又悲壮的文化风景线。

更戏剧性的是,这位以破旧立新闻名天下的胡大哥对自己的古董妻子不仅没有歧视,而且还敬而畏之,新文化运动的旗手也成为怕太太协会的旗手,简直有点儿滑稽。从生肖来说,江冬秀属虎;胡适属兔,兔子当然怕老虎,何况还关在一个笼子里。有时江冬秀发脾气,嗓门高了,爱面子的胡适就躲进卫生间,借漱口故意把牙刷搁进口杯里,将声音弄得很响,以作"掩耳"。胡适怕老婆已经从实践上升到理论,他提出了一个广为流传的男人版"三从四德(得)"——"三从:太太出门要跟从,太太命令要服从,太太说错了要盲从;四得:太太化妆要等得,太太生日要记得,太太打骂要忍得,太太花钱要舍得。"

当然,胡适潇洒倜傥、风度翩翩,他的一生颇具女人缘,其内心也不是一潭死水,"风乍起,吹皱一池春水"的情况也是时有发生的。胡适一生中最有名的风流韵事有两段,一是他和美国恋人韦莲司之间长达半个世纪的柏拉图之恋,不过既然是柏拉图,对于江冬秀也没有什么威胁;另外一段是他和表妹曹诚英的婚外恋,曹曾在胡适的婚礼上当过伴娘,1923年,胡适到杭州修养,曹诚英也在杭州读书，两人近距离接触摩擦走火，在杭州烟霞洞共度了一段“柔情似水、佳期如梦”神仙岁月，胡适简直乐不思归。

胡适这一次显然动了真情，他向江冬秀提出了离婚，如果这样的话，江冬秀的命运或许比朱安好不了多少。但这位没文化的小脚太太却在关键时刻展现出了“英雄气概”，她虽然没有读过兵书，却懂得置之死地而后生的道理。她挥舞菜刀站在胡适的面前，声称要杀掉胡适的两个儿子然后自杀，秀才遇着兵，胡博士在妻子面前毫无办法，只能举双手投降。有了这一次教训之后，后来需要江冬秀“横刀跃马”的情况再也没有出现过。徐志摩死后，胡适曾以“爱、美、自由”来概括他的一生，语气极沉痛极深情，其实徐志摩所做的正是胡适想做而没做到的。

不过，胡适怕老婆也不是一味受害，正如苏格拉底所说要成为哲学家必须娶悍妇，痛苦是思考的源泉。或许长期面对江冬秀让胡适大彻大悟，他提出了“容忍比自由更重要”的理念。当北大校长时，他还曾经对学生发表过一番“怕老婆”的“宏论”：“一个国家，怕老婆的故事多，则容易民主；反之则否。德国文学极少怕老婆的故事，故不易民主；中国怕老婆的故事特多，故将来必能民主。”胡适能从怕老婆中参悟民主自由的思想，江冬秀的“狮吼功”功不可没。

另外，怕老婆也可以成为一种巧妙的托辞。与朋友聚会准备提前离开：“太太在家里等着。”不胜酒力的时候：“太太说少喝一点儿”。……如果换作别的理由人家都不会轻易放过你，但是这一招绝对见血封喉，还能博来同情甚至悲悯的目光。1947 年，胡适拒绝老蒋请他出山当官的理由也是妻子不答应，江冬秀临别时曾告诫他：“你要当官了，我们就不好相见了！”这倒不是托辞，江冬秀一生都反对胡适当官,两人气味相投。

人家怕老婆是遮遮掩掩,胡适倒好,越来越高调,不仅把“怕老婆”当作口头禅,而且喜欢收集世界各国怕老婆的故事和证据。有一次,朋友从巴黎捎来10枚铜币,上面铸有“P. T. T”的字样。胡适顿生灵感,说“这3个字母不就是怕太太的谐音吗?”他还将铜币分送朋友,作为“怕太太会”的证章。

据熟悉胡适的人观察,胡适和江冬秀越到晚年越有夫妻相,其乐融融,当年胡适取“物竞天择,适者生存”之“适”为名,至少从他的婚姻来看,这个名字恰到好处。

戴季陶　“姐姐”的话儿记心上

在国民党元老中,戴季陶是一个不可忽视的角色。他早年留日,加入同盟会,辛亥革命后追随孙中山,曾任孙中山秘书12年多,并于黄埔军校成立后担任第一任政治部主任。孙中山去世后,戴又辅佐结拜兄弟蒋介石,前后长达23年,屡任要职,如果不是他自我了断,以他和老蒋的关系之铁,显赫履历肯定还要丰富得多。

戴季陶在党内有“文胆”之称,早年他以“戴天仇”为笔名在报上刊文宣传革命和民主思想,笔锋犀利,情感澎湃,引起了很大的反响。其中最为人津津乐道的莫过于他为了反对袁世凯为首的北洋政府向四国银行团借款,于1912年5月20日在上海《民权报》上发表短论《杀》:“熊希龄卖国,杀!唐绍仪愚民,杀!袁世凯专横,杀!章炳麟阿权,杀!”全文只有24字,却出现了4个“杀”字,真是杀气腾腾!

这篇短论发表后两天,戴季陶被上海公共租界以“任意诽谤”

罪名逮捕，并以“鼓吹杀人罪”提起公诉。不过他被捕后，得到舆论的强力声援，最令人吃惊的是被喊杀的国务总理唐绍仪居然为他辩护：“言论自由，为约法所保障。”既然人家被骂的都不追究，租界法庭还纠缠啥劲儿，最后戴季陶以“措辞过激”被罚 30 大洋结案。这一年戴季陶年仅 22 岁。

敢公开在报纸上对国家元首喊杀，纵然不被抓入监狱，也要提防老袁派个刺客把你干掉，这足以说明当年戴季陶真是天不怕地不怕。不过，就是这么一个浑身是胆的人物，也有让他立即噤声的克星，这就是他的妻子钮有恒。钮有恒出身于湖州世家，是早期的同盟会会员，胆识出众，敢说敢干，她比戴季陶大 5 岁，戴对她敬畏有加，称她“姐姐”。两人于辛亥年结婚，婚后钮对丈夫管束甚严，在国民党高层人称“河东三狮”之一。

戴季陶是出了名的话痨，一说起话来就得意忘形，如黄河泛滥，一发不可收拾。1926 年戴季陶因参加“西山会议派”及倡导所谓的“戴季陶主义”被国民党二大训令处分，心灵遭受巨大的创伤，辞职回老家湖州后生了一场大病，在妻子多方寻医问药和精心照顾下才逐渐康复。医生交代说戴元气还没有恢复，最好少说话多休息。为此，钮氏在丈夫卧室安装一铜铃，每次朋友来访，戴季陶跟人侃得唾沫乱飞忘乎所以的时候，她就一摇铜铃，戴一听铃声，马上打住，非常灵验。第二年，戴又被老兄弟蒋介石请出山，担任考试院院长。在一次中常委会上，他又习惯性地长篇大论，丝毫不顾旁人的白眼，这时还是胡汉民有办法，写了一张纸条，上面就几个字：你姐姐来了！戴季陶一看，条件反射似的，立马住嘴肃静。

戴的怕老婆还引出了一段著名的公案。戴甚是风流，少年时留学日本就有不少花边新闻，二次革命失败后他再次追随孙中山流亡日本。夫人不在身边，给了他出轨的绝佳机会，跟领导借口说事业失意需要安慰，找了个日本女人抱团取暖去了。1916 年，日本女人为戴季陶生下了一个男孩，但戴却在这一年随孙中山回国，两人就此失去了联系。

3 年后，现在电视剧中经常演出的狗血剧情出现在戴季陶面前:那个日本女人带着 3 岁的孩子寻爹来了。本来这也没啥大不了，一个党国大佬收个小妾算什么事儿，然而戴季陶想到夫人的威严，吓得冷汗直冒。另一边，日本女人也不依不饶。在戴一筹莫展之际，铁哥们儿蒋介石出了个主意，让他把孩子留下，给日本女子一笔钱，让她回日本去。几经周折，日本女子是送走了，但留下的孩子怎么办？蒋介石好人做到底提出由他的侧室姚冶诚抚养，做他的儿子，这个孩子就是蒋纬国。后来蒋纬国大半辈子都在纠结自己的身世，据说他曾追问戴自己到底是谁的后代，戴的回答非常巧妙，他让纬国自己拿镜子照，看更像谁。

钮有恒后来潜心向佛，清心寡欲，大概觉得对戴照顾不周，有所亏欠，便让自己的外甥女赵文淑照料丈夫，戴竟然跟赵搞到了一起。这时钮氏天天在念阿弥陀佛，也懒得管，任他们去了。不过，戴慑于妻子的气场，一直不敢提出给赵氏名分，直到 1942 年钮氏突发脑溢血去世，他才正式娶赵氏为妻。钮有恒去世后 7 年，戴季陶自杀。

何应钦 “中国第一好丈夫”是这样炼成的

何应钦是“黄埔系”中地位仅次于蒋介石的第二号人物，在国军中以“蒋何”并称，只不过“蒋何”远没有外界所想的那样和谐。

何应钦与蒋介石勾心斗角几十年，一生中多次上演“逼宫”大戏，“西安事变”中极力主张讨伐张学良，更是差点儿要了老蒋的命。

可是谁能想象，这样一位连蒋介石都敢对着干的“硬汉”竟然在家里是个不折不扣的“妻管严”。1916 年，何应钦从日本士官学校毕业，回到家乡贵州，辅佐黔军第一师师长兼贵州陆军总司令王文华。王文华觉得何应钦是个难得的人才，便做媒把自己的胞妹王文湘许配给了他。两人于 1917 年成亲，王文湘比何应钦小 8 岁。

这位王小姐虽然出身名门，但十分贤惠，既没有大小姐的娇气，也没有官太太的傲气，克勤克俭，不仅人品没话说，还能旺夫。何应钦能够平步青云，家里的贤内助可谓居功至伟。早年何应钦曾被仇家刺杀，险些丧命，全靠王文湘精心照顾，才逃离了鬼门关。何应钦坐上高位之后，为了避免蒋介石猜忌自己，在用人方面十分谨慎，怕招来一个培植派系的嫌疑。跟蒋介石唯浙江人是亲相反，何氏对于那些走自己门路的贵州老乡一概不重用，但是他自己不会扮黑脸，这种得罪人的事情都让老婆来干。

夫人贤惠又能干，何应钦也没有亏待她。据何的副官说，何给自己定了两条不成文的规矩：一，每天不管多忙、多累、回家多晚，都要和夫人聊会儿天；二，每天至少要和夫人一起吃一顿饭，要么是早餐，要么是晚餐。看到这里，估计当时很多大领导的夫人都要涕泪横流了。

更令人唏嘘的是，王文湘还有一个致命的缺点——不能生育。何应钦夫妇结婚多年一直没有子女，不少朋友劝他以此为由找个姨太太，但都被他骂了回去。于是，何上将怕老婆的名声不胫而走，无人不知。后来何应钦始终也没有为了传宗接代再娶，他们过继了何应钦弟弟的女儿丽珠，把她当作亲生女儿一样抚养。何应钦也从来不避讳自己惧内的事实。据何丽珠回忆,父亲在部属面前向来严肃,说一不二,但是在自己的老婆面前,却像部属在自己面前一样,无论她说什么,他的回答都是一个字:“是!”就差立正敬礼了。

到台湾后的第四年,也就是1952年,王文湘被诊断出患了乳腺癌,而且癌细胞已经扩散,无法手术。何应钦对患病的老妻悉心照顾,亲奉汤水,寸步不离,且每年带她去日本治疗,被党内人士赞为“中国第一好丈夫”。或许是精神的感召,身患癌症的王文湘竟然又顽强地生活了26年,最终于1978年病逝,终年82岁。妻子病逝那天上午,何应钦把女儿叫到书房,就像朋友一样,向女儿唠叨了他与妻子几十年来的点点滴滴。话未说完,他已经泪流满面。9年后,何应钦去世,享年98岁,他活得比蒋介石还长,也比同时代的其他国民党高官有福气。

黄旭初　主席头上有太岁

黄旭初从1931年到1949年连任广西省主席19年,期间他励精图治,使广西成为与阎锡山的山西比肩的“模范省”,赢得桂系“大管家”的美誉。

令人很诧异的是,尽管黄旭初在广西乃至全国的口碑都还不错,但是广西男人最怕别人称呼自己“主席”,原来这两个字的意思相当于四川话的“耙耳朵”。在那个交通基本靠走、治安基本靠狗、通讯基本靠吼的时代,黄主席怕老婆竟然怕到广西全省家喻户晓,也算是个奇迹了。

大家知道,广西的土特产除了甘蔗与米粉,还有大脚女人,当年太平军中的大脚蛮婆打仗比男人都狠，所向披靡，威名远播。黄旭初的原配就是这么一位典型的广西大脚女人，虽然大字不识两斗，但身上那种蛮婆特有的粗野彪悍之气却让黄主席在家里过得诚惶诚恐。

据被誉为广西五虎将之一的许高阳之妻黄纫秋女士回忆，黄旭初夫人“在夫人太太们中间，可算是独树一帜，那种英雄不改本色的农妇装束，与丈夫看齐的对人态度，道是一对”。当年，广西虽然是出了名的穷省，但是大小领导们金屋藏娇的本事可一点儿也不比兄弟省份逊色，唯有黄旭初，虽贵为省主席，在男女关系上却只能摆出一副道德楷模才有的架势。“众人皆醉我独醒”有时候是一种折磨。黄主席并非洁身自好，实在是有贼心无贼胆——家里那口子管制得太苛刻了！同样是省主席，看看人家杨森左拥右抱，而自己每天晚上只能陪着野蛮夫人入眠，也许黄旭初真想拿块砖头把自己砸死。

后来大概是黄夫人觉得一味高压太过凶险，于是法外开恩，让黄主席收了一个丫头，但有附加条件：想进丫头的睡房，得经过“老佛爷”的批示！黄旭初大喜过望，等到真的去请示才发现通过的概率不到十分之一。老黄急中生智，突然得了尿频症，借口睡房内无卫生设备，常常外出小便，去一次往往要耗时良久才回房。黄夫人也不是省油的灯，干脆把马桶搬到房内，禁止他私自外出小便，黄主席又气又急，吹胡子瞪眼睛，可终归也无可奈何。有一次，黄旭初实在忍不住，趁夫人熟睡之时，悄悄地摸到丫头的床上去了，不知道是忘乎所以还是太过疲劳，竟然忘记“归圈”，不知东方之既白。第二天早上，黄旭初还在美梦中，外面听见一阵拍门大骂声，真有地动山摇的气势，两人朝外面一看，见黄夫人横刀跃马、气势汹汹，吓得在床上蜷缩成一团，夫人见两个龟缩在里面不敢开门，便开始“导弹”袭击，拿起一块大石头从窗口扔进去。黄旭初和丫头觉得这样下去性命堪忧，只好开门双双下跪求饶，结果刑不上丈夫，但那个倒霉的丫头却被充了军。

此事过后，黄旭初不敢再贪近水楼台之便，改成“曲线救国”，提出为了省主席的面子问题，自己得用一个女秘书。这点花花肠子当然瞒不过夫人，夫人笑道：“要女秘书可以，但是这人选得我来挑。”黄旭初一听心里拔凉拔凉的，果然那些备选的秘书中，凡是稍微有点姿色的全部淘汰，最后选中了一个曾任中学校长的雷小姐，那长相在黄夫人看来是相当地安全可靠，这才放心了。没想到黄主席早已经失去了正常的审美底线，这位雷秘书不久就搬进省府住下来了。纸是包不住火的，若干天后，东窗事发，夫人带着一帮人冲进省府的主席办公室，上演了一场原配怒打小三的好戏，情景非常暴力。黄夫人不仅对雷小姐拳脚相加，还将她的衣服全部抛在主席办公室外的天井内，叫人倒上汽油统统烧掉，顿时火光冲天。

当时省厅的厅长们都在办公，看到火光，以为是主席办公室着火，喜上眉梢——表现的机会来了，个个争先恐后担着水桶跑来救火，一副奋不顾身的架势。到了现场，看见主席对着夫人打躬作揖，求她不要将火势扩大，大家都感到很尴尬，只好默默转身，走人。

黄纫秋女士正是这一事件的亲历者，她亲耳听到住在对面的省府秘书长孙绍园、民政厅厅长苏祖馨异口同声说：“这一次太过火了，主席回家一定会同夫人大吵的，说不定要打她几拳……”为了见证这千载难逢的好戏，黄女士特地跑到比邻而居的广西银行行长廖明斋的后园内,架起木梯准备"看热闹"。"开始静悄悄地,一会,见主席提着一个喷水壶与夫人有说有笑地走到后园,夫人指指点点说:那边要喷水了,这边也快干了。此情此景自使观众大失所望!这几人都是黄某的忠臣,心中虽怪主席太无男子气,但口中却强调说:'主席是有涵养的人,这是我们学不来的,做到这一步不容易;要有定力才行。'听众也只好附和着:'对的,对的!主席真伟大!了不起!'"(《黄旭初的父亲和妻子》)

刘师培 从家有仙妻到家有悍妇

刘师培家学渊源,且又天赋异禀,年纪轻轻就成为闻名天下的国学大师,与章太炎并称"海内二叔"(章字枚叔,刘字申叔),以精通小学名世。民国学人"三疯子"哪个不是睥睨当世、骄傲至极,但章太炎、黄侃独独对刘师培佩服之极,黄侃更是折节拜刘为师。可惜刘师培天不假年,才活了短短的36岁,未能把自己的学术进一步发扬光大。

尽管英年早逝,可刘师培的人生却一点儿也不单调,而且大起大伏、大是大非。他原本是个走科举道路的传统士子,继而变成革命者,并以其激烈的言辞和暗杀清廷大吏的激进行动号称革命党中"激烈派第一人"。然而,到了1908年,刘师培再次做出令人瞠目结舌的转变,他叛变革命,把光复会起义的机密泄露给端方,使起义未发动就被镇压。

从一个极端走向另一个极端,刘师培电光火石般的转变就像谜一样让人困惑。有人说,这样的巨变一定是内外因共同促成的,内因在于刘师培自身,而外因则是他的妻子何震。

刘师培其貌不扬,却家有仙妻,他的老婆何震以美艳著称。何震原名何班,出身名门,能吟诗作画,这位庭院深深中的大家闺秀本是笑不露齿行不摇头坐不露膝站不倚门的标准淑女,但是嫁给革命党的丈夫后,她也一下子开窍了,变成激烈的女权主义者,在20世纪初以抨击传统礼教名噪一时。为此,她索性改名震,有霹雳震天之意。结果天没震到,刘师培在家里天天被她震得焦头烂额,搓衣板随时伺候,内伤加外伤无数,不知道这是不是刘师培短命的一个原因?

刘师培"内惧艳妻"之名党内无人不知。据与刘师培知交的同盟会元老张继回忆,有一个晚上,刘师培慌慌张张地冲进他家里,大口喘着粗气,像被人追杀一样。接着,外头传来一阵急促的敲门声,只见刘师培面色惨白,哆嗦着说:"必是我太太来了,怎么办?我非躲起来不可!"说着他就冲进张继的卧室,并钻到了床底。张继开门后,发现是他的一位朋友,就进卧室叫刘师培出来。刘师培以为张继骗他,无论如何都不肯出来。最后张继无计可施,只好跟朋友一起生拉硬拽把他弄出来。

因为刘师培怕老婆怕到了如此地步,所以关于他叛变革命"红颜祸水说"甚嚣尘上。刘师培的外甥梅鹤孙在叙及刘叛变革命时曾说:"端方遂嘱江宁藩司樊云门具函礼聘,由李、陈电约返国。舅氏接电后尚在考虑。这时,舅母何震久厌居东,听小人之言,并符合她的名利思想,以为能与官场联系,自然另有出路,遂极力怂恿要挟。舅氏是一个疏于事故的人,听她的话,不能坚定立场,权其得失,就贸然返国。"蔡元培则说得言简意赅:"有小人乘间运动何震,劫持君为端方用。"民国初年,尹炎武在《刘师培外传》中也持这个说法。

从家有仙妻变成家有悍妇，不仅让刘师培丧失大义，还留下了“重色轻友”的论断。原来，刘师培一家和章太炎在日本时曾经同住在一个屋檐下，据说章太炎一次偶然发现何震与表弟汪公权关系暧昧，为了朋友着想，赶紧告诉刘，结果刘却不以为怪，反怪章多事。此后，何震对章太炎怀恨在心，经常在刘师培枕边吹风，终于导致章刘二人关系破裂。

据说1919年刘师培死后不久，何震也死于精神错乱，还有一种说法是她削发为尼，法名“小器”——这个法名真有意思，她要大气一点儿，刘师培的一生恐怕就是另一番气象了。

民国的“河东狮吼”(下)

刘湘　撼山易，撼妻难

刘湘这个名字的知名度虽不如张作霖、阎锡山，但现在很多人对他也不陌生，这个当年雄踞一方的大军阀，统治四川十几年，人称“四川王”。“天下未乱蜀先乱，天下已治蜀未治。”民国时期军阀混战，无论战史之长，战数之多，战祸之烈，四川都堪称全国之最。刘湘从一个小小的排长起步，逐渐荡平各路诸侯，稳居四川省主席之位，结束了四川混战格局，足见其不凡之处。

与一些投机取巧的军阀不同，刘湘的天下完全是搏命打来的。川人呼刘湘为“刘莽子”，“莽”并非莽撞之意，而是刘湘每每作战都能身先士卒，冒死冲锋，以骁勇剽悍而为人叹服。还有人给刘湘取了一个“巴壁虎”的外号，其中一种解释是刘湘善于率部拼死奋战扭转颓势，有如趴在墙壁上的老虎，虽然平时蜷伏利爪，一旦咆哮起来就势不可挡。刘湘的血性即使在“磨牙吮血，杀人如麻”的蜀中军阀中也是罕有其匹的。说到这里，绝对没有人会想到这位暴力军阀、赳赳武夫竟然也是川中一枚“耙耳朵”。

四川军阀盛产荒淫之辈，其代表人物应属拥有大小老婆号称“十二金钗”的杨森。而刘湘却能从一而终，成为民国军阀恪守“一夫一妻制”的标杆，不能不说是一个奇迹，当然，这主要还得归功于刘夫人。刘湘的妻子姓周，她最初连自己的名字都没有，丈夫发达后，才请人给她取了个“玉书”的名字。尽管名字很文雅，却改不了周氏草根的本质，她本是乡下一位裁缝的女儿，嫁入刘家时，刘湘还没有建功立业，周氏克俭克勤、任劳任怨，孝敬公婆，抚养子女，把家里打点得井井有条，使得丈夫能够专心于自己的事业，刘湘能够问鼎蜀中，“贤内助”功不可没。

刘湘成为“四川王”后，家里的糟糠之妻也摇身一变成为川中第一夫人。刘湘字甫澄，手下的人总是敬称他为“甫公”。周氏妻以夫贵，也得了个“甫婆”的尊号，前面冠以夫姓，号称刘甫婆，时间一久，渐渐取代了她的本名而为人熟知。不过这位第一夫人没有一点雍容华贵的贵妇人姿态，一辈子操劳惯了，一天不干活就闲得发慌。在家时，她总是穿件老蓝布衫，脑后蓄着个农妇款式的“大粑粑”发髻，自己浆衣洗裳，烧茶煮饭，那些来访的客人们常常误以为她是刘府的下人，其实真正的下人们都被她整得下岗了。

除了爱劳作之外，刘甫婆另外一个特点是十分节省，刘湘每个月给她的零花钱最后大都原封不动。只爱干活不爱花钱，这样的老婆哪个男人不喜欢？然而，这个标准的贤妻良母也有一个致命的缺点——爱吃醋！刘甫婆对于丈夫在外面干啥向来不管不问，但是有一件事例外，那就是绝对不允许“偷腥”，若有任何风吹草动，她便会使出自己的法宝——一哭二闹三上吊，那不要命的架势连见惯了大场面的刘湘都畏惧三分，索性多一事不如少一事。

甫婆发起醋劲儿六亲不认。一次，刘湘的幕僚们知道她又在躲在外面偷听，便想跟她开个玩笑，故意把声音提高八度，你一言我一语唱起了戏。有人说，军长最近看上了个女戏子；另外一个马上接口道，军长正准备为那个女戏子买别墅呢。甫婆才听得两句，已经是急火攻心,忍无可忍,咆哮着冲进厅内,见东西就摔,桌上的茶壶、茶杯、花瓶等物瞬间成了碎片,又抓起一件的文物摆件。大家没想到事情闹到如此不可收拾,一个个傻了眼,缓过神来的师爷甘典夔赶紧出面解释,说压根没有这回事,不过是开个玩笑罢了。甫婆这时也发现手上的文物挺值钱的,舍不得往下扔,但她依然不依不饶,指着在场幕僚们的鼻子挨个骂了个遍,才挥袖而去。

当时军阀流行找女学生当小老婆。有一次,刘湘的军电务处长王用宾拍马屁,为刘物色了一个漂亮的女学生,幕僚们也纷纷撮合,推波助澜,一口一个美女配英雄,说得刘湘都有点儿动心了。但是当女学生得知刘湘家有悍妻后,死活不肯答应,刘湘惧于甫婆的威势,也一直犹豫不决,正好顺水推舟,事情就这样不了了之。

由于甫婆的"五指山"一直悬在头上,刘湘被压抑的荷尔蒙竟要一直等到他人生最后一年出川抗战才有了暴动的机会。

1937 年 10 月,刘湘被蒋介石任命为第七战区司令,亲率 10 万大军出川,不料胃病发作,住进了汉口万国医院。刘湘住院期间,上面特地安排了一名陶姓女护士负责照料他。其实这位陶护士真实的身份是军统派来的女特务,任务是监视刘湘的一举一动,每天向戴笠报告。谁想到,刘湘和陶护士不知咋的竟然一拍即合、相见恨晚,没有几天已经是如胶似漆,难舍难分了。可惜刘湘此时已是油尽灯枯,他和陶小姐的爱情成了生命中最凄美的一道回光返照。

郑介民　怕老婆是一种官场哲学

相对于戴笠这个如雷贯耳的名字,郑介民的名字显得黯淡了很多,没办法,这就是大师兄跟二师兄的差别。但不管怎么说,他也是军统三巨头之一，在戴笠死后一度取代其位置，死后被追授陆军一级上将，是军衔最高的特务头子。

郑介民出身于海南岛一个破落的地主家庭，为了生计曾到南洋做工，后来回国考上黄埔二期，毕业后又赴莫斯科中山大学深造，回来后他当上了蒋介石的侍从副官。郑介民发迹于自告奋勇到武汉潜入桂系内部当卧底，为蒋介石分化瓦解新桂系立下汗马功劳，由此得到蒋的信任与重用，成为特务头子。在汉口搞特务活动时，郑介民认识了当地女子柯淑芬，郑与南京方面秘密联络接头处便是在她家中，柯淑芬为了掩护他，两人往来对外以男女朋友的名义，这种事情基本上都会弄假成真，之后他们便正式结婚了。

由于郑介民是靠搞垮桂系发家的，而柯淑芬在其中起到了不可或缺的作用，因此，以后她总要拿这件事在丈夫面前显摆——没老娘，你能有今日！这事儿要摊戴笠身上，准得半夜一个麻袋套身上把她扔黄浦江，但郑介民在这一点上很厚道，始终怀着一颗感恩之心，对老婆千依百顺。两个人先后生了 8 个子女，足以证明恩爱程度。特务头子们大都属于“浪人”，而郑介民几乎从一而终，这也有赖郑夫人管教有方。

相对于其他特务，郑介民这个人好读书，喜欢把自己装扮成儒将的样子，不太喜欢人家把他看成一个纯粹的大特务。当时蒋介石除了让郑协助戴笠主持军统特务工作外，还委派他做些公开活动和国际联络的工作，他以此常辩称自己不是搞偷偷摸摸的勾当的。跟戴笠共事时，当戴离开重庆，顺理成章应由郑去主持军统纪念周，但他不乐意，常推说事忙抽不出时间。毛人凤知道他惧内，找到一个窍门，不直接找他，而是打电话到他家里告诉他老婆，第二天郑一定准时到达，从不误事。

柯淑芬性格十分泼辣,甚至在人前都不给老公留面子。沈醉是郑十多年的老部下,因此沈醉对于郑的回忆材料可信度很高。在沈醉撰写的《我所知道的郑介民》中,他回忆说,郑介民喜欢分析天下局势,偶尔也能说中几次,比如盟军开辟第二战场的日期就被他事先估到了。郑介民很得意,经常拿这些事在别人面前吹嘘,但是柯淑芬却偏要揭他的底:"他老婆往往从旁插嘴叫别人不要信他乱吹。一次她说:'抗战开始,他认为香港最安全,把贵重物品和行李寄存在香港,可以保险,结果香港很快沦陷,东西全部丢光。'她越说越气,用手推他、捶他,要他把东西还来。他这时只是苦笑一下,还是继续向人讲下去。"

好歹爷也是让人闻风丧胆的军统二当家,能不能给咱留点儿基本的自尊?郑介民的忍耐力让人不服都不行啊。不过话又说回来,郑介民怕老婆也不是纯粹当受气包,两人常一起表演"双簧"。郑介民是一个敛财高手,他爱财如命却又很在意自己"儒雅"的形象,生怕自己的名声被铜臭味玷污,因此他从不直接收礼。别人提着礼物上他家,他不是借故避开就是把人家轰出门去,想给他送礼,只能等他不在家时走"夫人路线"。

实际上夫妻俩玩的是"挡拆"战术,柯淑芬牺牲自己的形象给丈夫做掩护,反正她本来也没什么形象。沈醉说郑介民"装出一副怕老婆怕到极点的样子,想使人相信他是没法奈何她;万一事情发作,他又可假装完全不知而不负责任。所以别人当面说他怕老婆,他总是笑容满面地承认,有时还故作解嘲地说:'怕老婆有好处,可以省麻烦。'"(《我所知道的郑介民》)

李宗吾老先生归纳历史事迹,得出结论,认为官级越高怕老婆程度越深,官级与"怕学"成正比例,对此大家应该恍然大悟:难怪当官的怕老婆那么多！

周作人　一失身成千古恨

周作人是现代文坛上当之无愧的巨匠，就纯文学而言，他绝不在乃兄鲁迅之下。遗憾的是，一个文学家很难纯粹从文学的角度来评价，鲁迅和周作人这对亲兄弟，一个功德圆满，一个灰头土脸，走向了截然不同的方向。周作人人生中有两大悲剧，其一是娶了日本太太羽太信子，其二是失节当了汉奸，而第一个悲剧恰恰是造成第二个悲剧的重要原因。

1906 年，被母亲骗回家成亲的鲁迅婚后四天就带着弟弟周作人回到了日本，兄弟俩租住在西片町十番地 19 号，羽太信子是一个专门为留学生做杂务的日本打工妹，此时正在他们的房东家服务。那年头，中国留学生和日本女佣偷情的故事在街头巷尾多有流传。羽太信子长得也实在算不上妩媚，没想到，仅仅两个多月，周作人就提出要和羽太结婚，闪婚的速度即使放到今天也足以让人吃惊。话说日本女人以温柔贤淑著称于世，娶个日本太太被林语堂认为是进入“世界大同的理想生活”的五大标准之一，也被时人所公认，所以大哥鲁迅并不反对。

日本传统女性具有细心、体贴的优点，而羽太信子的专业就是做家务，她每天把家里整理得井井有条，周作人也享受着饭来张口衣来伸手的幸福时光，性格安宁温顺的他心满意足。然而，羽太信子是个出身社会底层的日本女人，这样的女人一旦富贵起来如果不能保持俭朴的本色，便很容易走向另外一个极端，变成一个败家女人，羽太信子不幸走向了后面一条路。

周氏兄弟回国后，卖掉绍兴的祖产，加上鲁迅的积蓄，在北京八道湾建了一座大宅子，连同鲁老太太和老三周建人一起住了进去。随着鲁迅、周作人兄弟俩名气和收入的飞跃，一家人的生活也实现了质变，家里光打杂洒扫的男女仆人就雇了好几个。从服侍别人到让人服侍，羽太信子开始变得骄奢和矫情了。据周建人回忆："她经常心血来潮，忽然想起要吃饺子，就把饭菜退回厨房，另包饺子。被褥用了一两年，还是新的，却不要了，赏给女佣人，自己全部换过。这种花样，层出不穷。"

在男权主义占绝对优势的时代，女人能败家，背后必有一个懦弱的丈夫，周作人亦若是。他对老婆言听计从，据说两人一辈子只吵过一次，羽太信子歇斯底里发作，一哭二闹三上吊，寻死觅活，让周作人差点儿精神崩溃，此后他对她一辈子举白旗。倒是鲁迅对弟妹大手大脚花钱颇有异议，这本无可厚非，毕竟不论产权还是收入，鲁迅才是大股东啊！然而，这也让羽太信子意识到，要想在大宅子一手遮天，必须搬走鲁迅这块碍脚石。别看她没文化，却很有心计，知道桃色新闻是最厉害的杀伤武器，为此煞费苦心地炮制出洗澡的"偷窥门"，大师节操马上碎了一地。兄弟反目，鲁迅一怒之下搬出八道湾自立门户，这也成了中国现代文学史上一段著名的公案。对此，继鲁迅之后被羽太信子扫地出门的周建人用这样一句话来概括二哥："意志薄弱、性情温顺，却不辨是非。"

毫无疑问，当中日战争全面打响之后，在八道湾的高宅大院里养尊处优的羽太信子是不太可能放下"尊贵"的身段跟别人一起去逃难的。况且，她自恃为日本人，有一种不可明说的民族主义情绪。周建人跟她妹妹芳子离婚，她竟然告到了日本领事馆；"九一八事变"以后，一有风吹草动，她就在家门口挂起太阳旗，以自己是日本侨民而无所顾忌。这样的女人，显然也不屑于跟其他中国人一起去逃难。事实上，自独霸八道湾周家后，羽太就把远在日本的父母弟弟接来同住，生活日本化，买东西只去日本铺子，看医生只看日本医生。所以，中日还没开战，周作人已经被日本人入侵和包围了，成了笼中鸟。但羽太信子毕竟不是日本间谍，她充其量是个世俗的女人，周的落水，从深层次来讲还是一场性格悲剧。

周作人曾对书斋几易其名——从“苦雨斋”到“苦茶庵”再到“苦住庵”，都离不开一个“苦”字，他的文章总有一种苦涩的味道，他的形象也颇有几分似苦行僧，这是不是意味着他或多或少有一点儿受虐倾向呢？

张继　当硬汉子碰到女汉子

我国历史上有两个著名的张继，一个是写《枫桥夜泊》的唐代诗人，一个是国民党元老。后者虽然不及前者家喻户晓，但他弱冠即参加革命，为华兴会的创始人之一，曾任民国第一届国会议长，活跃在政坛前台40余年，在那样的时代中大小也算是个人物。

张继1882年出生于河北省沧县，此人身材魁伟，加上自幼习武，孔武有力，正如金庸《天龙八部》中的萧峰，让人见了之后忍不住要赞一声：真乃燕赵慷慨悲歌之士！闹革命后，有人给张继取了个诨号——“三将军”，这个称呼显然来自于《三国演义》中的张飞，以张飞比张继，虽然不无夸张，但亦可看出其在旁人眼中的勇猛形象。张继的性格也是那种粗豪直爽类型的，他跟孙中山相见时，孙为他打来洗脸水，这位大汉竟当场感动得泪流满面。

外形粗豪的张继其实饱读诗书、满腹才学，在革命阵营中更多的是充当“笔杆子”,但他身体内依然隐藏着侠士的基因。1907 年 10 月 25 日,东京的中国革命党人和立宪派之间发生武斗。这日梁启超在保镖的护持下登台演说,鼓吹君主立宪,台下张继突然一声怒喝,率领革命党人冲上前去,痛殴立宪派。章太炎弟子汪东所撰《张继墓志铭》中云:“(保皇党)大会徒众于锦辉馆,示欲与同盟抗。公厕其中。其魁梁启超方登台,公奋起大呼,跃而上,贵筑平刚从之,击启超堕台下。”

张继年过半百,还有“老夫聊发少年狂”的时刻。1935 年 11 月 1 日,爱国志士孙凤鸣本欲在南京国民党中央党部大礼堂刺杀蒋介石,因见不到蒋介石,退而求其次枪击汪精卫,汪连中三枪,当即倒地。现场的众多政要们吓得屁滚尿流,张静江滚在地上,孔祥熙像受惊的螃蟹一样往汽车底下钻。只有 54 岁的张继奋不顾身,猛扑过去,将刺客拦腰抱住,与张学良一起将其制服。

可是,谁又能想到这位连子弹都不怕的硬汉在老婆面前竟然比豆腐还软。同年,国民党第五次代表大会上,宋庆龄、何香凝提出了“联俄抗日”的提案,张继也在上面签了名。回去他向老婆如实汇报,却迎来了劈头盖脸的一顿臭骂。事后张继找到何香凝,要求把自己的名字勾去,众人责问他为何出尔反尔,他红着脸承认:“是老婆不赞同孙夫人的主张,不让我签字,奈何?”

要说这张继的老婆也不是寻常人物,张夫人崔震华是北洋女子师范学堂第一届学生,也是第一批干革命的女汉子,瞧她这个名字就足够惊天动地,早年和秋瑾、徐宗汉并称“革命三女杰”。1912 年她与张继成婚,婚后也一直活跃在政坛,历任制宪国民大会代表、国民参政会参政员、国民党中央监察委员等职务。

虽然张夫人乃一代女杰,可张继怕老婆怕到如此地步,还是出乎所有人的意料。曹聚仁在回忆录《我和我的世界》中写到，“张氏惧内，国人有口皆碑”。有一次张继的留法同学彭济群到张宅拜访老同学，进了门却看见张继与其子女环跪于其夫人之前，张夫人拿着鞭子不停地痛打张继。彭济群目瞪口呆，想替他求饶，张继却说他太太是好人，让她打打，出出气。

还有一回，那是在抗战期间的重庆，新年元旦，张继的老友居正到张家拜年。到了张府，在其大门口发现一只马桶，不禁纳闷，大过年的放这东西在门前干吗？居正往里面走，看到张继跪在大厅中，吓了一跳，忙问何故，张继说：“这是我自家的事，请您不要过问。”

曹聚仁认为，这两件事“见于坊间刊行的正式记载，决无夸张成分”。据他说，自己曾见过张夫人，也算是“颇明事理，通达人情”，但为何对自己的老公却独独表现出一种虐待的倾向？或者说，为何张继在老婆面前有这样一种受虐的情结。对此曹聚仁亦深感困惑，只能归结于“前世缘孽”。

张继跟蒋介石关系并不算和谐，在那样一个乱云飞渡的年代，他能够几十年在政坛成为常青树、不倒翁，并得以善终，也许家庭环境中锻炼出来的忍术还是起到了很重要的作用。

汪精卫　成也璧君，败也璧君

汪伪政府的二号人物陈公博曾说：“汪先生没有璧君不能成事，没有璧君也不至于败事。”汪精卫从一个感动中国的大英雄沦落为举世唾骂的大汉奸，虽然不能完全归咎于陈璧君，但陈的霸道与汪的惧内无疑是其中的一个重要原因。

1907年,汪精卫与陈璧君在南洋槟榔屿的相遇,无疑将成为左右他们人生走向的重大事件。这一年,24岁的汪精卫已经是孙中山的左膀右臂,而16岁的陈璧君也已经是当时同盟会最年轻的会员,还是女会员。陈璧君的父亲乃南洋巨富,以这样的出身与年纪去干革命,足见她胆识之不凡;而汪精卫乃公认的才子加美男子,陈早在《民报》上拜读了汪的许多文章,倾心已久,见到汪本人后更加神魂颠倒,发出了"嫁人当如此"的口号。然而,汪精卫当时对于这个其貌不扬的富家小姐并没有多大兴趣,陈要打开汪的心扉,还要等到3年后跟汪精卫一起去刺杀清朝摄政王时。

1910年,汪精卫为了鼓舞处于低潮期的革命同志,决定冒死刺杀清朝大员,最终把目标定为摄政王载沣。在北京,正式行动的前一天晚上,汪精卫和陈璧君有了一次单独相处的机会。对此,张学良在口述自传中回忆道:"这天陈璧君找到汪精卫,对他说:'你明天要死了,我没有别的送给你,就让你睡一下吧。'"说到这里,张学良感慨万千地说:"这个女人也是厉害的,真够国民党的格。""我不知道汪精卫怕她不,连我看着都怕。"

遗憾的是,汪精卫行刺失败,被抓进了刑部大牢。汪入狱后,陈璧君在外面为了营救心上人也是想尽了办法、耗尽了物力。她收买狱卒给汪传信带物,汪在狱中亦填《金缕曲》词相报,并以血书"勿留京贾祸"催她离开险境。陈璧君却不离不弃,再次传信给汪,说虽然彼此之间已经无法真正地执手偕老,但是希望从汪精卫看到这封信的那一瞬间开始,两人在心中发誓成为夫妇,生死契阔,永不相负。汪精卫当时以为必死无疑,看到一个女人对将死之人还如此深情,不由感激涕零,他咬破手指,用鲜血在纸上写下一个"诺"字。出狱后,大难不死的汪精卫和陈璧君终于走在了一起。

汪精卫刺杀摄政王归来后名满天下，英雄加美男子加才子，他简直就是完美男人的代名词。相信在那样一个时代，“嫁人当嫁汪精卫”肯定成为不少懵懂少女的共识，汪精卫毫无疑问也是不少美女怀春的对象。而反观陈璧君，个子矮小，其貌不扬，加上性格泼辣，人见人惧，任何正常的男人见之恐怕都要退避三舍，因此汪陈配堪称一个“美男与泼妇”的组合。

汪精卫如果想出轨，易如反掌，如果真的出轨了，情有可原。然而，事实上在私人道德上汪堪称完美，他不好酒、不好赌、不好货、不好色，辛亥革命成功后功成身退，坚辞广东都督这样的肥缺，飘然远引，浪迹他国。以至于对政治家极为挑剔、甚至连孙中山也不放在眼里的章炳麟都由衷地感叹说民国总统之位“论德应属汪精卫”。现在所谓的汪精卫一些桃色绯闻，更像是用来丑化他的，并无客观的证据。

到底陈璧君有多厉害，可以让自己的丈夫修炼成一个楷模，或许我们可以从一个侧面来说明。1935 年 11 月 1 日，汪精卫在南京国民党中央党部大礼堂遭孙凤鸣刺杀，连中三枪，血流如注，瘫倒在地，他以为自己死到临头，看到陈璧君哭着对她说：“我完了，我完了。”陈璧君却骂汪：“你刚强点儿好不好，干革命的早晚会有这一天。”这时张学良正在一边，对这个女人佩服得五体投地。陈璧君怀疑是蒋介石干的，抓住蒋的手撒泼：“蒋先生，你不叫兆铭干可以明说，为什么要派人下此毒手？”事后蒋介石也连连感叹，这个女人真厉害！

陈璧君性格之刚烈，连日本人都发怵，汪精卫最后在日本治病那段时间，陈寸步不离，却从未对日本人说过一句感谢的话。而 1949 年蒋介石离开大陆时选择把陈璧君留下，估计也是对这位强势女人心有余悸。到了共产党的监狱,陈璧君还是一副死猪不怕开水烫的架势,20 世纪 50 年代整风运动时,监狱人员要她交代罪行,她两眼一翻:“我有什么罪行? 不过胜者为王,败者为寇。我只有一部革命史!”

不过应该承认,汪精卫对于陈璧君的感情无疑是爱超过了怕,他的《双照楼诗词稿》中很多诗词都是献给妻子的情诗,那种缠绵悱恻的相思之情绝对是伪造不出来的。1943 年中秋,汪精卫深受病痛折磨,自感命不久矣,这天所填的词《癸未中秋作示冰如》中他还要向陈深情告白:“我生与尔长相从,有影必共光必同……屹然照此白发翁,铁骨冰心不相忤”。

抛开历史的是非论断,单纯就汪陈二人轰轰烈烈的爱情经历以及他们几十年休戚与共的感情生活来说,这段婚姻足以颠倒众生。剔除政治因素,估计许多朋友看了汪陈二人的爱情故事后都得发出这样的感叹:我又相信爱情了。

民国最浪漫的地儿

民国还是一个“父母之命，媒妁之言”占统治地位的时代，自由恋爱的婚姻所占比例极小。不过铁屋子已经被打破，浪漫的气息到处吹拂，该来的总会来。我觉得真正的浪漫往往在欲遮还羞那个阶段，在星星之火明灭迷离那个阶段。在下面的章节中，笔者将带读者们参观一下民国的爱情始发站，有些爱情注定只能属于民国。

学校

学校是爱情的高发地，听到这句话，现在的学生们都要笑掉大牙，这还算是新闻吗?

在民国，这还真算是个新闻。那年头人们思想还比较保守，从另外一个角度也可以说是纯洁。虽然民国已经实现男女同校，但是男女授受不亲的思想警报还没有解除，再加上民国的学生普遍还比较上进，忙着学习无暇他顾，因此总体来说民国学生谈恋爱的概率相当低，偶尔有那么一两对也是鬼鬼祟祟地搞地下恋情，生怕被人发现。据周有光回忆，那时自己和张允和谈恋爱，两个人出去走在一起都要分开一段距离，偷偷摸摸的，像做贼一样。

不过，只要有男女的地方就会有爱情，这是神仙也控制不了的。学校是个接受新思想开风气的地方，一帮躁动的青年男女朝夕相处,想不发生点儿故事都难。举一个很经典的例子,四川军阀杨森,光明媒正娶的老婆就有12个,号称杨府“十二钗”。杨森对这些老婆们实行军事化管理,每天早上都要点名出操,而后还得学习琴棋书画,真是煞费苦心。为了进一步提高老婆们的素质,杨森还赶时髦将她们送到新式学堂去深造。“十二钗”中的老七曾桂枝因为聪明上进第一个被选派到上海求学,然而她到上海读书后不久就出轨了,与同班陈姓同学恋爱。杨森得知后,恼羞成怒,设计将二人枪杀于渠县的荒郊野外。注重素质教育的杨森不甘心,又把老九蔡文娜送到大学进修,这次不敢去太开放的北上广,就近送成都,没想到蔡文娜又跟同学吕某好上了。事情败露后,两人都被杨森残忍地杀害。

她们在谈恋爱的时候肯定知道这是高风险的行为,有可能挨枪子儿,但还是阻止不了爱情的步伐,看来学校确实是一个容易动情的地方。

遗憾的是,敢于吃螃蟹的只是少数人,在民国很多美丽的邂逅都只停留在心有灵犀的阶段,乱世中变幻的节奏太快,往往手还没有牵就要唱“杨柳岸,晓风残月”了。爱情最美丽的阶段也在这个时候,在没有进入柴米油盐时就戛然而止,那份纯真与美好也可以天长地久。笔者读翻译家许渊冲的回忆录《追忆似水年华》,其中写到了1940年他在西南联大外文系读书时暗恋同学林同端的故事。其中有一段很唯美,写的是他们一帮同学参加夏令营,在阳宗海边开营火晚会后的情景:

> 晚会完后,月色还很明亮,小林和几个女同学要到湖滨去……我也跟着她们同去,走在小林身边,雨后小路很滑,我伸出手去扶她,她把手给了我,我们就这样一步一

步地走下山去。我真希望这条小路永远走不到头,我真希望树枝缠住明月,永远也不让她落下,我真希望时间永远停在这里,因为这是我最难忘的一夜呵!

许渊冲写这段话时已经是步履蹒跚的老头子了,但是少年的情怀完全没变,再回首,我心依旧。一点儿邪念也没有,如此单纯,如此天真,这样唯美的相思,似乎很遥远了。

关于民国女学生,作为过来人的王鼎均在回忆录四部曲之二《怒目少年》中有一段传神的论述:

所谓"女学生",通常是泛指由高中到大学,十七八岁到二十出头。那时女子能受高等教育,必定是家里有钱,家长的思想也开明,有这种背景的女孩子多半漂亮。那时读大学同时是一种享受,有音乐、有体育、有社交,这些女孩子多半明朗可爱。那时候,"女学生"一词中有个什么样的形象,可以想见。所以,那年代,女学生在眼前出现是一件大事,使女人嫉妒,男人窥伺,使男人女人都放下手里的工作想一想自己的命运。

在学校里,美丽窈窕的女学生不仅让男生们疯狂,也让台上的老师们看得两眼发直。民国时的大学中还不流行论资排辈,20来岁当上教授的大有人在,很多老师并不比学生大几岁,也不会给人留下老牛吃嫩草的争议。当然,为了女学生"老夫聊发少年狂"的也时有其人。不过,那个年代的老师,道德水准普遍较高,纵使喜欢一个女生也必然会用光明正大的方式去追求。所以,只有佳话,没有丑闻。

当然,由于民国的老师大部分才华横溢,灵气十足,不像现在的某些老师如同流水线上生产出来的,呆头呆脑。那年头的女学生也比较单纯，很少陷入功利和势利。因此女学生暗恋老师也不算什么稀罕事；男老师爱上女学生太寻常，不值一提。这里我讲一个女学生爱上男老师的故事。

文树新，一个普普通通的名字，犹如沧海一粟，如果不是她留下的文字，这个名字早已如她烟花一般美丽而短暂的生命随风消散了。文树新出身于一个外交官世家，先后在孔德女校和圣心女校读书，十四五岁的她在孔德女校爱上了年纪比自己大一倍的 Y 老师，尽管 Y 已经是有妇之夫，他们还是义无反顾地相恋了。家人发现后，文被迫转学至圣心学校，但二人鸿雁不绝，后来索性一起私奔去了上海。可惜红颜薄命，文树新在为 Y 生下一女后因为感染伤寒不幸离世，当时她还未满 18 岁。

在与老师 Y 恋爱的 3 年时间里，文树新留下了大量的日记和书信。这些手稿被保存在一座老房子的阁楼里，历经 75 年(1935—2010 年日记出版)的水火动荡，终于重现于世。75 年，假如文树新还活着，也已经是白发苍苍的老妪，幸好文字可以保鲜，让我们来看看其中两段相思的文字：

> 窗外起风了，会不会将你吹来呢？这风不是吹过你的窗前、你的院子才到这里的吗？亲爱的，我害怕呢，但又睡不着啊……我叫你，你听得见么？
>
> 我们顺着火车道走的时候，我总以为是在周口店的火车站那里似的，只是没有一点山，麦子已经长得那样高了，风吹起来，真好看呢。

民国味道十足的一段表白，有内涵、有味道、有深情。

医院

前些年热播的电视剧《亮剑》中男主角李云龙有一次作战受了重伤，几乎进了鬼门关，还好在医院被抢救了回来。他大难不死必有后福，不仅命保住了，还抱得美人归，娶到了照顾他的那位美丽的女护士。

据说这个故事并非虚构，李云龙的原型乃曾任八路军一二九师三八六旅七七二团副团长的王近山。1937 年 12 月，王近山在神头岭战斗中身负重伤，住进了一二九师医院，负责照顾他的护士韩岫岩是一二九师医院有名的“院花”。王近山病愈后，将这位令许多人垂涎欲滴的“院花”变成了“俺那口子”。

在民国，男病人与女护士的爱情故事不断地上演，有时甚至发生在中国男病人与外国女护士之间，譬如蒋百里与左梅（佐藤屋登），郭沫若与郭安娜（佐藤富子）。就国内来说，医院的女护士和学校的女学生一样，都是清末民初才出现的新生事物，护士被视为救死扶伤的白衣天使，任你再强悍的男人，躺在病床上也会感到无助与孤独，这时那些照顾你的女护士就成了最可爱的人，尤其是对于一个男光棍来说，没有不动歪脑筋的。而对于女护士来说，能够邂逅一个“钻石王老五”，也是求之不得的好事。

那时候会去当护士的都是一些穷苦家庭出身的女孩子，她们大都纯洁、善良、温暖、亲切。

情场浪子胡兰成哪怕在流亡途中也不忘谈情说爱，在汉阳医院，他遇到了年仅 17 岁的女护士周训德，为此背叛了深爱自己的一代才女张爱玲。尽管他的行为让人不齿，但是我们不得不承认，像小周这样的女孩儿，确实比张爱玲更符合男人心里梦中情人的形象。胡兰成《今生今世》中的小周多么温柔迷人：

> 长身苗条，肩圆圆的，在一字肩与削肩之中，生得瘦不见骨，丰不余肉，相貌像佘爱珍，但她自己从来不去想象美不美……小周的美不是诱惑的，而是她的人神清气爽，文定吉祥。一次吃过夜饭，桌上收拾了碗盏，她坐在灯下，脸如牡丹初放，自然的又红又白，眼睛里都是笑，我看得呆了，只觉她正如六朝人铭志里的："若生天上，生于诸佛之所，若生人世，生于自在妙乐之处。"

又写她的职业与性情：

> 她是见习护士，学产科，风雪天夜里常出去接生，日里又要帮同医生门诊与配药，女儿家的志气，做事不肯落人后。她的做事即是做人，她虽穿一件布衣，亦洗得比别人的洁白，烧一碗菜，亦捧来时端端正正。她闲了来我房里，我教她唐诗她帮我抄文章。她看人世皆是繁华正经的，对个人她都敬重，且知道人家亦都是喜欢她的。有时我与她出去走走，江边人家因接生都认得她，她一路叫应问讯，声音的华丽只觉一片艳阳，她的人就像江边新湿的沙滩，踏一脚都印得出水来。

这样的女孩才是贾宝玉所说的水做的女人，而且是毫无杂质的纯净水。小周爱上比自己大20多岁的胡兰成，或许因为他的才情，或许啥也不是，她对胡说："我怎么会和你好，自己想想也是又好气又好笑的。"她会穿着青布旗袍坐在船头给胡唱歌，她会听胡谈起对其他女人的深情而忘我地潸然泪下，她没有张爱玲的才气，只会笨拙地抄下乐府诗句送给情人，美得如此简单而纯粹！当世人都为张爱玲感伤时，我却为小周叹息，这样的女人才是最值得怜爱的。如果能够穿越到民国，谁会拒绝跟这样的女护士来一场恋爱呢？

除了男病人与女护士之外，男病人与女医生之间的故事也很有看点。

著名剧作家舒湮原名冒效庸，乃明末鼎鼎大名的"四公子"之中冒辟疆的后人。抗战时期，舒湮住在重庆。某个周末他正在歌乐山，突然间牙疼加剧，忍无可忍，看到附近正好有一家医院，便前去求诊。一个姓吴的值班女医生接待了他，但以周日不门诊请他回去。舒湮急中生智，说："我是特地从重庆赶来求诊的。倘若在此地过夜，明天再来，实在有些不大方便，请通融一下吧。"吴医生起了同情心，便为他拔了牙，她医术高妙，牙拔下来的时候，舒湮几乎浑然不觉。对着动人的女医生，麻醉药劲儿还未退去的舒湮情不自禁地说道："我宁愿牙齿多坏几颗！"牙齿是拔出来了，但是心却不可自拔。此后舒湮便常常往歌乐山跑，再后来，两人在重庆举办婚礼。婚礼上，为他们证婚的大出版家张元济将两人比作冒辟疆与董小宛，谓为天作之合。

以前的医疗条件很简陋，加上医术还不够发达，医生面对很多疾病都束手无策。但是那时的医患关系非常和谐，"不为良相，便为良医"，医生也好，护士也好，在民国人的眼中都是非常神圣的职业，普遍得到人们的尊重与爱戴。

战场

战场本是最不浪漫的地方，腥风血雨，你死我活，展现的是最残酷无情的一面。然而，即使是金刚不坏、百毒不侵的人在面对生死的大关时往往也会柔肠百结，所以林觉民留下了让无数人潸然泪下的《与妻书》，只有这种生死时刻的浪漫才最彻底，最刻骨铭心，这是任何一种俗世的浪漫都无法比拟的。

此外，一同出生入死的男男女女很容易从同志发展为恋人，从战友到恋人是一个不错的选择，共患难过的感情注定可以天长地久。

2011年上映的电影《辛亥革命》中，由成龙扮演的黄兴与李冰冰扮演的徐宗汉上演了一出荡气回肠的战地恋曲。虽然电影为了吸引人喜欢添油加醋乃至无中生有，但黄兴与徐宗汉的故事却并非虚构。黄兴文武全才，一生身经百战，他有个外号“八指将军”，原因是在辛亥年指挥黄花岗起义时被炸断了两个手指。当时在后方为革命党输送炮弹的徐宗汉转而成为黄兴的护理。后来黄兴手指发炎溃烂，再不救治可能就要变成独臂将军了，徐宗汉当机立断，护送黄兴转到香港治疗。手术前，医生要家属签名，徐宗汉以黄兴妻子的名义在同意书签上自己的名字。这原本是权宜之策，但黄兴病愈后，两人索性就假戏成真。冯自由《革命逸史》有云：“夫妇虚名竟成事实，洵可谓患难奇缘也。”

总的来说，打仗主要还是大老爷们儿的事情，战争让女人走开，这种战场上的啼笑因缘毕竟不多。不过在另外一种没有硝烟的战场，就很寻常了，所以这里笔者着重介绍的是第二种。

电视剧《潜伏》中，孙红雷扮演的余则成和姚晨扮演的翠平受我党委派，潜伏在敌人内部刺探情报，为了工作需要，他们假扮成一对夫妻。最终，这对山寨夫妻经历了一次次随时可能暴露的生死考验，彼此萌生了深沉的爱情，最终成了幸福的一对儿。

从这里我们可以发现，搞地下工作的喜欢开夫妻店，单身汉成天躲在屋子里或整日在外奔波，很容易引起别人的怀疑，能够成功这就是技术含量啊！

感动一代人的电影《永不消逝的电波》中，李侠的原型是曾任红四军无线电台台长的李白。抗日战争爆发后，他受组织委派到上海建立地下电台。1937 年 10 月，李白乘火车到达上海，在法租界内黄陂南路的一家医生诊所里开始了自己的秘密电讯工作。1939 年，组织安排了另一位女地下党员裘慧英扮作他的妻子，协助李白的工作。1940 年经组织批准，他们俩成为真正的夫妻。

刘少奇夫人王光美的兄长王士光也是《永不消逝的电波》的原型之一，他曾先后就读于北大和清华的电机系。1938 年受中共北方局指派在天津建立秘密电台，为了掩护他的工作，一位名叫王新的女地下党员来到他的身边，扮演他妻子的角色。同样的“在艰苦的斗争中建立了感情”——这个句子已经成了标准的解释，同年经过上级批准，两人结为夫妻。

可以想象，冒着生命危险战斗在敌人眼皮下的革命男女，为了斗争需要假扮夫妻，今日不知明日事，感叹人生：能为革命事业而死我骄傲！这其中的英雄豪气，令人钦佩。然而，至今男未婚女未嫁，解决个人问题，养育革命后代，似乎也是一件大事，于是接下去，一切尽在不言中……

这是伤感类型的，还有一种悲壮类型的，且让我以余则成和翠平为假设对象演示一番：

余则成：“翠平，你看我们这假夫妻毕竟跟人家真的夫妻还是有距离的，我怕早晚得让敌人瞧出破绽来。”翠平：“那咋办？”余则成：“我愿意为了党的事业牺牲自己。”翠平：“哦……”

这么说好像有点亵渎英雄的感觉，不过英雄也是凡人，这样我们只会觉得他们更可爱。

这些假戏成真的夫妻中最感人的一对是广州起义工人赤卫队总指挥周文雍和中共两广区委妇女委员陈铁军。1927年,广州起义失败后,俩人曾假扮夫妻,在广州建立秘密联络站。次年由于叛徒出卖,他们同时被捕入狱。

入狱后,俩人都视死如归,敌人的严刑拷打也没让他们吐出一个有价值的字眼,气急败坏的敌人很快判处了他们死刑。由于突然被抓,俩人的关系没有来得及转正,不免有点遗憾。于是,惊天地泣鬼神的一幕在刑场上发生了,他们把刑场作为结婚的礼堂,把反动派的枪声作为结婚的礼炮,高喊着“打倒反动派”“中国共产党万岁”,敌人在他们嘹亮的口号声开枪,两人悲壮而缓慢地倒下。

不过,现在有人考据两人假扮夫妻是真,并没有在刑场上举行婚礼。但这并不重要,重要的是我们都被感动了。

旅途

自古以来,旅途都是艳遇的高发地,人在路上,心灵跟身体一起处于漂泊之中,现实的人容易感伤,浪漫的人渴望冒险,于是,一次擦肩,一声问候,一个眼神都足以将原始的激情点燃。

在民国,火车还是烧煤的旧式蒸汽火车,不过这种火车却充满着浪漫主义的色彩。悠长尖锐的汽笛声如泣如诉,很容易把人拉进黯然销魂的离别情境中,车轮轰隆隆地撞击铁轨,发出阳刚而有节奏感的响声,这一切都会让人产生一种寂寞而又不甘于寂寞的心境。当然,比火车更完美的爱情载体是轮船,那个年代轮船走的速度还比较慢,一次远洋航行所花的时间都是以月来计算的。辽阔无垠的茫茫大海让人感觉到自身之渺小，而一成不变的风景又让人渴望来点意外，无形中为一场艳遇做了很好的铺垫。钱锺书《围城》中开场那一条远洋轮船上就弥散着情欲的味道，当鲍小姐撒娇似的对方鸿渐说："方先生，你叫我想起了我的未婚夫，你相貌和他像极了！"一顿情欲大餐开始了。

说到这，让我们先来看一场火车奇缘。

1940年底，蒋纬国从德国慕尼黑军校留学回国后，奉父亲蒋介石之命，在西北胡宗南麾下任步兵二营少尉排长，驻守潼关。1941年初春的一天，蒋纬国从西安搭火车返回潼关，落座后，坐在对面的一位年轻漂亮的女郎引起了他的注意。她正拿着一张英文报纸看得入神，丝毫没有意识到他的存在——那年头的女孩子不是看书就是看报纸，优雅迷人。这位女孩就是西北纺织大王石凤翔的次女石静宜，静女其姝，宜室宜家，真是人如其名。据小蒋亲承："我与异性朋友都不曾有过肌肤之亲，不像现在的人把感情看得如此轻率。从前的社会风气很保守，我也在这种保守风气中度过我的双十年华。"(《蒋纬国口述自传》)这是他第一次对一个女孩一见钟情，后来他也把自己的"第一次"献给了她，并让她成了蒋家的媳妇。

接下来，再欣赏一场轮船奇缘。

1923年8月17日，"杰克逊总统号"邮轮缓缓地驶出黄浦江，由上海启程前往美国西雅图，从清华学堂毕业的吴文藻等清华庚款赴美留学生都在这一条船上。第二天，一个名叫许地山的人找到了吴文藻，说有一个女孩要找他。

原来，这个女孩正是23岁的冰心，她也是到美国留学的。冰心出国前夕，接到昔日同学吴搂梅从美国的来信，说她弟弟吴卓是这一届的清华毕业生，也要与冰心同船前往美国留学，嘱咐她在船上予以关照。冰心上船后，就叫同学许地山去清华男同学的船舱找吴卓。许地山忙中出错，竟然把吴文藻当成吴卓给带来了。

吴文藻和冰心聊了几句，这才知道闹了个误会。但人既然来了，为了避免尴尬，就随便聊聊吧，这一聊发现彼此还挺对味儿的。于是，一场跨越六十多年的爱情大戏拉开了大幕。

在蒲松龄的《聊斋志异》中，旅途是充满桃色的，当然真实的情况可能是那些旅途寂寞难耐的书生自己在胡思乱想。不过曹聚仁年轻时还真在路上“聊斋”过这么一回。

1937 年南京陷落后，时为战地记者的曹聚仁因追赶队伍，途经皖南一个叫深渡的小镇。天晚欲投宿，小镇却找不到旅馆，只能在一家饭铺住下，而且这个饭铺只在楼上有一间房，还得和别的房客合伙住。曹聚仁无可奈何，只能凑合，进房后才知道，屋内的房客是一位中年妇女和她的 16 岁的女儿。睡到半夜，妇人突然让女儿睡到曹的床上，那少女一声不响，真的就睡过来了。曹聚仁说：“我也就胡里胡涂成其好事了。”这也不能怪他，正常的男人没几个能够在这种时刻保持清醒。第二天醒来，曹聚仁才知道，这母女俩欠了饭店 6 块大洋，身上又没一文钱，于是店家逼迫两人，设下这个圈套，让曹入彀。

曹聚仁还算仗义，不仅替她俩付了房钱，还送了十块钱盘缠，并叫了一辆独轮车送她俩上路。“她俩就那么谢了又谢，把我看作是恩人似的。临别时，那妇人暗中塞给我一方手帕。我偷偷地看了，原来是猩红血迹的白手帕，我当然明白是什么了……”(《我和我的世界》)当曹聚仁老了，回忆此事还有点洋洋自得：“在战时，道德是放了假的！”

这个故事,前半截是浪漫迷幻的《聊斋》,后半截却是血淋淋的《悲惨世界》。不过乱世的女孩子命比纸薄,在路上捡个漂亮的媳妇回家在那个年代确实不是什么稀罕的事儿。

舞会

动物世界中,许多动物都是通过跳舞的方式来求偶的,不知道人类跳舞是不是也与此相关。但一个毋庸置疑的事实是,很多男女确实是一舞定终生的。

西方的交谊舞在晚清跟着洋人一起来到中国,不过这种异性搂搂抱抱的舞蹈在很长时间内被崇奉男女授受不亲的国人视为洪水猛兽。直到20世纪20年代,越来越多的国人才扭扭捏捏地走入舞池,其间一定也气死了许多像《子夜》中吴老太爷这样天天念《太上感应篇》的保守派。然而时代变化得太快,到了20世纪30年代,在上海这样的大城市,跳舞已经成了一种时尚的标志,不会跳舞会给人老土的感觉,按现在的说法就是"out"了。

交谊舞在西方是正常的社交手段,但是进入国门后就"中国化"了。以20世纪三四十年代的旧上海为例,舞厅俨然成了妓院之外的风月场所,但妓院是色情,舞厅是情色,中国文字的奥妙就在这里,字完全一样,调了个个儿意境截然不同。由于大上海男女比例严重失调,大龄剩男们难以"脱光",找妓女觉得太堕落,而找舞女不仅没有这样的顾忌,还挺摩登的,于是大家趋之若骛。

对于舞女们来说,自己干的这行属于典型的吃青春饭,16到20岁的舞女被人称为"小旦",20到25岁是"花旦",这是舞女的黄金年龄段。然而岁月是把杀猪刀,韶华转眼即逝,过了这个年纪,身价每况愈下，尤其是那些30岁以上的舞女已经是“老旦”，越来越乏人问津，再老就被拍死在沙滩上了。所以舞女们在自己还没人老珠黄之前找到一个归宿是很重要的。你有欲望，我有需求，双方很容易直奔主题。

那些发生恋爱关系的舞客和舞女被人戏称为“拖车”和“龙头”，我们熟知的新感觉派小说家穆时英就是一架执着的“拖车”，他花了好几年时间苦追一个当红舞女，终于抱得美人归。当然，更多的“拖车”和“龙头”可能迫于家庭和社会的压力不能修成正果，在舞场这个荷尔蒙到处乱飞的地方，每天都会演绎着各式各样的悲欢离合。

而在上流社会中经常也会组织一些高大上的私人舞会，这里常常会撮合一些“高富帅”和“白富美”，其中最为后人津津乐道的莫过于张学良和赵四小姐的故事。

1927年5月的一个傍晚，天津有名的社交场所蔡公馆内，正在举办盛大的舞会。一位15岁的少女出于好奇心跟随姐姐来到了这里，她姓赵，名绮霞，也叫一荻，此时还是天津城一所中学的学生，由于在家里排行老四，人称赵四小姐，其父是曾任北洋政府交通次长的赵庆华。就在这天晚上，正在天津的少帅张学良也出席了舞会，两人在舞池中翩翩起舞，从此坠入爱河。

舞会上，蝴蝶般美丽的女主角总是当仁不让地成为焦点。不过那些玉树临风的才俊们也不甘落后，徐志摩、邵洵美特立独行，总是穿着中式长衫下舞池，在西装与礼服中显得与众不同，他们也吸引了不少来自异性的目光。徐志摩与陆小曼、邵洵美与项美丽的爱情故事也是在这样的背景中拉开帷幕的。

第四卷

名人哈哈镜

漫话北洋军阀(容止)

现在的人谈起北洋政府似乎总是褒少贬多,但有些过来人却不这么认为。何兆武先生在上小学时就经历了北洋政府和国民政府两个时代,他认为,北洋政府相对于后来的几个时期没有严格的思想专制,人的心灵是自由的。自由与个性是一对孪生兄弟,今天我们回头去看北洋军阀的群像,以一种局外人的眼光笑看大人物的小细节,也不失为一种可爱的历史观。

袁世凯　超级邋遢哥

军阀中的邋遢哥不乏其人,这大概是武人大多不修边幅的缘故吧。比如“北洋之虎”段祺瑞就是一个典型的邋遢哥,当年叔父在军营里当管带,段也跟在身边,但他整天两条鼻涕挂在脸上,就连在他叔父手下当差的邢宝斋都看不过去,规劝他:“你这是什么少爷呀!一点儿也不爱干净。”但是段祺瑞还是我行我素,惹得邢宝斋怒骂:“你这个鸟儿样!”邢宝斋没想到这个整天吊儿郎当拖着两条鼻涕的小段居然能够权倾天下,日后追悔莫及:“早知道,当初对他好点儿。”不过,段祺瑞发达后,鼻涕总算关住了,可是形象还是不及格。据在段公馆当差20余载的王楚卿回忆:“多么考究的衣服,穿到他身上也是随随便便,有时衣服领带歪在一边。”

话说回来,段祺瑞虽然邋遢,但是跟他的老大袁世凯比起来,那可就小巫见大巫了。据老袁的三女儿袁静雪(原名叔祯,后改名静雪)回忆,袁世凯吃东西的速度远快于一般人,一大海碗的面条几口就能吃完,当真是狼吞虎咽。他上嘴唇留着两撮大胡子,吃稀饭或喝汤时常常弄得胡子、衣服上都是汤汁。老袁又从不用手绢,需要擤鼻涕的时候,他就举起衣袖一擦了事。所以他的衣服上就常常残留着污迹,看起来非常恶心。为了让元首的仪容雅观一点儿,姨太太们只好准备着沾湿手绢和毛巾给他擦衣服,他自己是从来不动手的。

袁世凯也不爱洗澡,尽管他居住的怀仁堂安装着洗浴设备,但他只在每年过年时洗一个澡。每到酷夏时节,办公时难免汗流浃背,他还是不洗,只让姨太太们给他擦背,“就连他的下半身同样也是让她们擦的”。老袁不喜欢用抽水的洋马桶,自备了一个木制的土马桶,他坐在上面出恭,就像坐在一个凳子上,顾盼自乐。有一次,袁静雪问父亲:“爸爸,为什么不上澡房去?”老袁笑着说:“那个味儿不好!”袁静雪觉得澡房里的抽水马桶可以即拉即冲,他觉得味道不好,而土马桶臭气逼人,他反觉得没有气味,“真是奇怪的逻辑”。

一个人的邋遢往往是跟懒成正比的,老袁不喜欢运动。在中南海办公,几步远都要让人抬着轿子接送,加上暴饮暴食,终于导致糖尿病,进而引发尿毒症。所以,生命在于运动是有道理的。

王士珍 用辫子为清朝守孝

王士珍、段祺瑞、冯国璋,这仨人号称“北洋三杰”,分别为龙虎豹,但在历史上的分量,恐怕王冯二人加起来都顶不过一个段祺瑞。其中原因可能很多,不过有一点是毫无疑问的,那就是在与时俱进这一点上,段祺瑞实在是让王冯二人望尘莫及,一个三造共和,另外两个到清朝亡了还执着地留着辫子。

辛亥革命发生后,清廷被迫重新起用袁世凯。之后,冯国璋受命率领北洋精锐长驱直入,一个月时间先后"光复"了汉口和汉阳。清廷闻讯欢呼雀跃,马上封冯国璋为二等男爵,冯在汉口的第一军司令部里接到朝廷的电报,得知消息后激动得涕泪横流。为了感谢皇恩浩荡,冯国璋铆足了劲儿,准备一鼓作气拿下武昌,为此他不停地给时任内阁总理的袁世凯发电报,催促对方快点儿下令攻击。结果几天后冯国璋没等来出击的命令,倒等来了老袁用段祺瑞代替自己的命令。两个多月后,清帝退位,冯国璋的爵位证书还没捂热就成了古董。不知道是否为了那难以忘却的纪念,民国成立后,冯国璋的小辫子继续留了 8 个月。

相比冯国璋,王士珍背后的辫子真诚多了。溥仪退位后,王士珍辞官回到老家,闭门谢客,继续以大清子民自居。他不仅脑后依旧拖着小辫子,穿的也是清朝服装,蓝袍子、坎肩、盔帽一样不少,仿佛一个出土文物。逢年过节,晚辈来给他拜年施礼,他先让人参拜堂屋上光绪皇帝亲书的"福"字,然后再拜他。到了 1914 年,袁世凯为了牵制日益跋扈的段祺瑞,软磨硬缠愣是把王再请出山,以陆军上将的身份统领陆海军大元帅统帅办事处。王士珍拖着辫子周旋于政要之间,朋友们纷纷劝他把辫子剪掉,免得看起来那么扎眼。但王士珍却说,三年之制还没到呢!他要拖着这根辫子为清朝守孝。直到 1915 年,王士珍才把留了 55 年的小辫子忍痛咔嚓了。

辛亥革命推翻了清政府,开启了全新的时代,其中"北洋三杰"

居功至伟，但是“三杰”中却有两个继续拖着小辫子的，这也成了一道有趣的风景。

靳云鹏　眼斜照样走得远

靳云鹏身为军阀皖系骨干，是段祺瑞手下的“四大金刚”（另三人为徐树铮、曲同丰、傅良佐）之首，曾两度出任政府国务总理，在北洋时代也是个烜赫一时的大人物。有趣的是，靳云鹏和他老师兼上司段祺瑞形象上相互呼应，默契十足。段祺瑞原本就鼻梁不正，更好玩的是，他一生气鼻子就会气得歪掉。长期跟随段的人都曾亲眼看过段气歪鼻子，充分验证了段歪鼻并非虚言。而靳云鹏则是斜眼，歪鼻和斜眼，简直是绝配。

靳云鹏早年丧父，家里又食指众多，他与两个弟弟及三个姐妹就靠着母亲卖煎饼及当奶妈的一点微薄收入过活。靳云鹏为了帮家里减轻负担，便去染坊学染布，因为他右眼外斜，被人戏称为“斜眼染匠”。其弟靳云鹗臂力过人，推水车沿街卖水。这哥俩后来都成了统率千军万马的大军阀。

18岁时，云鹏、云鹗两兄弟一起投奔了袁世凯在天津小站督练的新军。靳云鹏眼斜，估计人家怀疑他一开枪都会把自己人打死，只得列入备补兵，成天干的是清扫马厩和厕所这类的脏活累活。不过塞翁失马焉知非福，某次袁世凯巡营，见靳云鹏工作认真，刷厕所都能刷得一丝不苟，在一群吊儿郎当的士兵中简直是异类，为了起到榜样作用，马上将他提升。后又选送他到新建陆军附设炮队随营武备学堂第一期学习。在武备学堂，踏实好学的靳云鹏又受到了学堂监督段祺瑞的赏识，从此平步青云。

军阀们为了改变自己“土包子”的形象，发达后往往要舞文弄墨、附庸风雅。靳云鹏当上国务总理后，也学人玩起了收藏，家里收藏了一堆书画古董。他琢磨着给自己的书室起个斋名，但苦于腹中墨水不足，只好让自己的手下想办法。秘书中有一个叫李义山的给起了个“悠然堂”的斋名。靳云鹏拍案叫绝："悠然"，与世无争，听起来多高雅!

一天，有位朋友来参观靳的书房，看到斋名后跟他开玩笑，说："陶渊明诗中有句云'采菊东篱下，悠然见南山'，这'悠然堂'分明是拿你开心。这是说你是斜眼，你在东篱下怎能看见南山呢?"靳云鹏恍然大悟，气得马上叫人要摘匾。朋友又说："摘匾不吉利，赶紧请人再写一块匾，换下。"于是靳云鹏另请名家写了块匾叫“红月楼”，原来靳家珍存着两件瓷器，一件叫“古月轩”，一件叫“豇豆红”，各取一字。但这个名字怎么听怎么像青楼的招牌。唉，俗人终究还是俗人。

张宗昌　高得买不到棺材

曾独霸山东、有“狗肉将军”之称的张宗昌在军阀中堪称第一高人。据来华工作十几年的“纽约时报”驻华首席记者阿班在回忆录中说，张宗昌身高近两米一，肌肉发达，早年在码头做过苦力。

阿班的记录可能略微夸张，但从现存张宗昌和其他军阀的合照(虽然没有几个人乐意跟他合照)来分析，张宗昌的身高即使没有超过两米，至少也接近两米。考虑到那个时代人们普遍营养不良，身材矮小，这个身高放在当时那就是现在姚明的水准。张宗昌出身贫微，他爸是个吹鼓手，靠在红白喜事上吹得脸红脖子粗赚一点儿辛苦钱，又好赌，家里常有上顿没下顿，真不知道张宗昌是吃什么长这么高的！后来张宗昌发达了，消息传来，他爸还不信，说："他有那个命，能当大官？我还得靠吹喇叭过日子呢！"

张宗昌的高个子留下不少趣事。1922 年 4 月，正值直奉战争开战前的备战阶段，投奔奉军的张宗昌被张作霖委派为苏鲁别动队总司令，受命率领几百人的一队人马潜入苏鲁地区，准备伺机行动，配合京津作战。张宗昌在青岛登陆后，行军两天畅通无阻，不料在苏鲁边境遭到直军阻击，被打得丢盔弃甲。张宗昌带着两个亲信，由原路经青岛逃回奉天，见到了抄小路回来的属下，还破口大骂："他妈的，我这样一个大个子，都从原路回来了，你们真是不中用！"

这个大个子做事情也大大咧咧。张宗昌人称"三不知将军"——不知道有多少兵，不知道有多少钱，不知道有多少姨太太。张的小老婆来自五湖四海，凡出美女的地方都要选一位美女充实他的"后宫"，不仅有本土选手，还有国际友人，日本人、朝鲜人、法国人、俄国人，号称"国际纵队"。张宗昌信奉"兄弟如手足，女人如衣服"的原则，曾经一高兴就把一个姨太太赏给手下，让他"成家"。张死后，这些姨太太生活没了着落，很多都堕入风尘，好在生意还不错，很多人慕名来嫖：走，跟张宗昌的老婆睡觉去！

张宗昌后来在车站被人刺杀身亡，死于非命，像他这么庞大的目标，刺客要让他"报销"都不需要太高明的枪法。由于张宗昌的身高实在是"出类拔萃"，据说替他收尸的人到处都找不到合适的棺材，真是生得高大，死得窝囊。

吴佩孚　人矮志不短

据《世说新语》记载,匈奴使者求见曹操,曹操觉得自己又黑又矮,长得太过于“谦虚”,不足以壮我大国声威,特地选了个又高又帅的替身,自己则在一旁捉刀扮侍卫。匈奴使者回去后,对人说,我还以为曹操什么人,也就是个花瓶而已,倒是旁边那个捉刀的是真英雄啊! 没办法,真英雄就是矮,也照样鹤立鸡群。

普通人想象中的军阀们总是人高马大、孔武有力,事实上身高并不妨碍成功,小矮人也可以成为大人物。最典型的就是袁世凯,身高不足一米六,加上身材肥胖、颈粗腿短,难怪有人笑他“癞蛤蟆转世”。要是跟张宗昌走到一起,那就是麻团配油条。不过,老袁矮是矮,一点都不影响威严。阎锡山常跟属下说,自己生平只畏惧一个人,就是袁世凯。1912 年,阎锡山第一次到北京谒见袁世凯,不知不觉就汗流浃背,俯伏在地,行了个跪拜大礼。

北洋军阀大帅级别的人中,张作霖和吴佩孚都是矮个子。吴佩孚身材瘦小,又长了一双大眼睛,两撇黄胡子,背地里人家叫他“吴小鬼”——再戴个墨镜那就是眼镜猴了。据曾在吴佩孚手下当兵的陈绍岳回忆,吴佩孚最喜欢炫耀自己的武力,搞了一个很气派的仪仗队,经常请各路“诸侯”来检阅。这个仪仗队都是由身材高大、相貌堂堂的士兵组成,非常有气势。有一次,吴佩孚带着冯玉祥、胡景翼一起检阅军队。冯玉祥是大高个儿,足足比吴佩孚高一个头,胡景翼又是个大胖子,一个人看起来顶得上三四个吴佩孚,三人同行,形成了非常强烈的视觉冲击。有的士兵忍不住当场就笑出声来。等这些人走后,笑的人个个被拉出去扇耳光。

不过,吴佩孚人矮志不短。且不说人家叱咤风云一辈子,就说他那节操,放在军阀中,绝对是让人仰视的。吴佩孚有个"四不主义"——不入租界、不积金钱、不出洋,不纳妾,曾自撰对联总结生平:"得意时清白乃心,不纳妾,不积金钱,饮酒赋诗,犹是书生本色;失败后倔强到底,不出洋,不入租界,灌园怡性,真个解甲归田。"这"四不"中除了"不纳妾"这一点没有善始善终,最终"失身"了,其他三点都贯彻得不错。其军中之军歌即吴大帅自己作词的歌曲《满江红》:

北望满洲,渤海中,风浪大作。
想当年,吉江辽沈,人民安乐。
长白山前设藩篱,黑龙江畔列城郭。
到而今,倭寇任纵横,风云恶!
甲午役,土地削;
甲辰役,主权堕!
叹江山如故,夷族错落。
何日奉命提锐旅,一战恢复旧山河,
却归来,永作蓬山游,念弥陀。

这首歌听起来让人热血沸腾,不仅在吴军中大家都会唱,还唱遍了全中国。据说日本人很不满,有一次一个日本记者当面挖苦他:"登蓬莱阁能够望见长白山吗?"吴佩孚说:"我心眼通灵,岂止能望见长白山,还能望见你们富士山呢!"日本记者被他呛得说不出话。

民国时期,大人物下台往往逃往外国避难,接受外人政治庇护,只有吴佩孚从来不肯出洋,他甚至连租界都不肯踏入一步。抗战时,他拒绝日本人拉拢,宁死不肯当汉奸,终被日本人毒死。

漫话北洋军阀(品性)

段祺瑞　白天下棋,晚上打牌

段祺瑞当总理时有“六不”——“不抽、不喝、不嫖、不赌、不贪、不占”的信条,人称“六不总理”,而且他绝非嘴里说一套背后做一套,堪称官场中的一个异类。然而,信佛的段祺瑞也并非六根清净,他也有自己的嗜好——下棋和打牌。

段祺瑞爱下围棋几乎入了魔,每天一有空就是找人下棋。为此段家专门养了一批棋手,他们的任务就是陪老段下棋,随叫随到。这些人每月可以从陆军部领取固定薪水,少则80大洋,多则百多大洋,这样的好差事自然很多人争着去,其中不乏国手,后来威震天下的吴清源就曾是段家年纪最小的棋客。不过,陪老段下棋绝不是一件轻松的活儿,老段好胜心很强,只能赢不能输,而且输他还得输得不露痕迹,得让他赢得舒坦。因此,很多人跟他下完棋之后往往累得走路都直哆嗦。经过这样的磨炼,段家出来的棋手都成了顶尖高手。所以,陈毅曾经评价说,尽管段祺瑞一生干了不少坏事,但对围棋还算干了些好事。

在老段的熏陶下,段家一门出了好几个围棋高手,他的长子段宏业、侄子段宏纲都精于此道。老段有时找儿子下棋,段宏业的水平远远高于老爹,又不像那些下属懂得谦让,一不小心就赢棋了,这个时候老段照旧要气得鼻子都歪了，怒斥儿子："没出息，就只会下棋！"

除了下棋，老段另外一大爱好是打牌，白天下棋，晚上打牌。段家的跑差一到晚饭过后就要开始忙活了，因为晚饭过后，就是打牌时间。如果晚上有来客，那就是现成的牌手，否则就得各处打电话约人了。老段的亲信也时常陪他打牌，段门"四大金刚"中的傅良佐就因为打牌博得老段的欢心，当上了湖南督军。旁人知道后纷纷流口水："这打牌也可以打出一个督军！"

说到军阀里打牌最厉害的，莫过于以盗墓出名的孙殿英。孙殿英是典型大老粗，琴棋书画啥都不懂，但吃喝嫖赌那是样样精通，尤其精于麻将之道。孙的办公桌上堆满了各式各样的麻将，竹木的、象牙的，应有尽有。据说他一发完牌，马上知道各家有些什么牌，堪称军阀中的赌王。更神奇的是，他不仅牌技高超，还能借此算命，他认为麻将桌上最能看出一个人的真面目、真性情，任凭你再狡猾，到了麻将桌上也得露出马脚。因此，但凡和人交往，他必约人打几圈麻将，一则交流感情、活跃气氛，二来利用他的"麻将相术"搞清楚对方的底细。也许是靠这一招，孙殿英尽管坏事做尽，却能长立不倒。

曹锟　庙堂与江湖很近

曹锟本应该是张飞、李逵这一类的人物，却阴差阳错当上了民国大总统，这也算是历史开的一个不大不小的玩笑。

曹锟属狗，在一个大雪之夜出生于天津大沽一个贫家。当他用一声嘹亮的啼哭向世界宣告自己的到来时，祖母不仅没有喜悦，还皱着眉头说:“大冬天,又来了一条穷狗。”十几岁时,曹锟因家里穷没办法继续读书。父亲叫他跟自己学造船,他不肯;让他种庄稼,他也不肯,只好去卖布。因为穷得连辆手推车都买不起,他便把布匹搭在肩上四处叫卖。曹锟生性豪爽,喜欢武术,爱交朋友,好酒贪杯,喝醉了便席地而卧,呼呼大睡,等到他醒来的时候口袋里卖布那一点儿钱早已不翼而飞,他也不懊恼,一笑了之。所以在老家人们给他起了个外号“曹三傻子”。

曹三傻子20岁到天津小站投奔袁世凯的新军。性格憨厚的他总是成为别人捉弄的对象,但不管别人怎么羞辱他,他总是笑呵呵的,这样的性格真是人见人爱。毫无背景的他在军中的地位竟然以火箭的速度上升,真是傻人有傻福。据说段祺瑞、徐世昌等人见袁世凯都有的坐,但曹锟只能站着,还不时得挨训。不过领导跟你越客气说明距离越远,这也意味着曹锟和老袁的关系最铁。

曹锟的率真直爽、缺乏心机在官场中可算异类。据陈灨一《睇向斋秘录》记云,曹锟性格急躁易怒,素有疯子之号,对属下一言不合,就要掌嘴巴,打屁股。他任北洋第三镇统制时,有人密告某军需官舞弊营私。曹锟闻讯大怒,立即让人把他绑来,不由分说,亲自动手,重重地打了他数十军棍。很快,曹锟知道这件事不过是仇家诬陷他,根本是莫须有之事。他也二话不说,马上把被打之人升为管带,安慰他说:“我轻信小人的话,打了你的屁股,实在抱歉!现在你屁股消肿了没?俗话说越打越发,我已经升你官了。”这样的事情曹锟没少做。

曹锟常冲动得可爱。他当直隶省长时请梅兰芳来演出,看到梅兰芳的汽车后十分羡慕,这是保定城第一次出现汽车。他立即吩咐属下去买四辆来,“土豪”范儿十足,但曹锟官当再大,钱再多,却从来不会狗眼看人低。据长期服侍曹锟的保姆戴妈回忆："总统在世时，不管有多大官儿等着见他，只要听说我来了，就要先召见我。"

曹锟当上总统用的是最江湖也是最喜剧的办法——花钱买。他贿选绝不偷偷摸摸，而是在光天化日下公开进行的，压根没觉得这是啥事儿。据说，在当时，大多国人也没觉得有啥不对劲，就是那些西方媒体一鼓噪，事情才越闹越大。曹锟当上总统后也是不断上演喜剧，各国使节按例朝贺他当选，曹锟对外交一无所知。为了避免出糗，外交部事先将各国国体及公使名片呈上，告诉他见第几人应问总统安好，见第几人应问君主安好，曹默记下。没想到侍卫临时将公使觐见顺序弄乱，曹锟不知，仍按名片顺序问好，结果见了英国公使问总统好，见了美国公使问皇帝好，一时传为笑谈。

不过，在那样一个乱世，有这样一个活宝总统也不失为好事，至少可以多点快乐少点纷争。可惜，曹锟的总统生涯却是以悲剧告终，他是被赶下台的。

下台后，曹锟开始研习书画，常请一些文人墨客来指导，还和齐白石建立了很深的交情，不知道是不是想修正一下自己在大家心中的鲁莽形象。

冯玉祥　穷得如此高调

好男不当兵，军阀一代大都出身穷小子。那时的穷人富了之后一般有两种表现：一种是比富人更加挥霍奢侈的，这种是穷怕了；一种是继续保持艰苦朴素作风的，这种是穷惯了。大体来说，坐拥金山银海之后还能保持吃糠咽菜的作风是很难的，但老一辈的精神品质也是超乎我们想象的。旧军阀中勤俭廉洁的总还有那么几位,“北洋三杰”中段祺瑞、王士珍都算是这样的人,不过他们都穷得很低调。军阀中穷得高调的就得看冯玉祥了。

冯玉祥信仰基督,但与其说他是基督徒,不如说他是苦行僧。他统领几十万军队,却坚持与士兵同吃同住,一年四季灰布军装、打裹脚,吃窝窝、小米饭,从不搞特殊化,作为屈指可数不贪玩不腐败的军阀巨头,冯玉祥的道德水准确实是令人敬佩的。可惜他喜欢把穷当成一种广告,就有些过犹不及。

冯玉祥为了彰显自己的朴素作风,后来发展到了非粗瓷大碗不吃饭的地步。他参加其他军阀们的宴请,看到那些精美华贵的餐具就像修行多年的高僧看到袒胸露背的女人一样,皱着眉头拒而远之。为此,冯玉祥到别的地方去赴宴都要带着他那些粗瓷大碗破罐子啥的,由专人护送。有人评论说这样的成本更高,其实是真正的浪费!

据喻血轮《绮情楼杂记》记载,某年冯玉祥到北平,人们都到前门车站欢迎,但车来了,冯玉祥却没来,原来他早已在崇文门车站下车,扛着一袋面粉入城了。还有一年他到南京,国民政府特地准备了小汽车和专门的司机供他使用,他却嫌小汽车太娇气,弃之不用,找了辆破卡车出门拜客,其实破卡车虽然看起来破,比小汽车却要费油得多,并不合乎节约的宗旨。而且以他当时的地位,纵然不能锦衣玉带,穿个整齐的军服总不算过分,可他却始终穿着一套大襟短棉袄,束以腰带,看起来像北方玩儿把戏的人,使人望之失笑。

冯玉祥恨不得手下每个人都像自己一样视钱财为粪土。他招兵时尽挑那些老实憨厚的农家子弟,拼命地向他们灌输越穷越光荣的理念，加上西北军真的很穷，以至于士兵们看起来都像是丐帮出来的。为了防止士兵们被花花世界污染，冯玉祥还采取了隔离措施，每逢部队驻扎城市就实行管制，不许官兵随便上街。

然而，这种强制性的禁欲主义毕竟只能治标不能治本。冯玉祥的手下没有几个修炼到他这么崇高的境界，他们身上的荷尔蒙只是被压制，而非被消灭，一旦找到宣泄口，就会像决堤的洪水一样一发不可收拾。陈公博曾愤愤然说，冯玉祥那个禁欲狂，自己在人前不嫖娼、不赌博、不抽大烟，也让手下士兵装着不嫖娼、不赌博、不抽大烟，尤其在自己地盘上更是严禁，结果每次他的士兵来汉口，都像放风的囚犯，比乱军还乱军，个个大嫖大抽大赌，比其他任何部队都凶，扰民无算。

中原大战之时，蒋介石先以重金引诱其部将韩复榘、石友三叛变，使冯玉祥失去了先锋。在西线战场，老蒋让属下又从汉口调来一列“花车”放在两军交界之处，里面都是各地网罗来的烟花女子。冯玉祥亲率主力在东线苦战之际，没有想到在西线自己手下将领的战斗力已经在“花车”里消耗殆尽了。西线一倒，东线也就独木难支了。

冯玉祥的军队战斗力确实强，因为将士不怕死，但冯玉祥的手下也最容易被引诱。他自己倒别人的戈，又被别人倒戈，这也是冯玉祥一生无法避免的一个尴尬。

王怀庆　“马桶将军”的“马桶哲学”

军阀中个性哥不少，但要做到像直系军阀王怀庆这么惊世骇俗，真的是没有几人。

王怀庆在北洋政府也算是元老级人物。他原是晚清直隶提督聂士成部下的中军。1900年,八国联军侵华,聂战死在天津八里台子,王怀庆于枪林弹雨之中背负聂尸回营棺殓,并亲送灵柩至聂的原籍安徽合肥安葬,从此以"忠义"闻名军界,并因此被袁世凯招致麾下,后来成为徐世昌的第一心腹。

王怀庆最让世人难忘的不仅是他的生平,还有他的古怪嗜好。不知道此人是不是屎壳郎转世,一生逐臭,无人可比。王在北京有个非常豪华的公馆,亭台楼阁、奇石佳木,里面所有的装修档次都是极高的,金碧辉煌。可让人啼笑皆非的是,王怀庆最喜欢待的地方竟是公馆里的厕所。据说这个厕所有两间大屋那么大,中间设一"大便椅",下铺细净炉灰,前设办公桌。王怀庆常常在便椅上一坐数小时,召集属下,处理公务。

马桶之于王怀庆,简直比姨太太还重要。他无论到什么地方,那具漆红烫金上面写着斗大"王"字的马桶总是如影随形,就差没抱着睡觉了。行军打仗时,为了保证心爱的马桶的安全,他派了一个班的人护卫马桶,桶在,人在。战斗一打响,他就坐在那只硕大而鲜艳的马桶上督战,"马桶将军"因此闻名。

大家都津津乐道于王怀庆的马桶癖,但没有人解释他这种古怪嗜好的来源。据笔者分析,这跟王怀庆早年的穷苦经历应该有很大的关系。王怀庆早年丧父,七八岁就跟家人一起种庄稼、放牛,应该说是喝着苦水长大的。那时候农民种庄稼没有化肥,肥料全靠屁股生产,因此"吃自己的饭,到别人的田地里拉屎"被人看做最愚蠢的行为。笔者读王鼎钧先生回忆录《昨天的云》,里面谈到,在他们那里,农夫如果路上看到一堆大粪,简直是欢呼雀跃,即使没有带粪箕,也要脱下自己的衣服毕恭毕敬地把它包回去。也许王怀庆也有“大粪”情节，一辈子都扭不过来。

王怀庆令人乐道的还有他的用人之术，他招兵只要那些脚上有屎、手上有茧的农夫，念过书的一个都不要。这些农夫尽管外表不光鲜，但是能吃苦耐劳且任劳任怨。

另外，据说王怀庆准备要提拔某个人的时候，往往会无缘无故地当众将此人责骂羞辱甚至痛打一顿，如果此人逆来顺受，毫无怨言，那么第二天委任状就到了。以至于他的部下哪天无缘无故挨了打骂，回家后赶紧请客，接下来就等着升迁了。这大概就是王怀庆的“马桶哲学”。

张学良　笑到一百岁

同样是军阀，性格却迥异。比如段祺瑞是以严肃著称的，脸部肌肉像被强力胶粘住一样，总板着一副面孔，几乎不笑，更不会说什么玩笑话。据侍从回忆，他只有见北洋老将姜桂题的时候例外，会含笑问声：“老嫂子好？”

反过来，张学良几乎是军阀头子中最爱笑的了。张曾不止一次地对人自夸：“我在要杀人时，总是笑着的。”不知道他是觉得杀人有趣还是故弄玄虚，抑或要表现自己的英雄气概——谈笑间，樯橹灰飞烟灭？不管怎么样，得意时笑大部分人都会，但是失意时还能笑就只是少部分人的专利。

1938年，也就是“西安事变”后两年，服侍张学良的王妈感慨万千地跟人说：

> 我看到将军被看管这两年多来，总是眉开眼笑，从未发过愁和说过一句牢骚话。平时常与看管军士等嬉笑玩

耍,有时给他们做菜做饭,如烙馅饼、炖牛肉等等,他老真是心胸宽大,为常人所做不到,令人钦佩。

从1936年被蒋介石扣押,到1990年完全获得自由,长达54年的时光,张学良都活得像一只笼中鸟。尽管衣食无忧,但是一个曾经雄霸一方、叱咤风云的人沦落到一举一动都要向人报告,尤其是被扣押之初,时时有一把无形的铡刀架子脖子上,生死悬于一线,换成别人早就“牢骚太盛防肠断”了。就这样,他还能“总是眉开眼笑”,确实为常人难以企及,难怪人家可以长命百岁。

张学良在长年累月的幽禁中,还自创了一种“大笑养生法”,据说这也是他长寿的秘诀之一。每日清晨6点,张学良就起床去登山,登山前喝一杯温开水以滋润咽喉;吐出全身浊气后,边走边吸入新鲜的空气,同时不断地放松身体;登顶后站立稍微提肛,对着群山发出笑声、吼声,把体内的气全部吐出去。虽然身陷囹圄,却能笑傲江湖,着实令人歆羡。

天生乐天派的张学良在别人的回忆中很少有哭的时候,但有一次却令人印象深刻。

1936年12月9日,西安各校学生及市民为了纪念“一二·九”抗日救亡运动一周年,并表达对政府不抵抗的愤怒,举行游行请愿示威活动。当时蒋介石正在西安,国民党特务、宪警出面制止游行,竟开枪打伤一名参加请愿的小学生,盛怒的游行队伍涌往蒋介石所在的临潼,准备讨个说法。蒋介石见事态严重,急令张学良出面制止,张在离临潼15里的十里铺与游行队伍相遇。游行队伍看到张后高喊:“我们愿为抗日而死!”

张学良听到呼声后感动得热泪盈眶,他大声疾呼:“你们的要求,也是我的要求。祖宗坟茔尚在东北,我无时不挂记抗日复土,倘一息尚存，最后一滴血也要洒在抗日疆场。请把请愿书交给我，我一定转交委员长，一周之内，我将以事实回答大家。”

张学良没有食言，3 天后，“西安事变”爆发。

我为书狂——那些爱书的民国人

在民国，你要没文化，连造反都被人看不起。孙中山早年组织革命党的时候，黄兴、吴稚晖等人一开始都不愿意与他合作，原因是他们以为孙中山不过是个目不识丁的江洋大盗。直到孙中山找上门，他们发现对方原来也是恂恂儒者，这才欣然入彀。对此，孙中山曾傲然道："我亦读书破万卷！"的确，像《黄花岗七十二烈士事略》这样的文章非大手笔不能为之。上马杀贼、下马读书，连提着脑袋干革命的个个都这么风雅，更勿论其他人了。这个时代，爱书、读书、藏书是很多人一生的主旋律，让我们来看看其中的几重境界。

书虫

在众多书虫中，潘光旦简直可以成为代言人。平日里，他几乎足不出户，除了吃饭，就是看书。潘光旦近视达1200度，看书时脸几乎贴着书面，用"啃书"来形容他一点都不为过。

潘光旦一有钱就买书，一生中的大部分日子穷得只剩下书。1926年，他从美国留学归来，在上海下船的时候，兜里只剩下一块钱，连回家的车钱都付不起。"文革"中，红卫兵到他家里抄家，搜来搜去，只搜出一百几十元存款，便质问潘光旦："你这么一个大教授怎么就存下这一点钱?"潘答："我的钱都在书房，全买书了。"

对于书虫们来说，人生中最快乐的时刻莫过于与自己喜欢的书邂逅之时。作家阿英称自己不能有闲钱，一有钱就要换成书："只要身边还有两元钱，而那一天下午又没有什么事，总会有一个念头向我袭来，何不到城里去看看旧书？于是，在一个小时或者半个小时之后，我便置身在那好像是自己的'乐园'似的旧书市场之中了。"阿英为了买旧书，住在上海时常常跑到苏州去，因为苏州是明清以来刻书和藏书最发达的地区。他一大早乘快车从上海出发，到了苏州后雇车到旧书摊云集的城内察院场，一路访书到饮马桥。中午到玄妙观吃点东西，下午从观前街的书摊开始扫货，各大书店无一遗漏，直到夕阳西下才尽兴而归。带着这一天的收获，阿英兴冲冲地回到旅店，吃点晚饭，喝点小酒，然后在灯下幸福地翻着今天买来的书本，往往在不知不觉中睡去。

有一次阿英到苏州太晚了，人家都已经关了门，有的连灯都熄灭了，但是他这一天不买书感觉就像毒瘾没有被满足一样难熬，于是挨家敲门，随便看了几家买了些书才心满意足地回去。第二天一早，天还没亮，他又开始挨家敲门访书了。

那年头，由于整个社会对文化的尊崇，就连那些高官子弟也是热衷藏书的发烧友。其中，最有代表性的莫过于袁世凯的二公子袁克文。

袁克文收藏向来只问对的，不论贵的。他跟老爹一起住在中南海时，手上有货的南北书贾因慕袁二公子之名云集京城，争着将自己的宝贝送呈袁二公子一览。由于中南海门禁森严，一般人无法入内，书商们只好托门卫将善本的首尾两册送交袁二公子赏鉴。因为袁克文看货有规矩，先看首末两册。这书如果被他看上了，不问价钱，随索随付；要是他没看上，即一丢了事，从不还人。克文眼光极高,门外那些中彩的主儿不免欢天喜地,而那些不幸的人则未免哭天喊地,一套书去掉首末两册马上就不值钱了。但这些人哭归哭,书照样送,因为只要有一部书被袁二公子看上,以前的损失统统可以挽回了。

当然,很多人会把他们这种藏书之举理解为附庸风雅,但是一个时代能够把藏书当成一种风雅、一种时尚,证明这个时代还是有些文化品位的。

一个爱读书的时代才是有希望的时代,而尤为重要的是这个时代中年轻人爱不爱读书,这关系到一个国家和民族的未来。

学者张中行考大学时本来投考了北大与北师大两个学校,其实他是冲着北师大去的,北大纯属添头,他对自己的斤两估计不足,以为北大必定没戏,不想偏偏进的就是北大。一般学生能进更好的学校肯定是喜出望外,但是张中行却对此感到遗憾不已,录取结果公布前他一直在幻想以后自己可以经常到与师大近在咫尺的隆福寺享受淘书之乐的情景,现在这个愿望泡汤了。后来张中行听说与他同时投考的一位同乡被师大录取了,结果以很低的价钱收到了很多的唐人写经,就更羡慕了。

这样的爱书情结在战乱时期里被无限放大。从 1939 年到 1941 年,日本飞机频繁对昆明实行疲劳轰炸。1940 年 9 月 30 日,日机再次来袭,杨振宁家在昆明小东角城租赁的房屋正中一弹,全家那一点可怜的家当随之化为灰烬。万幸的是,家人此时都躲进了防空洞,幸免于难。轰炸发生的以后几天,杨振宁每天都要拿着把铁锹回去,在废墟上来回翻挖,他并不是寻找什么值钱的东西,而是在找书。皇天不负苦心人,总算让他挖出了几本被挤压得沾满泥土但仍可使用的书,他如获至宝,欣喜若狂。直到老年,杨振宁回忆起这事儿，还感慨万千："今天就很难想象，在当时的情况下，几本书对一个大学生的意义。"

书痴

痴与呆是一对孪生兄弟。所谓"书痴"，也就是这些人在其他方面并不糊涂，甚至有着过人的智商，但是一遇到自己心爱的书，认知水平马上直线下降，表现出了与自己年龄和身份极不相称的非理性。

黄裳先生是著名的散文家，而他更有名的身份是藏书家。据其女黄容洁回忆，父母吵架十有八九是为了黄裳的集书之癖，"只要旧书店老头来敲门，一声'黄先生'，家里的钱就不见了"。在黄裳的《来燕榭书跋》中有一段购得《离骚草木疏》的叙述，可以看做他一生求书购书的缩影：

> 此《离骚草木疏》四卷，四明范氏照宋版录出者。写手颇精。余得天一阁钞本书多矣，未见有如此精写者，是可珍也。卧云山房为范子宣斋名，卷中范氏钤记多至七方，亦可见珍重之至矣。今夏余来京师，数过琉璃厂阅肆，却绝少佳本可得。一日于藻玉堂主人许见此册，诧为异书，问价不答。继乃知为雒某之物，不欲出售，亦姑置之。今日又过之，终以五十万金得之。戋戋一册书，费钱如许，殆有计叶论钱之势矣。书痴如此，可为一笑。

"五十万金"换作现在的币值不知几何，但一定是一笔不小的开支。放在黄裳这样一介寒士身上至少是一年半载不吃猪肉的代价，但从"书痴如此，可为一笑"几个字中我们看到的不仅是自嘲，更有一种洋洋自得的形象,其痴气可见一斑!

书痴们的痴气不仅表现在买书上,也表现在他们如何对待书上。

鲁迅先生是出了名的不修边幅。要是没有人提醒他,同样一件衣服他可以反复穿大半年,以至于北大教授马裕藻之女马珏看到鲁迅第一眼的印象是:“鲁迅先生我倒想不到是这么一个不爱收拾的人!”就这么邋遢的一个人,对待自己的藏书却温柔细致地像个贤妻良母。据许广平回忆:“他的书籍文具,似乎是比生命还看重……比如书龌龊了,急起来他会把衣袖去揩拭,手不干净,也一定洗好才翻看。”“怕人家随手翻乱他的书,所以爱好欣赏些的,总是藏在较不注意的地方。他更不愿意借书给人,除非万不得已,遇到来借,倒不如另买一本赠送较妥。”

鲁迅还会经常给书包装美容,在这方面他的技术可是一流的,使用的材料也绝不像自己穿的衣服一样含糊。对品相好的书籍和一些珍贵的线装书,他会使用棉线做的绳子包扎,以免捆扎时间久了留下线痕。如果是扁平的线绳,包扎时一定要捋平整,不能扭着劲。线头的结,必留在书的边缘,避免将来压出绳结的印记。细心到这样的地步,与他平常那副邋里邋遢的形象简直判若两人。

书痴可以抛开一切,但是绝对不能舍弃书。国民党元老吴稚晖一生简朴,几乎没有任何玉帛瓷器等名贵财产,唯一看重的是自己几千册藏书,不管到哪儿,哪怕再麻烦,书本一定要跟着走。1948 年 12 月,胡适离开北平时,别的东西都可以扔下,唯一无法舍弃的,就是一套甲戌本《红楼梦》和一套《水经注》古抄本,这两样东西,被他视若性命,正如张大千的一枚印章——“南北东西只相随不分离”。

在兵荒马乱的民国，藏书是件很不容易的事情，非有痴气难以坚持。郑振铎历经20余载艰辛搜访的万种图书在“一・二八”和“八一三”日军两次进攻上海中，付之一炬。“八一三”战事中，郁达夫存于杭州“风雨茅庐”的八九千卷线装书和两万余本外文书，也化作烟灰。1937年11月6日，日机突然轰炸浙江崇德县石门湾，丰子恺藏于缘缘堂中的万卷图书从此和他缘尽今生……这样的例子如果要一一列举，将是一串非常长的名单。

笔者阅读吴晗怀念史学家张荫麟的文章，为之唏嘘不已。1937年，吴晗、张荫麟跟着清华历史系西北旅行团到长安、开封、洛阳等地游历。吴晗在开封相国寺地摊上偶然得到排印本的《中兴小纪》，这是记录清朝同治年间史事的稀罕传本。张荫麟一见便要据为己有，闹了半天，提出用《四部丛刊》本《明清人文集》十种对换。吴晗“看着他那贪心样子”，只好勉强答应。回校后，吴晗去张家讨账，张荫麟在书架上东翻西找，什么书都不舍得，最后无奈拿出钱谦益的《初学集》《有学集》两种“塞责”。

几个月后，中日战争全面爆发。清华园整天笼罩在炮声中，教授们开始向南逃难。“荫麟也在日夜踯踯书房中，东摸摸，西靠靠，看着书叹气”，末了他一狠心，告诉吴晗：尽量搬吧，尽量寄出去吧，只要你搬得动，寄得出去。遗憾的是，大部分的书都只能停留在原地。5年后，年仅37岁的张荫麟病死在贵州遵义，那种与心爱之书离别的苦痛，恐怕是他至死都不能忘怀的。

今天我们有感于乱世藏书的辛酸苦痛之余，是不是也应该为自己活在这个几千年来未有之盛世可以尽情读书、珍爱藏书而感到庆幸呢？

书淫

《晋书·皇甫谧》记载皇甫谧“耽玩典籍，忘寝与食，时人谓之书淫”。所谓“淫”，有过分、过度的意思，书淫不仅爱书、买书、藏书，而且成天浸在书堆里，达到了忘我的境界，一天不读书就感到人生无味面目可憎，如果能够死在书堆里他们一定会觉得此生无憾。

郑逸梅《南社丛谈》中提到的南社名宿黄摩西就是一个典型的“书淫”。郑逸梅说：“摩西有书癖，购书、藏书、读书，成为三部曲，他无书不读、无书不窥其奥。”“古人好读书，有三上之说，即马上、枕上、厕上。凡是可以利用的时间，都不离书卷。摩西不仅如此，进餐时，右手执箸，左手执卷，往往食而不知其味。”

黄摩西在东吴大学执教时，曾介绍章太炎为东吴讲席，那时章太炎正在朝廷的黑名单上，乐得到教会管辖下的东大避难几天。两个书呆子经常在一起探讨学问。有一次课后二人一起到一小茶馆喝茶，彼此都忘了带钱。不得已，黄摩西让章太炎留下，自己回去取钱。不料章太炎左等右等就是不见黄，他这个人向来糊涂，不认得回家的路，只好跟茶馆老板商量，请一个小二送他回家，答应给他茶资和小费。原来，黄摩西回家的时候，适逢友人送来几册书籍，他赶紧启封阅书，越看越起劲，竟把章太炎忘记了。

国学大师黄侃也爱书如命，他自称书痴，实则程度远在书痴之上，故文史大家胡小石称之为“书淫”。黄侃在大学教书，常常大洋拿到手还没捂热就换成了书籍。黄侃因购书，导致家里常常入不敷出，夫人每每为生计发愁，时不时得厚着脸皮向娘家求助。即便如此，黄侃犹有不足，在诗中大发感慨："十载仅收三万卷，何年方免借书痴？"由于藏书太多，黄侃的书房中到处都是书，几无落脚之地。有一次，广州中山大学请黄侃去教书，开出的待遇十分优厚，黄侃却不答应。别人问他原因，黄侃答道："我的书太多，不好搬运。"

在南京时，黄侃藏有《元诗选》清刻本两部。一日同在中央大学任教的好友汪辟疆来访，看中这本书，央求黄侃转让一本，黄侃慨然成人之美。然而，事后黄侃却越想越心疼，觉得这样的好书从自己手上出走是一种莫大的罪过。但书已经送出去了，他不好意思直接开口要，于是写诗给汪辟疆，含蓄地表达了讨书之意。汪辟疆一开始并没有读懂弦外之音，还和诗一首。两人你来我往，连续三四个回合，最后黄侃实在憋不住了，索性找上门去将事情挑明了。还好汪辟疆对这本《元诗选》远没有黄侃那么钟情，当即大度地物归原主。黄侃既喜且羞，次日，在日记中写道："汪辟疆肯以《元诗选》见还，令人感愧。"

黄侃读起书来废寝忘食，经常通宵达旦。为了提神，他喜欢饮极浓之茶，茶水几黑如漆，每次读书之前，必狂饮之。其读书习惯，从不因杂事而改变，一日不读书便觉得人生无味。有时朋友来访，与之畅谈至深夜；朋友走后，他仍然坚持在灯下研读，直到读完才上床睡觉。

据说黄侃到了弥留之际，学生来看他，黄侃话已经说不出来了，手却指向架上一书。学生们将书拿来，黄侃翻到其中一页，手一点，似有所指。黄侃去世之后，学生们想起那书，把它翻开一看，顿时觉得雷电之光激荡天地：原来学生们看望黄侃的间歇争论一个问题，黄侃口不能答，但他最后手之所指，正是答案之所在！

沧海横流，方显“书淫”本色。邓云乡在《书忆》一文中说十年浩劫开头，最恐怖的日子里，家里的书都被抄走之后，自己最大的精神支柱是那本漏网的《辞海》：“我在白天监督劳役之后，晚间回到家属宿舍中，还能有自由一条一条地翻阅，忘去了一切，感到是最大的安慰。”而汪曾祺被打为“右派”后，下放张家口沙岭子劳动期间，在当地一家新华书店意外买到《梦溪笔谈》、《容斋随笔》、《十驾斋养新录》等几种书。结束劳动后，他被派到县上去画马铃薯图谱。因为有心爱的书相伴，汪曾祺一点儿也不觉得“下放”的生活有多难熬，他在《读廉价书》中写道：“白天画图谱，夜晚灯下读书，如此右派，当得！”

何满子没有这两位幸运，被打为“右派”后他有10年被剥夺了读书的权利，自承所有的苦痛中最难以忍受的就是这种“精神饥渴”。直到1975年，当中学老师的女婿偷偷地给他弄到了一部《资治通鉴》和一部《苏轼全集》，他说自己“一下子像贫儿暴富似的，欢喜得不知所以”。尽管这两本书早就读过，但他还是“迫不及待地贪婪地读起来，却又怕很快读完又闹书荒，舍不得大口吞食，就细嚼慢咽地咀嚼着这两套书，一般是在晚上灯下品读，可以避开人，以免引起麻烦”。(《跋涉者：何满子口述自传》)在流放生活的最后两年，因为这两本书，何满子过得很幸福，再也不用“一声何满子，双泪落君前”了。

书魔

比书淫更进一步的是书魔——爱书成疾，走火入魔。书魔的说法由来已久，白居易诗中就有：“书魔昏两眼，酒病沉四肢。”又见清人叶廷琯《吹网录·史载之方题跋》:“余之惜书,其真佞宋耶?诚不失为书魔云尔。”

民国自称书魔者,首推湖南的“流氓才子”叶德辉,他是中国近代史上颇有争议的人物之一,1927 年被杀害。其顽劣之个性、玩火之精神与磅礴之学问、超群之才气交织在一起,扑朔迷离,洋洋大观。在其《书林清话》中,他这样形容自己:“语同梦呓,痴类书魔。”

叶有着湖南第一藏书家的名号。其藏书室名唤“观古堂”,他竭 40 年心力,凡四部要籍无不搜罗宏富,各种藏书近 30 万卷,汗牛充栋。叶本人精于赏鉴,据说一本古书入手,他只要用眼睛瞄三瞄,鼻子嗅三嗅,手指捻三捻,当即就可判别出年代之遐迩,版本之真伪。因此他的收藏中颇多精品,不乏善本孤本。叶德辉对书籍的热爱让人瞠目结舌,他在书架上贴了条子,说老婆和书都不外借。最妙的是,藏书中还夹有春宫画——他说火神是女性,看了春宫画会不好意思,就不会来光顾藏书楼了。

叶德辉一生只爱两样东西,女人和书。由于他天赋卓绝,又手不释卷,致力于文字学、目录学和版本学,遂卓然一家,独步天下。其著作《书林清话》历数古书源流,被公认为版本学的权威之作。近代学者缪荃孙在书的序言中对他做出了高度评价:“焕彬于书籍镂刻源流,尤能贯串,上溯李唐,下迄今兹,旁求海外,旧刻精钞,藏家名印,何本最先,何本最备,如探诸喉,如指诸掌。此《书林清话》一编,仿君家鞠裳之《语石编》,比俞理初之《米盐簿》,所以绍往哲之书,开后学之派别,均在此矣。”可惜叶癫狂成性,最终死于非命。

号称中国罗素研究第一人的张申府虽然未曾自称书魔,可是从他的经历来看,也是一个不折不扣的书魔。历史学家赵俪生是张申府在清华执教时的学生,他曾经不止一次到过老师家里拜访。

赵回忆，张申府的家里凡贴墙处皆是书橱，“竖的橱横的橱，里面全是书”，而且在张家你动什么张申府都不管，就是不能动他的书，“只要一动他的书橱，他就瞪着眼睛，像牛的眼睛那么大”。

张申府一生的事业起源于图书馆，他对罗素的研究就源于在北大藏书楼看到了罗素的书，从此引发了兴趣。1918年，李大钊任北大图书馆馆长，张申府任馆长室秘书，当馆长不在时，由秘书代行馆长事务。一次，图书馆一位青年图书管理员交来一份缮写的材料或卡片，张看了之后，批评他字迹潦草，让对方拿回去重抄一遍。这位青年图书管理员姓毛，日后写下了“问苍茫大地，谁主沉浮”的名句。

这位曾经在国民党统治年代每天上课时痛骂蒋介石的清华教师，在乱云飞渡中消磨了自己的书生意气。可令人惊讶的是，他对于给自己带来厄运的书本却始终一往情深，至死不悔。据其女张燕妮回忆，“文革”中，张申府在被批斗之余，仍坚持为图书馆选书，他走遍了北京的旧书店，看到图书馆没有的书就随手记下。张燕妮说，那个时候，父亲的工资一扣再扣，母亲也没有工作，但父亲还是会把大部分的工资用来买书，每天下班一回家，就会钻进书房里读书，直到深夜。在时代的暗夜中，能够让张申府两眼发光的只剩下书本了。

在外人看来，“书魔”是爱书爱得走火入魔了。可是对于书魔们来说，书本却是让他们在乱世中获得宁静和幸福的唯一源泉。普希金临终前与自己心爱的书道别：永别了，朋友们！这种心情，恐怕只有爱书爱到无可救药的人才能体会。

书童

藏书者不一定爱书，但爱书者无不藏书，这似乎是一个铁的定律。但爱书爱到化境也有可能打破这个定律，正如武学到达极致已经是“无招胜有招”，爱书爱到极致亦可以无书胜有书。钱锺书以学究天人著称于世，但他竟不藏书于室，因为他的书都藏在自己的脑中，可谓室中无书，心中有书。黄永玉在回忆录中谈到自己曾问钱：“你的书放在哪里？”钱答：“图书馆有，可以去借。”

这样的爱书者，已经达到了人书合一的最高境界，我就是书，书就是我，庄周化蝶，是耶非耶？这样的爱书者也是不世出的，一个时代的量产顶多也就是一两个。在民国这一辈的学人中首推钱锺书，人如其名。

钱锺书乃民国学人中的超级顽童，我们可以把他这样的爱书人称为“书童”。能以一颗童心观之于书，方能有大突破、大超脱，跳出世俗的桎梏乃至心智的束缚，飞花摘叶皆可伤人，再枯燥的文字都可以读出非同寻常的味道。

1939 年秋，钱锺书和邹文海、徐燕谋等人结伴前往位于湖南安化的国立师范学院。途中，钱锺书手不释卷，怡然自得。邹文海好奇，偷偷地一探究竟，方知钱锺书看的是英文字典。邹文海纳闷，这么一本索然寡味的字典，一路风尘仆仆，钱锺书竟可捧在手中一月，还读得这么投入，真是不可思议。钱锺书却告诉他：“字典是旅途的良伴。”“随翻随玩，遇到几个生冷的字，还可以多记几个字的用法。更可惜的是，前人所著字典，常常记载旧时口语，表现旧时之习俗，趣味之深，不足为外人道也。”

好玩的天性和超强的记性结合在一起，使得钱锺书在展现学问时犹如一个炉火纯青的杂技演员，达到了令人瞠目结舌的地步。

黄永玉谈到，20 世纪 50 年代末，他和钱锺书等人一起到全聚德吃烤鸭，钱锺书知道黄永玉星期天经常到郊区打猎以维持全家的营养，很羡慕对方这种“野性”的生活。他说自己虽然不能像黄永玉那样每星期出去“壮游”一番，但是能给黄开一张关于打猎的书目，于是顺手在一张长长的点菜单正反面写下了近四五十部书。钱锺书能记住这么多关于打猎的书目，显然当时他在记的时候就觉得很好玩，就像小孩子热衷于搜集卡通卡片一样。如果纯粹以治学的精神，谁也没有兴趣去记这么多并不实用的书目。

这样好玩的事情，钱锺书是从小干到老的。早年在清华大学读书时，钱锺书就以博学多才在同学中闻名。当时他的同学中有曹禺、吴组缃等人。有一次，在校园咖啡馆，曹禺见吴组缃进来，便偷偷对他说：“你看，钱锺书就坐在那里，还不赶紧叫他给你开几本英文淫书？”吴组缃听罢，便走到钱锺书桌边，请他给自己开录三本英文黄书。钱锺书也不推辞，随手拿过桌上的一张纸，飞快地写满正反两面。吴组缃接过一看，数了数，发现上面竟记录了四十几本英文淫书的名字，还包括作者姓名与内容特征，不禁叹服。

民国酒徒的境界

真正的酒徒无不是性情中人，酒品常常就是人品。然而在我们这个时代，功利喝酒和喝功利酒的人愈来愈多，连喝酒也失去了最初的意蕴，真正爱酒懂酒之人越来越少。“醉翁之意不在酒”，正如辛弃疾词中所言，“江左沉酣求名者，岂识浊醪妙理”。让我们回到民国，看看那些真正的酒徒是什么样子吧！

酒客

第一种酒徒可以称为酒客，“客”者，“过”也，他们追求的是一种过程而非结果。不喝酒太没意思，喝过头了也没意思，所以，酒客热衷于似醉非醉的那种感觉。

施蛰存是享誉上海文坛的“新感觉派”的小说家。他酒量并不好，两杯啤酒下肚，双腿就开始飘忽，走路都是“凌波微步”了。然而，施蛰存不能喝却又爱那一口儿。在《玉玲珑阁丛谈》中他这样描述自己所享受的“薄醉”感觉：“得好酒二三两，醉虾一盘，或卤鸡一碟，随意徐饮之，渐渐而面发热，眼花生缬，肌肤上有温柔纤软之感，口欲言而讷讷，心无感亦凄凄，乍若欲笑，忽复欲哭，此薄醉之时也。清明则逼视现实，沉醉则完全避去，欲求生趣，总非薄醉不可，故我不善饮而辄喜少饮也。”看来，施蛰存能够成为“新感觉派”的大师，跟这种“薄醉”的感觉不无关系。

一个好的酒客喝起酒来如行云流水，常行于所当行，常止于不可不止。老同盟会成员丁惟汾年轻时酒量很好，每顿饭自己一人能喝山东黄酒5斤；年过70以后，还能每次喝白干二三斤，而且从没喝醉过。他喝酒很能自制，每喝到八分量，略带酒意，就不再喝了，从不酗饮烂醉，酒品一流。

酒客中亦不乏女流之辈。寻常的女人不喝酒，喝酒的女人不寻常。女人喝酒是一种风情，喝酒的女人是一种风景。

赵清阁是20世纪三四十年代享有盛名的剧作家，她第一个把古典文学名著《红楼梦》改编成话剧剧本。她才气过人，通晓音律，能诗善画，是齐白石、刘海粟的得意弟子；长得漂亮，眉宇清朗，杜宣赞美她“高标动人”。更令人称奇的是，赵氏还是个酒国女杰。1948年，赵清阁住在苏州花园饭店，一边喝酒一边写剧本。第六天，剧本完稿，但是酒却未停，她写道：“我进城访友，和少卿老人把盏谈天。桌前，我们是忘年交，端起杯来他不像是六旬老人。他不服老，我也不甘示弱……抗战初，诗人卢冀野、画家顾荫亭，我们同客居武汉，曾以酒论英雄。后来在重庆，我与梅贻琦先生共饮，相约不醉无归。”

酒客并不追求当醉翁，但一个标准的酒客如果一天脱离了酒，就会觉得食之无味、精神低迷，好像热恋中的男女突然间分开一样。

著名文史学者宋云彬就是一个典型的酒客，在他的日记中，酒是出现频率很高的词汇。抗战时，宋云彬来到了大后方的桂林，在桂林师范学院任教。尽管战时生活条件艰苦，但吃的可以将就，至于酒——怎可一日无此君！这段时间他所写的日记中，酒仍是绕不开的。譬如1939年1月21日晚，他到桂林桂南路一家饭馆独酌，点了一盘炒腰花、一碗三鲜汤、六两三花酒、两碗米饭、一个柚子，总共花了法币二元。他自承，一天不喝酒啥事都没劲儿。如1940年1月26日记记道："腋下湿症又发，晨八时去省立医院换药，精神疲惫，工作不起劲儿。晚与光暄在豫丰泰小饮，喝了六两三花酒，精神就振作起来了，到开明去，大唱昆曲、小调。"

对于酒客们来说，人生最大的快乐莫过于几杯黄汤下肚后那种飘飘然的状态，日常中的憋屈与束缚得到了暂时的解放，但还没喝高，所以不用担心不得体之事。

国民党元老中，张群好酒是数一数二的。1933年，黄郛被把兄弟蒋介石请出山，出任"华北政务委员会"会长，张群作为蒋介石的特使常往来于南京与北平之间。"华北政务委员会"被人骂为投降派，实际上干的是替人背黑锅、擦屁股的苦差事，黄、张都不乐意趟这浑水，迫于无奈被人赶鸭子上架。张群每次到北平，金城银行老板周作民都要在前门外的丰泽园设宴，与张聚饮。每次张群微醉后，都会感叹："我愿意每天到这个丰泽园来，而不愿意到那个丰泽园（指中南海黄郛办公处）去。"当然这是在微醉时，清醒后该干啥就干啥。

真正的酒客们别的不良习惯或许可以勉力解除，唯独对待戒酒这件事，那是用鼻孔喝水——够呛！

喻血轮《绮情楼杂记》中有"吴鼎昌不饮例酒"一则。吴鼎昌是民国著名的金融巨子，历任中国银行总裁、天津金城银行行长、盐业银行总经理等职务，后来商而优则仕，曾出任贵州省政府主席。他为人颇具文人气质，好酒好诗。晚餐时必饮酒数杯，习以为常，尤嗜贵州所产茅台酒。若有好友相陪，辄尽一两瓶，但从不喝醉：一则他酒量好，二则懂得自制。

后来吴鼎昌身体犯病，医生劝他戒酒，吴觉得难度很大，医生说："如果实在不行的话，先戒例酒。"吴问何为例酒，医生说："您每天晚上一定要饮酒，成为惯例，所谓戒例酒，就是不按时而饮。"吴听后大喜，觉得这个办法真不错，此后他饮酒，或者早上，或者晚上，今天早饮，明天则晚饮，反之亦然。有人问他为何，他就说："我不饮例酒。"

好一个酒徒版"朝三暮四"的故事。

酒豪

第二种酒徒可以称为酒豪，"豪"者，豪爽、痛快是也。这种人喝酒常有一种豪侠的气质，大碗喝酒、大块吃肉，酒一定要喝到淋漓尽致，不达目的不罢休。

酒是一种神奇的催化剂。平时温文尔雅的谦谦君子往往到了酒桌上三杯黄汤下肚，马上豪气干云、脱胎换骨。

杜甫笔下有"饮中八仙"。在20世纪30年代初，国立青岛大学也有一个"酒中八仙"，以校长杨振声为首，加上教务长赵太侔、文学院院长闻一多、外文系主任梁实秋、会计主任刘本钊、理学院院长黄际遇、秘书长陈季超和女诗人方令孺，组成了一个酒徒圈子。教书育人之余，在杨校长带领下，这些文人雅士们频频外出聚饮，三日一小饮，五日一大宴，三十斤一坛花雕酒，一夕便一饮而尽。宴席间，大家一改平时的矜持，猜拳行令，声振林木。其中，尤以青大校长杨振声狂态可掬。梁实秋《酒中八仙》："今甫（杨振声字，亦作金甫）身材修伟，不愧为山东大汉，而言谈举止蕴藉风流，居恒一袭长衫，手携竹杖，意态潇然。鉴赏字画，清谈亹亹。但是一杯在手则意气风发，尤嗜拇战，入席之后往往率先打通关一道，音容并茂，咄咄逼人。”

宋人苏舜钦以《汉书》下酒，每至击节处辄“浮一大白”。青大“酒中八仙”之一闻一多后来回了母校清华大学当教授，他给学生开《楚辞》课，一开场便是“痛饮酒、熟读《离骚》，方可为名士”，文人的雅气与豪气兼具。所以，闻一多既可以在课堂上与学生一起叼着烟卷，于吞云吐雾中谈学论道，也可以在政治无道之时拍案而起，终已不顾。反观今日之学者教授们，能饮豪饮的亦不乏其人，可惜不复前人风流矣！

对于郁达夫这样极端浪漫而又容易愤怒的诗人来说，没有酒的日子更是无法想象的。他说：“不晓得什么地方听见过一位俄国的革命家说，我们若想得着生命的安定，于皈依宗教，实行革命，痛饮酒精的3件事情中，总得拣一件干干。头上的两件，我都已没有能力去干了，那么第三件对我最为适宜……”在他的日记中，三天两头就会冒出这么一句：“喝酒三坛大醉。”

郁达夫喝酒不分场合，随时随地皆可以痛饮。他曾在福建省政府里待过一阵，天天上班必拎两瓶黄酒置于案头，一边办公一边喝；有时出差，在火车上他也是手不释杯。郑伯奇在《回忆创造社》中说：“哪一家的花雕味醇，哪一家的竹叶青好吃，哪一家有什么可口的下酒菜，他都一一介绍，如数家珍；为了品味，有时我们会连续吃上几家酒馆。他常常喝得面带微醺，就更加议论风发，滔滔不绝。”

因为爱酒，郁达夫笔下的文字也飘溢着酒香，比如这一首《钓台题壁》：

不是尊前爱惜身，佯狂难免假成真。

曾因酒醉鞭名马，生怕情多累美人。

劫数东南天作孽，鸡鸣风雨海扬尘。

悲歌痛哭终何补，义士纷纷说帝秦。

一个风流自赏而又忧伤愤世的诗人形象跃然纸上，没错，这就是郁达夫，典型的郁达夫！喝酒的男人最寂寞，寂寞的男人最动人。

对于酒豪们来说，人生最痛快的事情莫过于酒逢敌手。1943年底，时为蒋介石对英联络专员的杭立武与商务印书馆总经理王云五同为“中国访英团”的成员赴英。有一次，访英团的团员们和英国外交部、情报部的两位代表吃饭，对方酒量很好，一定要和中方赛酒。然而，中方团员中大都酒量不行，纷纷避而远之。只有杭、王二人挺身而出，将两位英国代表灌得烂醉如泥，倒在地毯上，成为抗战时中国难得的一次外交胜利。事后，王云五意犹未尽，对杭立武说：“杭兄，我不知道你能喝酒！我们再来！”杭立武忙摆手：“明早还有活动，不管是你打倒我，还是我打倒你，都不好。”王云五一听有理，只好作罢，说：“对，对，等回国再说。”

令人惋惜的是，回国后这场高手之间的巅峰对决却因为两人都事忙而一推再推，一直没能实现。王云五对此事一直耿耿于怀，他在《访英笔记》中如是写道：“杭某人酒量很好，我要与他比赛吃酒。”据杭立武后来回忆：

> 王云五病故前，我经常到他府上探望。记得最后一次探病，我正向王云五告辞时，他突然捉住我的手，对我说：“立武兄，今生不比，来生再赛！”（《（台湾）中央研究院近代史研究所口述史丛书——杭立武先生访问纪录》）

当时是1979年，时隔36年，王云五仍然对此事念念不忘，这件未遂的心愿恐怕也成了他这一生莫大的遗憾。而王云五的离世对于杭立武来说,更是一种巨大的遗憾,他失去了听王云五讲西班牙文的机会。据说王云五醉酒时喜欢说外文,微醉时说的是英文,酩酊大醉的时候会转为西班牙文。不过,当世有机会听他醉酒说西班牙文的人估计没有几个。

酒豪们从来没有戒酒这个概念,如果有,那一定是忽悠你的。

民国时陈赣一所撰笔记《新语林》记录了一则辛亥革命后温州首任都督徐定超戒酒的趣事:

> 徐班侯(徐定超字班侯)豪于饮,一举十觞面不易容,诸子尝婉求弗逾量。一夕,徐连举数十觞,酣醉掷壶于地曰:“戒酒自今宵始。”诸子大乐。未几,饮如故。

我觉得这个故事和魏晋时“竹林七贤”中刘伶戒酒的故事有异曲同工之妙,徐定超堪称民国的刘伶。

酒颠

俗话说“酒能乱性”,这一般是在喝高了以后才会发生的事情,但对于一些真正的爱酒之士来说,他们往往是酒未到人先醉,为之神迷意乱、手舞足蹈,这类人可以称为“酒颠”。

曾担任上海《民国日报》主编和国民党中央执委会常委兼秘书长的国民党元老叶楚伧就是一个可爱的“酒颠”。据说,因为叶楚伧嗜饮举世皆知,蒋介石竟然允许他开会时以酒代茶,但须杯上加盖,以免酒气冲人。叶楚伧老家在苏州,但他看起来却更像一个关西大汉。早年他主编《民国日报》时,常一面写稿,一面喝酒,酒瓶就放在面前的抽屉中。

曹聚仁曾亲眼见证叶楚伧的海量。一次，他和叶楚伧、柳亚子等人到豫丰酒楼聚饮，他们先要了 4 斤花雕，用锡壶盛着，一壶半斤，能倒两碗。下酒菜是豆腐干、咸肉、海蜇皮和盐水花生。曹聚仁自己不喝酒，在旁边陪着吃和看，只能两陪，不能三陪，这让他很清醒地欣赏高手论酒。事后，曹聚仁说："叶先生尽是一碗一碗喝着，圆桌上的锡壶越来越多，到后来一点数，总共 38 壶，19 斤老酒。"

好酒的叶楚伧留下了不少与酒有关的轶事。一日，一位朋友带来了 12 坛美酒，托叶楚伧转交一位姚姓将军，叶乘一马车送往。一路上，酒香随着马车的颠簸飘溢而出，叶楚伧的哈喇子也随着酒味流淌，到了后面，实在忍无可忍，于是打开一坛，本想解解馋，却一发不可收拾，顷刻间一饮而尽。到了姚府，将军正好外出，姚夫人请他稍等片刻，道："将军一会儿就回，请稍候之。"叶坐了一会儿，受不了酒香的冲击，目光频频投向酒坛，姚夫人心思机敏，笑着打开酒坛，拿来酒杯，斟了满满一杯递给他，叶喝完后大呼痛快。姚夫人道："先生酒龙，谅必未尽量，当再为暖酒，以解焦渴。"叶大喜，也不辞让，就在姚将军的家里自斟自饮，不觉酩酊大醉，一头倒在沙发上，没多久呼噜声便响起……

这一觉一直睡到了第二天傍晚，醒来后，问仆人姚将军是否归来？仆人答道：将军昨晚就归来了，今日中午又已外出。他大惊失色，抬头看墙壁上的挂钟，正指向 6 点，与昨日来到姚府，只距一小时许，而时日已不同矣。这一场景，与《红楼梦》中的"憨湘云醉眠芍药裀"简直有的一比，不同的是一个是粗汉，一个是美女。

"感情深，一口闷"，以酒相交的朋友常常具有牢不可破的友谊，酒颠与酒颠之间更注定要碰撞出一些脍炙人口的火花。

杨宪益是我国赫赫有名的翻译家,诗人梁宗岱也以翻译而闻名。两人除了职业上的共同语言外,还是对杯中物同样狂热的超级酒徒。杨宪益平时常饮不辍,客人来了也是以酒代茶,"文革"时被抓入秦城监狱的前一刻还在喝酒。梁宗岱宣称自己有多个第一,其中一项就是"喝酒第一"。抗战期间,杨宪益和梁宗岱都避难于重庆,还一起在迁居到嘉陵江南岸的复旦大学讲过课,两人都倜傥超群,遂一见如故。平时每隔一天,梁宗岱晚饭后都要渡江来到杨宪益的家里,两人一起喝着当地产的烈性酒,畅谈诗歌和人生,其乐融融。

1943 年冬天某日,梁宗岱又来到杨宪益住处。杨有一整坛白酒,里面还浸泡着龙眼,平时藏在床底下。凑巧的是,床底下还放着同样大小的一个坛子,里面盛满煤油,两个坛子紧挨在一起。战时电力供应紧张,停电是家常便饭,点煤油灯的时候比点电灯的时候多。煤油颜色浅黄,和龙眼酒的颜色一样,在昏暗的煤油灯下,杨宪益稀里糊涂竟然把煤油坛子当龙眼酒坛子拿出来,先给梁宗岱倒了满满一大碗。梁宗岱尝了尝,大赞说这酒有一种特殊的味道,很有劲头! 这天晚上,两人就以煤油开怀痛饮。

等梁宗岱离开后,杨宪益才猛然发现原来自己拿错了坛子,他的第一念头并没有顾及自己,而是想着千万别把梁毒死了,这样就太对不起朋友了。但梁宗岱已经乘渡船回去,追也来不及。还好,梁宗岱第二天就上杨家来了,什么事也没有,杨宪益向他道明真相,两人笑得前仰后合。此事在杨的自传《漏船载酒忆当年》中有详细的记述。

酒颠到了最高的境界,喝的不是酒,而是心情。

酒侠

金庸不善饮酒,但他笔下的大侠几乎个个是酒中豪杰。“胸中小不平,可以酒消之;世间大不平,非剑不能消也。”酒与剑,如影随形,成了英雄侠客的标配。

“不惜千金买宝刀,貂裘换酒也堪豪。一腔热血勤珍重,洒去犹能化碧涛。”这是鉴湖女侠秋瑾的《对酒》,对酒当歌,有酒、有诗、有宝刀、有美人,血性与柔情交织。这是清末民初的独特风景。

我不知道秋瑾的酒量到底怎么样,但当年她所加入的光复会中有两样东西是必备的,一是诗,二是酒。就连最温文尔雅的蔡元培先生也是“每饭必酒”,并将这种习惯保持了一生。程沧波在《宁粤和谈追随蔡先生的经过》一文中说:“蔡先生这个人的特点就是淡,但是他的人情味很浓。他每日吃饭、喝酒,都是很普通的菜,在当时也就是中央研究院的大锅菜,但他每一顿饭都要喝一点酒。”蔡元培喝酒并不“兼容并包”,只喝老家绍兴的黄酒,绍兴酒有温和的一面,也有凛冽的一面,治世温和,乱世凛冽。蔡元培先生早年一度醉心于暗杀,为此他研制过炸弹与毒药,后来在北大候客室中,还陈列着他当年研制的土炸弹。当年蔡先生一边温着黄酒,一边抚摸着炸弹,那种凛然之气至今我们仍然可以想象。

平时这些江浙文人们诗酒唱和,固不失风雅之意,谁又能想到在所有的革命党人中,光复会这群柔弱书生竟是手段最为激烈、行为最为慷慨的一群。徐锡麟、秋瑾、章太炎、陶成章、蔡元培等光复会诸子用他们的生命与鲜血为清政府唱起了挽歌,其铮铮侠骨也为清末那场暴力革命添上了一道悲怆的人文光环。

作为江浙文人的代表,鲁迅有没有加入光复会一直以来都是一个让人争论不休的话题。不过可以肯定的是,鲁迅与光复会有着千丝万缕的联系。但与光复会诸领袖之间,鲁迅存在着认知上的差别,对于暗杀之类的过激行为他持一种保留态度。鲁迅找到了自己的武器,这就是他手中那根横扫千军的健笔——下士以刀剑杀人,中士以舌头杀人,上士以笔端杀人。

与崇尚侠义精神的光复会诸子一样,鲁迅也好酒,他的爱喝酒是出了名的。在他关怀下成长起来的女作家陈学昭曾回忆说:"每天晚饭,他喝一点酒,很少,大约至多不过半两,旧式的小酒盅一盅。每天晚饭他要固执地劝我喝酒,使我很窘,并且要用了这类的话来说服我:虽然你不欢喜喝酒,喝一点实在是很好的,可以帮助血液循环……于是当我还没有注意到,面前已放了半盅酒了。"据熟悉鲁迅的人说,先生酒量不大,但是极其好饮,经常喝得酩酊烂醉。

鲁迅自承"太高兴和太愤懑时就喝酒",但显然"愤懑"时候居多,"把酒论当世,先生小酒人。大圜犹茗芋,微醉自沉沦。""深宵沉醉起,无处觅菰蒲。""破帽遮颜过闹市,漏船载酒泛中流。"句里行间燃烧着一种对黑暗世道的怒火。不过,鲁迅并未真的"沉沦",否则他就不是鲁迅了。郁达夫在1933年曾作诗赠与鲁迅,其中两句写道:"醉眼朦胧上酒楼,彷徨呐喊两悠悠。"先生于似醉非醉之际,一口酒气喷吐而出,化为投枪、匕首,彷徨之时突然拔地而起发声怒吼,真有天雨粟、鬼神哭之壮烈!

鲁迅逝世后,曾与其为至交的林语堂勾勒出了这样一幅形神具备的"鲁迅饮酒图":"鲁迅与其称为文人,不如号为战士。战士者何?顶盔披甲,持矛把盾交锋以为乐。不交锋则不乐,不披甲则不乐……鲁迅所持非丈二长矛，亦非青龙大刀，乃炼钢宝剑，名宇宙锋。是剑也，斩石如棉，其锋不挫，刺人杀狗，骨骼尽解……鲁迅所杀，猛士劲敌有之，僧丐无赖，鸡狗牛蛇亦有之。鲁迅终不以天下英雄死尽，宝剑无用武之地而悲。路见疯犬、癞犬及守家犬，挥剑一砍，提狗头归，而饮绍兴，名为下酒……然鲁迅亦有一副大心肠。狗头煮熟，饮酒烂醉，鲁迅乃独坐灯下而兴叹……"(《鲁迅之死》)

鲁迅曾经说过，春秋时的侠客，是以"死"为极终目的，他们的结局也确实是一个个慷慨赴死而去，而清代小说中的侠客，却个个成了地主官僚，黑白两道都吃得开，《三侠五义》中的英雄，表面上是侠客，实质上却是奴才。鲁迅一生都在与国人的奴性战斗，这也注定他将像一个大侠一样悲壮地死去。这样的结局，他早在《铸剑》中就说得很明了了。

有侠无酒是一种遗憾，有酒无侠是一种悲剧。

酒鬼

在形容爱酒者的词汇中，"酒鬼"这个词造得最传神，哪怕明天就要见阎王，今天酒也照喝不误，这样的人，才算是顶级的好酒者。

在民国，邓散木是与齐白石比肩的篆刻大师，印坛有"北齐南邓"之说。邓散木性情狂放不羁，他原名铁，字钝铁。成名后，后起之辈群起仿之，以至于叫"铁"的一大堆。邓氏最痛恨与人雷同，他一怒之下改名"粪翁"——这下你们不敢学了吧。不过易名给他带来了不小的损失，掌故大家郑逸梅《写市招的圣手唐驼》中说当时商家请人题匾，有两个书法家素来不敢问津，一个邓粪翁，一个钱太希。

邓散木让人印象最深刻的地方也许就是他的嗜酒如命。“粪老”有着惊人的酒量，据其夫人回忆，他曾与人打赌，一次性喝了一坛足有50斤的黄酒，自此其海量天下闻名。“粪老”买酒从来不是像别人一瓶一瓶地买，每次一进至少都是好几坛黄酒，放在院子里，喝完了就扔一边。他家中的院子里两边都是绍兴酒坛子，一边是满的，一边则是空的。邓散木性烈如火，喝醉后常常针砭时弊，破口大骂，旁若无人。后人曾有七绝赞曰：酒色才气是真人，雕虫小技也成尊；纵有千杯还不醉，人间不复邓粪翁。

无日无休的喝酒终于让邓散木尝到了苦头，他50岁就开始手足发麻，63岁时因血栓而截去左下肢，他自嘲似的给自己取了个“一足”的号，但却并没有因此而悔悟，酒照喝不停。最终死于胃癌。

不过对于一个“酒鬼”来说，因喝酒而死并不是什么痛苦的事情，相反，能够死在自己人生中最大的乐趣中，何其快哉！邓散木如是，黄侃亦如是。

国学大师黄侃好酒，有酒无类，不管是淡酒、烈酒、国酒、洋酒，来者不拒，与友人饮，每饮必醉。黄侃在中央大学时，有一次去拜访已经贵为国民政府司法院长的老乡兼好友居正。结果，衣着邋遢的黄侃不出意外地被居正家的门卫挡在门外，差点上演全武行。幸好居正闻声出来，见状忙对黄侃说：“别上火，我家里有两瓶上好的茅台，正要等你来品尝呢。”黄侃一听，怒气顿消。

黄侃的学生堵述初在《黄季刚教学轶事》中说，每次黄老师走进教室时，都有一股酒气扑面而来。原本几个好学的女同学总是坐在第一排，但每逢黄侃来上课，都要退避三舍。妻子曾为此事劝诫他，反而被他视为“附疽之痛”。

黄侃的早逝与他常年酗酒不无关系。1935 年重阳时节，黄侃与友人在北极阁登高，品蟹赏菊，这样的良辰美景黄侃自然是不醉不归，回到家中他吐血半盂，终至不起。不过既然“痛饮酒，熟读《离骚》，方得为真名士”，以这样的方式死去，倒是为黄侃一生的名士风流作了最好的总结。所以，章太炎后来就此事评价自己的弟子:“断送一生唯有酒，焉知非福。”

令人佩服的是，有些“酒鬼”即使身故了，酒气还能凝聚在其身上很长时间不消散，好比那些顶尖杀手死了之后，身上的杀气仍然咄咄逼人。

曾担任保定陆军军官学校首任校长的蒋百里是民国赫赫有名的军事学家，他第一个在中国提出“持久战”的战略，预言了中日战争中日本失败的命运。1905 年，蒋百里以步兵科第一名的成绩从日本陆军士官学校毕业，在日本引起了轰动，按照日本军部规定，士官榜首由天皇亲自赐刀。于是，从下一届开始，步兵科中日学生分开授课，以防中国学生再次夺魁。遗憾的是，由于当时中国军界的黑暗和倾轧，蒋百里壮志难酬，结果这位本应握枪的英才却操了一辈子的笔，本应马革裹尸的战士却死于心脏病，真是造化弄人。

不知道是否因为英雄无用“武”之地的缘故，借酒杯浇块垒，蒋百里好酒如命。冯玉祥曾见他喝酒喝得很厉害，当面劝他节制些，喝多了伤人，他却举起杯来说:“死都不怕，还怕酒吗?”1938 年 11 月 4 日，被蒋介石临时任命为陆军大学校长的蒋百里在随校内迁途中因心脏病突发猝死于广西宜山，年仅 56 岁。他并无大病，其猝死很有可能跟常年酗酒有密不可分的关系。10 年后，蒋氏遗骸火化迁葬杭州，据说起棺时尸身竟然不朽。其生前至交、浙大校长竺可桢泣告:“百里，百里，有所待乎? 我今告你，我国战胜矣!”

我倒觉得蒋百里尸身竟然不朽单纯从精神上很难说得通，最大的可能是因为酒精能有效杀灭细菌，蒋百里一辈子酗酒已经将自己泡得五毒不侵了。喝酒喝到这个份上，真是神了！